Regina Köpl / Leopold Redl

DAS TOTALE ENSEMBLE

EIN FÜHRER DURCH DIE INDUSTRIEKULTUR IM SÜDLICHEN WIENER BECKEN

W0070561

Verlag für Gesellschaftskritik

INHALT

ZUM TODE LEOPOLD REDLS

Als Stadtplaner in Wien, sagte einst ein großer Kollege, kann nur ein Dummkopf, Opportunist oder Zyniker überleben. Für Leopold Redl gab es also keine Chance.

Redl gehörte zu den führenden Köpfen der "Studentenrevolte" am Schillerplatz und er konnte einem als Lehrer durch seine Intelligenz, Präzision der Argumentation und Schlagfertigkeit das Fürchten lehren. Die Institution "Akademie" erwies sich aber als stärker und er machte, belegt mit Hausverbot, in einem Kammerl am "Stubenring" und auf Vermittlung von Hertha Firnberg, trotzdem noch bei Roland Rainer sein Diplom. Die Dissertation folgte 1977 an der TU Innsbruck.

Wer Leopold Redl näher kennenlernte, entdeckte in ihm einen ruhig-beherrschten, intensiv arbeitenden Stadtforscher, der allen Problemen gleich zugewandt, aber ebenso kritisch-distanziert gegenüberstand. Ihn konnten keine Moden beeindrucken, er war dank einer breiten allgemeinen und fachlichen Bildung und seiner ebenso undoktrinären politischen Wachheit der unbestechliche Diagnostiker.

Ab 1983 gehörte Redl dem Vorstand der *Österreichischen Gesellschaft für Architektur* an und zu den regelmäßigen Autoren der Zeitschrift "UM BAU". Seine Aufsatzreihe kulminiert in dem faszinierenden kritischen Vortrag zum Salzburg-Projekt "An Gramatneusiedl, Attnang-Puchheim führt kein Weg vorbei", wo er, eingebettet in eine nestroyisch-wittgensteinsche Dialektik den "Stadtforscher" am Begriff der "Europäischen Stadt" am Plafond der heutigen Fachdiskussion aus der Stadtforschung aussteigen läßt.

Heute liest sich dieser Text wie eine Parabel auf seine berufliche Karriere, die an nichts anderem als der Intelligenz, an der extrem sensiblen Wahrnehmungsfähigkeit von "Wirklichkeiten" scheiterte.

Als Planer war Leopold Redl geschätzter Partner städtebaulicher Projekte: So entstanden in Zusammenarbeit mit Adolf Krischanitz eine Reihe von Wettbewerben und Gutachten (Donauraum, Mariahilfer Straße), ein Entwicklungsplan und Gestaltungskonzept für den 6. und 7. Bezirk und schließlich eine städtebauliche Gesamtanalyse "Leitbild Wien" (mit Otto Kapfinger).

Schließlich war Leopold Redl auch als engagierter Lehrer an der Hochschule für angewandte Kunst und an der Akademie für bildende Kunst tätig.

Am Tag vor seinem Tod lieferte er im Verlag die letzten Korrekturen für dieses Buch ab.

Friedrich Achleitner

Weitere Publikationen von Leopold Redl:

Die Donauinsel - Ein Beispiel für politische Planung in Wien (Verlag für Gesellschaftskritik 1980, gem. m. Hans Wösendorfer)
Wien wirklich - Ein Stadtführer durch den Alltag und seine Geschichte (Verlag für Gesellschaftskritik 1983, Mitherausgeber)
Ein Stadtviertel verändert sich - Bevölkerungsaktivierende Stadterneuerung (Österr. Bundesverlag 1987, gem. m. Hans Hovorka)

VORWORT

Das südliche Wiener Becken ist einer der ältesten Industrieräume Österreichs. Alle wesentlichen Phasen industrieller Entwicklung können hier nachgezeichnet werden. Ihre Vergegenständlichung hat eine spezifische "Landschaft" entstehen lassen, in den Naturraum neue Zeichen eingeschrieben. Inmitten einer ländlichen Umgebung finden sich oft unvermittelt die Zeugen einer Vergangenheit, die erst jetzt wiederentdeckt wird: Fabriken, Arbeitersiedlungen, technische Bauwerke verweisen auf die Anfänge der modernen Industriegesellschaft. Andererseits stehen sie aber auch für den vorläufigen Endpunkt dieser Epoche. Die alten Standortbestimmungen sind vielfach aufgehoben. Orte, die ihre Entstehung und Bedeutung ausschließlich der Industrie verdanken, haben heute ihre historische Bestimmung verloren. Wo einst riesige Werksanlagen tausende Menschen beschäftigten, ist es heute still. Oft finden sich nur mehr Spuren der einstigen Präsenz. Die im Sinne einer Industriekultur bedeutsamen Objekte und Einrichtungen haben Denkmalcharakter: Baudenkmäler, Denkmäler der Arbeit und Technik, Denkmäler spezifischer Lebensformen. Um ihre Spurensicherung geht es in diesem Buch. Spurensicherung, verstanden als gelebte Erfahrung von Wohnen und Arbeiten an einem Ort. Der Diskurs des Ortes, die Konfrontation verschiedenster "Zeugen" und ihrer Geschichten rückt dabei in den Mittelpunkt. Gebäude werden in ihrer Sprachlichkeit genauso gehört wie jene, die über sie verfügten oder in ihnen arbeiteten und wohnten.

Industriekultur dokumentiert sich hier abseits der großen Städte am Beispiel spezifischer "Ensembles", den Fabriken und Werkssiedlungen des südlichen Wiener Beckens. Es ist eine Zusammenschau von Architektur und Politik, von Ökonomie und Alltagsleben in Orten, die durch die bauliche und soziale Einheit von Arbeiten und Wohnen bestimmt sind. Unser Hauptinteresse galt "Single Factory Towns", Ansiedlungen, in denen ein einziges Unternehmen den gesamten Lebensvollzug strukturierte. Als Zeitzeugen stehen sie für die Gegenwart der Vergangenheit. Einer Vergangenheit, deren Spuren durch Entindustrialisierung, baulichen Verfall und Auflösung typischer Milieus zunehmend verdrängt werden.

Mit dem Verlust der ursprünglichen Funktion löst sich hier ein komplexes Beziehungsgeflecht auf, bis letztendlich die Baulichkeiten selbst in einem Prozeß der Verdrängung und Ausgrenzung verschwinden. Diese Ensembles prägen die industriekulturelle Tradition der

Region. Sie stellen gleichsam Exponate einer Ausstellung dar, deren Fundus täglich kleiner wird.

Im ersten Abschnitt erfolgt die architekturhistorische Nachzeichnung der einzelnen Elemente: Fabrik, Arbeitersiedlung, Unternehmervilla. Um die Vernetzung von Unternehmenspolitik zur Bindung der Arbeitskräfte an die Produktionsstätten geht es im zweiten Teil. Im dritten Kapitel kommen die Betroffenen zu Wort: ihre Aussagen zeichnen ein Bild der "geschlossenen" Kultur in einem solchen Mikrokosmos. Der industriegeschichtliche Exkurs über die Entwicklung des Wiener Beckens leitet zur Frage der Zukunft entindustrialisierter Regionen über. Der letzte Abschnitt versteht sich als Beispielsammlung. Um einen Einblick in den "Ausstellungsbestand" zu geben, haben wir Orte aufgesucht, die in Bauwerken und Einrichtungen noch ihre spezifische Geschichtlichkeit vermitteln. Die Zusammenstellung erhebt keinen Anspruch auf Vollständigkeit, versteht sich nicht als herkömmlicher Architekturführer, sondern will die verschiedenen "Ansichten" einer Industrielandschaft eröffnen.

Entstanden ist dieses Buch aus einem Forschungsprojekt, das zwischen 1984 und 1986 in Zusammenarbeit mit dem Institut für Wissenschaft und Kunst durchgeführt wurde.

1. DIE ARCHITEKTUR DES ENSEMBLES

1.1 Wohnen und Arbeiten an einem Ort: Beispiele aus der Geschichte

Im Städtebau und der Architektur existiert das Thema der baulichen und funktionellen Integration von Wohnen und Arbeiten an einem Ort nicht nur im instrumentellen Sinn von Fabriks-Werkswohnungen als "Produktionsfaktoren", sondern repräsentiert wesentlich auch einen historischen Strang sozial- und lebensreformerischer Tradition. Diese Auseinandersetzung steht in einem engen Zusammenhang mit der Neubewertung von Arbeit als Element der Lebenskultur. Aus der Fülle des historischen Materials seien hier skizzenhaft genannt: Claude Ledoux mit seiner Idealstadt Chaux, die Utopischen Sozialisten, die Paternalisten in England, Carniers Cité Industrielle und die Gartenstadtbewegung.

Mit der von Ledoux erdachten Salinenstadt Chaux wird für die moderne Stadtplanung eigentlich bereits die Aufgabe der Industrieansiedlung vorformuliert. 1773 mit der Planung einer Salzfabrik beauftragt, entwickelt er daraus die Konzeption einer "Stadt der Arbeit". Die Planung und der Bau einer Arbeiterstadt waren zu dieser Zeit von ihrem künstlerischen Anspruch her für Architekten nicht gerade adäquat, sie widmeten sich vornehmlich dem Palast- und Repräsentationsbau. Die vor dem Hintergrund der Aufklärung zu verstehende Beschäftigung von Ledoux mit dem Thema führte diesen bei Berücksichtigung funktioneller Erfordernisse, wie der Gebäude- und Freiraumzuordnung, in seiner formalen Interpretation zu einer symbolischen Überhöhung, zur Nobilitierung der "Arbeit". Die zentralistische Komposition der Anlage, die in verschiedenen Entwürfen quadratische, elliptische und kreisförmige Begrenzungen variiert und 1779 in Teilen verwirklicht wurde, löste sich bei Aufrechterhaltung hierarchischer Achsbezüge von der Tradition des barocken Flügelbaues ab und führte zur Individualisierung der Gebäude, sichtbar an der typologischen Durchgestaltung der Häuser für die verschiedenen Berufe, wie z.B. der Holzfäller, Köhler usw. In der Individualisierung der Häuser stellt sich das Bild einer aus der Summation von Individuen aufgefaßten Gesellschaft dar. Die "Stadt der Arbeit", ästhetisch die Korrelation von Arbeit und Naturveränderung vermittelnd, weist dem Einzelnen in Funktionsabfolge und Hierarchie seinen genauen Platz zu. Die Architektur wendet sich damit nicht nur an den Beschauer, sondern auch an den Benutzer selbst. Bei aller Offenheit in der baulichen

Gruppierung könnte die Geometrisierung auch als geschlossenes System einer "Ordnungsutopie" interpretiert werden. Der Beitrag von Ledoux liegt in der ästhetischen Formulierung einer Arbeits- und Lebenswelt, in der ein sittlich-moralischer Anspruch "erhoben" - nicht aber ein gesellschaftsverändernder Impetus - "frei" wird.

Demgegenüber setzten die Reformversuche der Frühsozialisten auf die Verbesserung der ökonomischen und sozialen Beziehungen. Wesentlich dabei ist, daß die Kritik bestehender Ordnung mit einer praktischen Neugestaltung der gesellschaftlichen Umwelt und der baulichen Strukturen verbunden wird. Als einer der populärsten unter den frühen (auch utopisch genannten) Sozialisten ist Robert Owen zu nennen, der sich zunächst als Leiter einer Baumwollspinnerei in New Lanark der Verbesserung der Lebens- und Arbeitsbedingungen jugendlicher Arbeiter durch sozialpädagogische Programme annahm. Um 1817 veröffentlichte er weiterführend sein Modell der "Villages of Unity", industriell-landwirtschaftlicher Kolonien auf Genossenschaftsbasis, die über das ganze Land verteilt gedacht waren. Wohnsitz einer einzelnen "community" ist ein Gebäudekomplex mit zugeordneten Freiräumen. Nach Owens Programm sollten die Bewohner in völliger Harmonie leben, als deren Voraussetzung er die Befriedigung ihrer grundsätzlichen Bedürfnisse, wie Recht auf Arbeitsertrag und vor allem ein differenziertes Bildungssystem sah. Die Großwohneinheiten waren in ihrer Konzeption nicht auf strikte Scheidung in eine öffentliche und private Sphäre ausgelegt, vielmehr stand als Leitbild die Emanzipation zu kollektiven Lebensformen. Einige dieser Siedlungen existierten in Amerika längere Zeit; Owens Konzeption integrierter Wohn- und Arbeitsstätten auf genossenschaftlicher Basis, ausgelegt auf eine weitgehende Autonomie, haben für die Entwicklung des Siedlungsbaues, die Diskussion um die Lösung der Wohnungsfrage und die städtische Reformbewegung grundlegende Anknüpfungspunkte geschaffen.

Ein anderer Vertreter frühsozialistischer Programmatik ist Charles Fourier. Sein Modell ist ein in Phasen ablaufender Prozeß der "Assoziation der Menschen". Als sozialökonomische Implikation sind die Aufhebung der Trennung industrieller und landwirtschaftlicher Produktion sowie die des Handels gesetzt. Anders als bei Owen sind die Siedlungseinheiten, die "phalangen", zunächst innerhalb der Erwerbsgesellschaft angelegt. Wesentliches Augenmerk schenkte Fourier der Durchgestaltung der Gemeinschaftshäuser, den "phalanstères", die in Anlehnung an französische Palastbauten als "Wohnpaläste", alle Alters- und Sozialgruppen der Gesellschaft aufnehmend, mit ausgeprägten Kommunikationsräumen (rue des galeries) konzipiert waren. Ausgehend von der Annahme, daß alle Reformen durch das Wesen des

Menschen determiniert seien, wies er der Erkenntnisfindung und Wissensvermittlung in seinen Wohnmodellen eine bedeutende Rolle zu. Dies reichte von der Einbindung der Sozialpädagogik bis hin zu Gesamtschulkonzepten. Mit der Auseinandersetzung der Stadt-Land-Widersprüche im Siedlungswesen hat Fourier in gewisser Weise die Reformbestrebungen der Gartenstadtbewegung antizipiert.

Weitergeführt und modifiziert wurden die Gedanken Fouriers von seinen Schülern Victoire Considerant und später Jean Baptiste Godin, der das Prinzip der gemeinsamen Haushaltsführung bei einem Fabriksbau in Guise realisierte. Die "familistères" wurden gemeinsam mit den Werksanlagen der Godinschen Ofenfabrik zwischen 1859 und 1885 errichtet. Die Anlage der Familienwohnungen in den Hausvierecken mit Laubengangerschließung und mit Glas überdachten Innenhöfen bedeutet in der Architekturgeschichte zweifellos eines der wichtigsten Exempel der Thematisierung gemeinschaftsbezogenen Wohnens und hat in den verschiedenen Siedlungs- und Hausexperimenten gerade in der jüngeren Zeit wieder eine starke Belebung gefunden. Vorbildlich konzipiert war die Wohnanlage auch bezüglich der Gemeinschafts-, Bildungs- und Versorgungseinrichtungen, die in einem ähnlichen Umfang etwa erst wieder in den Großwohnanlagen des Roten Wien erreicht wurden. Im Unterschied zu der von Fourier erdachten Lebenswelt beschränkte sich der Versuch des Fabrikanten Godin, der im wesentlichen ein paternalistisches Modell repräsentierte, primär auf das Wohnen. Die gemeinsame Haushaltsführung erstreckte sich bei Aufrechterhaltung der Einfamilienwohnung auf Einkaufs-, Bildungs- und Erholungsformen unter weitgehender Selbstverwaltung der Arbeiter.

Marx und Engels unterzogen die Reformversuche der Frühsozialisten der Kritik, daß diese ihren gesellschaftlichen und baulichen Systemen noch vor der Politisierung der Arbeiterschaft und der Veränderung der Produktionsverhältnisse Priorität zuerkannt haben. Dieser Kritikansatz bestimmte lange Zeit den Diskurs über die Wohnungsfrage und Wohnungsreform auf seiten der Linken; verstellt blieb dabei weithin der "Materialwert" frühsozialistischer Konzeptionen im Sinne dessen, was Leonardo Benevolo mit den "Ursprüngen des modernen Städtebaues" bezeichnet.

Etwa zur selben Zeit, als Godin seine Fabriksanlage in Guise errichten ließ, erreichte der Paternalismus in England eine wichtige Bedeutung für die bauliche und soziale Reform des Arbeiterwohnungsbaues. J. Posener bezeichnet vor allem die Tendenz, die Arbeiter aus den Großstädten in "Industriedörfer" hinauszuführen, als wesentliche Verbindungslinie zur späteren Gartenstadtbewegung. Unternehmer verbanden im Paternalismus ihre philantropischen Anliegen mit geschäftlichen Interessen. Primär stand nicht eine emanzipatorische Bewegung im Vordergrund; vielmehr sollte die Arbeiterschaft sittlich und physisch, durch die Verbesserung der Wohnverhältnisse, "gehoben" werden. Für Ebenezer Howard waren diese "Industriedörfer" als baulicher und sozialer Erfahrungsbereich der Gartenstadt von größter Bedeutung. Seine sozialreformerisch-städtebaulichen Ansätze weisen eine unmittelbar-praktische Orientierung auf. Dem übermäßigen Stadtwachstum (wie es z.b. London zu dieser Zeit kennzeichnete) versuchte er das Prinzip einer auf Dezentralisation fußenden, Stadt und Land "vermählenden" Siedlungsstruktur als Alternative gegenüberzustellen. Im Zentrum seines abgeleiteten Gartenstadtmodelles befinden sich "central-park" und kristallpalastähnliche Gebäude; daran lagern sich in Schichten Ringe durchgrünter Wohnhäuser und Gärten, Arbeitsstätten sowie Einkaufseinrichtungen. Das Modell basiert auf der Struktur von Städtegruppen um eine Zentralstadt. Als wichtigste verwirklichte Projekte sind die 1903 nach Plänen der Architekten Unwin und Parker angelegten Gartenstädte Letchworth und Welwyn (Arch. Louis des Soissons), 50 km von London entfernt, zu nennen.

Die Gartenstadtbewegung wurde nach 1900 auch im kontinentalen Bereich wesentlicher Träger der Reformbewegungen, vor allem für die Siedlerbewegung der Zwischenkriegszeit. Bei größeren Werkswohnungs- und Arbeitersiedlungen erfolgte später die Übernahme gartenstadtähnlicher Gestaltungsformen, nicht aber deren reformerisches Programm (Boden-, Baugenossenschaft etc.).

Um 1900 entwickelte der französische Architekt Tony Garnier in einem Idealprojekt die Cité Industrielle, welche als bandstadtähnliches Gebilde erweiterbar konzipiert in verschiedene nach Funktionen gegliederte Einzelbereiche (Wohnen, Arbeiten, Erholen, Verkehr und öffentliche Einrichtungen) zoniert ist. Damit nimmt Garnier faktisch wesentliche Inhalte und Probleme des funktionalistischen Städtebaues der zwanziger und dreißiger Jahre vorweg. Er knüpft in der Darstellung einer der (industriellen) "Arbeit" verpflichteten Stadtstruktur in gewisser Weise wieder an die Konzeption von Ledoux' Projekt der Salinenstadt an. Im Unterschied dazu komponierte Garnier nun nicht mehr mit autonomen Gebäudetypen, sondern bereits mit industriellen Ensembles. Die Durchbildung der Stadtviertel zeigt deutlich die Berücksichtigung hygienischer und sozialpolitischer Forderungen, wie sie in der zeitgenössischen Debatte um die Wohnungsreform als Kritik an den herrschenden Wohn- und Lebensverhältnissen in den Großstädten und Industriesiedlungen vorgebracht wurden. Die Architektur der Cité Industrielle kann als einer der wesentlichen Wegweiser für die Entwicklung der modernen Baukunst angesehen werden.

1.2 Elemente des örtlichen Industrieensembles

1.2.1 Fabrik

Bis in die zweite Hälfte des 18. Jahrhunderts wurden mit dem Begriff "Fabrik" im wesentlichen größere werkstättenähnliche Anlagen bezeichnet. Erst ca. um 1800 trat in Verbindung von mechanischen Antriebsformen, der Massenfertigung und der Spezialisierung der Arbeiter jener Typus in Erscheinung, der nach unserem heutigen Verständnis "Fabrik" verkörpert. Als Vorläufer der Fabrik ist die zentralisierte Manufaktur zu nennen, die in den Anfängen zunächst nur mehrere Handwerker in einer kaum veränderten Arbeitsweise zusammenführte. Erst sukzessive setzte sich mit der räumlichen Zusammenfassung die Zerlegung der Arbeit in einzelne Tätigkeiten und unterschiedliche Qualifikationsniveaus in einem arbeitsteiligen Prozeß durch. Zum Unterschied von den auf Handwerk basierenden Organisationsformen der Manufaktur, erbringt die Fabrik als historisch neues Moment den systematischen Einsatz der Maschine. Im Produktionsprozeß konnten nun Werkzeugmaschinen in Verbindung mit energetischen Arbeitsquellen und den am "Zentralort Fabrik" nach formalisierten Tätigkeitsbereichen zusammengefaßten Arbeitskräften koordiniert eingesetzt werden. Neben den betriebswirtschaftlichen Aspekten selbst bildete die strikte Einordenbarkeit in ein hierarchisch gegliedertes Betriebssystem, die Disziplinierung der Arbeitskräfte, ein wesentliches Merkmal der Fabrik, die als soziale und räumliche Institution der Industrialisierung gelten kann. Mit ihrer Ausbildung kommt die Arbeitsorganisation mit Hilfe von Maschinen und die Hierarchie von Verfügungsgewalt und Rollenverteilung beim Einsatz des Kapitals zum Durchbruch. Der Fabriksbau greift in seinen Anfängen auf verschiedene Vorläufer wie Manufaktur, Schloß, Gutshof, Mühle, Zeughaus u.a.m. zurück. Erst später entwickelt sich in Entsprechung zur Arbeits- und Betriebsorganisation ein eigenständiger Bautypus. Paradigmatisch für die Entwicklung der baulichen Typologie "Fabrik" stehen Textil- und Maschinenindustrie. Beide Produktionszweige wurden von England aus strukturbestimmend für die betriebliche und bauliche Organisation der industriellen Fertigung.

In der Textilerzeugung konnte relativ frühzeitig der Produktionsprozeß und die Arbeitsteilung zu einem auch baulich ablesbaren Ordnungsschema gebracht werden. Praktisch von Beginn an umfaßte die Textilfabrik eine Kombination von Spinn- und Webmaschinen größerer Zahl in Verbindung mit einer zentralen Antriebsquelle (zuerst Wasserrad, dann Dampfmaschine). Die erste "moderne" Fabrik überhaupt entstand 1771/72 bei Cromford in England - betrieben von Richard Arkwright.

Der zunächst gebräuchliche Typus des langgestreckten, mehrgeschossigen Gebäudes geht u.a. auf die Form des Wirtschaftsgebäudes bei Kloster und Schloß zurück und drückt die damals bestehende Tendenz zur "Kasernierung" der betrieblichen Nutzungen und Arbeitskräfte aus (*Bärtschi* 1983). Schon seit der Manufaktur war die mehrgeschossige Stapelung der Arbeitsvorgänge bei der Textilerzeugung üblich. Zum Teil leitete sich dies aus der Rohstoffverarbeitung, vor allem aber aus der Kraftübertragung im Produktionsprozeß ab: durch die Vielzahl der zu betreibenden Maschinen lag es nahe, die Kraftquelle zentral im Fabriksgebäude zu situieren und über die Transmissionsanlage auf kurzem Wege die Kraftübertragung sicherzustellen. Mit mehrstöckigen Gebäuden konnte dieses Erfordernis offenbar wirtschaftlich gelöst werden.

Ab den dreißiger Jahren des 19. Jahrhunderts entwickelte man in der Textilerzeugung bereits eine weitgehend automatisierte Maschinengeneration. Im Unterschied zu den bis dahin gebräuchlichen Spinnereimaschinen wiesen die komplex aufgebauten Anlagen ein höheres Gewicht auf und ihre stark gesteigerte Leistungsfähigkeit erbrachte größere Transportprobleme bei den Vorprodukten von Maschine zu Maschine. Die Verkürzung und Rationalisierung des Produktionsablaufes führte bei den Spinnereien Englands dazu, daß ab den 60er Jahren vermehrt der Typus des einstöckigen, mit Oberlichten versehenen Fabriksgebäudes zur Anwendung kam. Bei den Webereien war dies vor allem durch das Gewicht und die Schwingungen der Webstühle notwendig. Oftmals wurden Textilfabriken als Großbetriebe geplant und gebaut; häufig traten als Bauherren neben den privaten Einzelunternehmern bereits Kapitalgesellschaften in Erscheinung.

In Österreich entwickelte sich die Textilindustrie neben Vorarlberg frühzeitig im Wiener Becken; als eine der ältesten und bedeutsamsten mechanischen Spinnereien ist hier Pottendorf zu nennen. Die maschinelle Ausstattung und die Übernahme "modernerer" Gebäudetypen und Bautechnologien erfolgte gegenüber England deutlich zeitverschoben.

Die Maschinenfabriken entstanden vielfach aus der Tradition ländlicher Wirtschaftsbetriebe, oft als Teile von Hütten- oder Hammerwerken oder in bestehenden Werkstätten- und Manufakturgebäuden, die bereits billige wassergespeiste Antriebsvorrichtungen boten. Im Vergleich zur Textilindustrie lag hier aufgrund des komplexeren Produktionsprozesses das Mechanisierungsniveau im Maschinenbau bis in das 19. Jahrhundert deutlich niedriger. Der überwiegend als handwerklich zu bezeichnende Charakter der Produktion erfuhr erst später, vor allem durch die Großaufträge im Eisenbahnbau, eine beträchtliche Umwälzung. Die zunehmende Differenzierung in eingrenzbare Teilprozesse der Fertigung erbrachte auch in diesem Sektor eine spezifische Gebäudetypologie: Flachbauten für die schweren Bearbeitungsmaschinen, Hochbauten für Montagewerkstätten, Konstruktionsabteilungen und die Verwaltung. Das Bild der Metall- und Maschinenfabriken kennzeichnet derart die Erscheinung von Hallen- und Gebäudeagglomerationen. Im Bereich der Schwerindustrie, die sich zu "Industriekomplexen" ausformte, mußte im 19. Jahrhundert bereits eine umfassende Umstrukturierung bzw. der gänzliche Neubau der Bausubstanz vorgenommen werden.

Ganz allgemein läßt sich für die bauliche Anlage der Fabrik festhalten, daß produktionsspezifische Kriterien und infrastrukturelle Voraussetzungen erst stärker im zweiten Drittel des 19. Jahrhunderts ihre bestimmende Bedeutung erlangt haben. Bis zur Jahrhundertwende bildete sich faktisch der gesamte Katalog an Gebäudeformen und industriellen Anlagen aus, der in der Folge durch den "modernen Industriebau" erweitert und weiterentwickelt wurde. In der Gebäudeplanung bekam die Art der Fabrikation, die Einrichtung der Maschinen im Sinne zerlegter Einzelvorgänge eines fließenden Gesamtarbeitsprozesses Primat. Der ungestörte Kreislauf der Fabrikation, ohne ein Zuwiderlaufen und Überkreuzen, wurde damit zum bestimmenden Schema der Anlagenplanung. Auch finden sich im Katalog der Fabriksplanung des ausgehenden 19. und beginnenden 20. Jahrhunderts - wenn auch nachrangig gereiht - die Arbeitsbedingungen als Planungskriterium. Zur durchgängigen Argumentation der "modernen Fabriksanlage" zählt diesbezüglich in erster Linie die Steigerung von Leistungsfähigkeit und Produktqualität:

"Durch Erfüllung dieser Bedingungen unterstützt man nicht allein den Arbeiter bei seiner Arbeit, sondern erzielt auch erfahrungsgemäß eine größere Leistungsfähigkeit und bessere Qualität der Produkte; überdies wird damit für das Behagen des Arbeiters gesorgt, der sich in solch luftigen, hohen, lichten Räumen wohler fühlt."
(Utz 1907, S. 3)

Fabrikstypologie am Beginn unseres Jahrhunderts

Hochbau

Die Lichtverteilung (Seitenlicht durch Fenster) erfordert lange schmale Gebäude. Der Vorteil des geringen Flächenbedarfs führte diesen Typus im städtischen Bereich zur breiten Anwendung für Produktionen mit nicht allzu schweren Maschinen; durch die zunehmende Qualität der Baustoffe und Konstruktionssysteme (Stahl und Stahlbeton) konnte diese Bauweise auch für schwerere Belastungen und für größere, stützenfreie Spannweiten herangezogen werden. Noch zur Jahrhundertwende wurden als Vorteile des Hochbaues die geringeren Heizungskosten und Ventilationsprobleme sowie der günstigere Transmissionsbetrieb geltend gemacht. Als Nachteile lagen erschwerte Kontrolle der Abwicklung und ungünstige innerbetriebliche Transportmöglichkeiten auf der Hand.

Beispiel eines mehrschiffigen Fabriksgebäudes

Erdgeschoßbau

Mit Seitenlicht führte diese Bauweise zu rechteckigen Grundrißorganisationen, hingegen erbrachte das Oberlicht eher quadrati-

18

sche Formen des Grundrisses. Der entscheidende Vorteil der erdgeschossigen Organisation mit Oberlichten stellte sich in der völlig gleichen Lichtverteilung, dem Spielraum zur Maschinenaufstellung (weiter Stützenraster), den Transportverhältnissen und der Kontrolle des Arbeitsprozesses dar. Um gleiche Licht- und Klimaverhältnisse sichern zu können, setzte sich die Nordorientierung der Shedbauten durch.

Mehrschiffige Gebäude

Diese entwickelten sich aus der Maschinenfabrikation; im hohen Mittelteil sind in der Regel Stränge für den Laufkran gegeben. Die Verteilung der schweren Bearbeitungsmaschinen erfolgt nach dem Produktionsablauf; wenn in den Seitenschiffen Galerien angeordnet sind, befinden sich über dem Erdgeschoß Räume für Montage, Beschickung etc.

Im 19. Jahrhundert entstanden infolge der industriellen Entwicklung neue Bauaufgaben, für die es in der Geschichte keine Vorbilder gab. Dazu zählen neben Einrichtungen des Verkehrs, der Warenverteilung und des Massenwohnbaues vor allem auch die Produktionsanlagen. Viele dieser Aufgaben stellten im Sinne der klassischen Architekturbetrachtung "untergeordnete Themen" dar, die zunehmend von Ingenieuren wahrgenommen wurden (die Trennung von Architekt und Ingenieur erfolgte bereits zu Beginn des Jahrhunderts).
Die Fabrik selbst wurde vor diesem Hintergrund zu einem Experimentierfeld für neue technische Lösungen und Konstruktionen sowie für neue Baumaterialien: Bereits 1792 ließ William Strutt in Derby (England) den vermutlich ersten Skelettbau aus Gußeisen und Holz für eine Spinnerei erstellen. Nach 1800 erfolgte im englischen Fabriksbau bereits die Eliminierung von Holz als Baustoff zugunsten des Eisens. Bei diesen Eisenskelettbauten wurde schon das Thema des Knotens (Verbindung von Stütze und Unterzug) und des Rasters in bahnbrechender Weise behandelt. Einen Höhepunkt in dieser Entwicklung stellt sicher der Bau von Salford Mill (um 1820) dar, der lange Zeit als ältester Eisenskelettbau in der Architekturgeschichte rezipiert wurde, und bei dem damals bereits eine permanente Gasbeleuchtung und eine Dampfheizung zur Installation gelangten. In den dreißiger Jahren des 19. Jahrhunderts kam es bei der Stahlgießerei Sayn zur Verwendung eines Eisengerippes (in Verbindung mit Glas) im Außen-

ausbau; eine der ersten Stahlkonstruktionen in modernerem Sinn wurde 1871/72 bei der Schokoladenfabrik Menier angewandt. Die Weiterentwicklung des Baustoffes Stahl führte zu Verwendungsmöglichkeiten, die sich beispielhaft im Bau des Glaspalastes manifestieren sollten.

Die dabei demonstrierte Auflösung und Transparenthaltung eines Gebäudes, die Sichtbarmachung von Funktionen war eine der wesentlichen Vorlagen für die moderne Architektur und den Funktionalismus. Neben dem Stahlbau ließ der ab Ende des Jahrhunderts (durch Monnier) an Bedeutung gewinnende Stahlbetonbau die Auflösung der Wand in Konstruktion und Zwischenfeld zu. Im Industriebau selbst waren es vor allem die Architekten Behrens und Gropius, die die Ingenieurleistungen in den modernen Architekturdiskurs einbrachten. Neben der frühen Verwendung von "modernen Baumaterialien" und neuen Konstruktionsprinzipien fand im Industriebau schließlich auch die Einführung eines neuen statischen Systems im Hochbau statt: 1889 wurde beim Bau der Galeries des machines erstmals der Dreigelenksbogen, bei dem Stütze und Balken nicht mehr getrennt sind, im Hallenbau angewandt.

Mit dem Aufkommen neuer Produktionsformen und größerer Wirtschaftsräume im 19. Jahrhundert veränderte sich die Außenhaut und Gestaltung der Fabrik. In der Frühphase - bis in die zwanziger Jahre des Jahrhunderts - zeigt die Fabrik in ihrem Erscheinungsbild oft noch die Schmucklosigkeit, das Fehlen von Machtsymbolen. Vielfach ist bis dahin (im kontinentalen Bereich) der Bautypus noch nicht durchgängig entwickelt, orientiert sich die Organisation und Gestaltung weitgehend an baulichen Vorläufern. Die zunächst eher schmucklose Architektur mag die Situation einer um ihre Existenz ringenden Industrie allgemein widerspiegeln, steht aber sicher auch im Zusammenhang damit, daß in dieser Phase noch die Oberschicht, der Adel, weitgehend das Unternehmertum repräsentiert. Bei diesen Gruppen zeigt sich im Muster der gesellschaftlich geprägten Selbstdarstellung schon früh die Trennung von Produktions- und Herrschaftsarchitektur. Danach setzte sich mit kurzen Einschnitten bis über die Jahrhundertmitte hinaus eine herrschaftsbezogene Architektur durch: die Selbstdarstellung industrieller Potenz vor Ort wurde zur bestimmenden Interpretation. Dies hängt nach bau- und kunstgeschichtlichen Interpretationen eng mit dem Selbstdarstellungsanspruch des gesellschaftlich aufstrebenden Bürgertums zusammen, das zu dieser Zeit deutlich auf Mittel der Feudalarchitektur und neofeudaler Symbole zurückgreift. Später, im ausgehenden 19. Jahrhundert, tritt anstelle der Selbstrepräsentation die Werberepräsentation, die nicht mehr die personale bzw. gesellschaftliche Rolle des Unternehmers, sondern bereits die abstrakte, kommerzielle des Unternehmens thematisiert.

Wie der Kunsthistoriker *Müller* (1977) in seiner Untersuchung zur Verdrängung des Ornaments am Beispiel der Fabriksarchitektur zeigt, weichen ornamentale Formen sinnbildlicher Repräsentation mit der wachsenden Anonymität der "modernen" Industrie zurück. Verriet die individuell-privatisierende Gestaltung der frühen Fabrik etwas von der sozialen Rolle des Unternehmers, so gibt der "moderne Fabriksbau" kaum noch etwas von der Verdinglichung der menschlichen Beziehungen preis. Ornamente, wenn sie Verwendung finden, haben den Charakter des Unpersönlichen. Man könnte der Interpretation des historischen Fabriksbaues aber auch noch eine andere Lesbarkeit anschließen. Der bis zur Jahrhundertwende vorherrschende Rohziegelbau zeigt in seiner "Nacktheit" den Charakter des Nützlichen. Mit nur einem sichtbaren Element, eben dem "Ziegel", werden die Produktionsstätte, das Arbeiterwohnhaus und selbst die Unternehmervilla umspannt und so auch oberflächlich-sinnlich zu einem Ensemble verstärkt. Ziegel steht in diesem Kontext für die Arbeitssphäre, der Arbeiterwohnungsbau ist weithin nur als Rohziegelbau vorstellbar und bis heute dadurch visuell diskriminiert. Der "Baustein" des Fabriksensembles wäre derart auch als Metapher für die Zusammenführung vieler einzelner zu einem Gesamtarbeitsprozeß zu verstehen, dem funktional und systematisch auch die individuelle Reproduktion der Akteure unterworfen bleibt.

Um die Jahrhundertwende wird man sich im Fabriksbau dann stärker des ästhetischen Eigenwertes bewußt, die Sachlichkeit im Bauen beginnt sich zu formulieren. In einem Handbuch für Techniker und Fabriksbesitzer heißt es:

"Ein gut proportionierter Schornstein von 60 bis 100 m Höhe bietet in geschmackvoller Ausführung stets einen schönen Anblick und bildet gewissermaßen einen Schmuck des ganzen Fabriks-Etablissements. Sehr häufig findet man bei Fabriksschornsteinen den Kopf als weit ausladendes, vielfach gegliedertes Kapitel ausgeführt, was von der irrigen Auffassung herrührt, daß man den Schornstein mit einer Säule vergleicht." (Rebber 1901)

Ohne das Prinzip der Zweckmäßigkeit zu entwerten, entstand als wichtige Strömung in der Architekturgeschichte die sogenannte "Industriebaukunst", zu deren hervorragendsten Vertretern der Architekt Peter Behrens (AEG-Werke) und nachfolgend Gropius und Poelzig zählten. Behrens verbindet mit seinen Industriebauten Sachlichkeit mit Monumentalität und erreicht damit für den Industriebau quasi die "Überhöhung" einer Baugattung. Mit klassizistischer Formalität und monumentalem Kunstanspruch wird der Fabrik die Aura einer "Kathedrale der Arbeit" verliehen. Von der Industrie erwartet man die "Kultivierung der Gegenwart"; der quantitativ wie qualitativ neu gestellte Anspruch an die Bauformen stand im Zusammenhang mit der Etablierung einer neuen gesellschaftlichen und ökonomischen Elite der Großindustrie.

In der Überhöhung der Arbeitssphäre - bei gleichzeitiger zweckrationaler Organisation des Arbeitsprozesses - liegt eine Tendenz zur ästhetischen Harmonisierung. Der eigentliche Inhalt der Industriearchitektur - die entfremdete Arbeit - wird dabei verdeckt. Die in der Industriebaukunst eindrucksvoll formulierte Idee des Ganzen, die Einführung des Massenornaments als Zeichen einer einheitlichen Kultur- und Architektursprache suggeriert, dem Erklärungsansatz von *Müller* (1977) folgend, die gesellschaftliche Synthese: An die Stelle sinnlich-konkreter Machtansprüche, wie sie weite Phasen des 19. Jahrhunderts im Fabriksbau bestimmend waren, tritt damit deren Verklärung. Das "Unternehmen" bildet sozusagen das "Höhere", über der Masse (diese integrierend) stehende. Mit der bis Mitte der dreißiger Jahre anhaltenden Entwicklung erreicht der Industriebau seinen bislang wichtigsten Einfluß auf das Architekturgeschehen. Der Fabriksbau wurde damit nicht nur als bedeutsame Baugattung in die Architekturgeschichte eingeschrieben, sondern konnte, wie es Gropius formulierte, Vorbildcharakter auch für viele andere Bausparten, wie beispielsweise den die Industrialisierung thematisierenden Wohnbau, erreichen. Le Corbusier verwendete dies gleichsam metaphorisch in seinem Konzept der "Wohnmaschine".

Nach dem Zweiten Weltkrieg verlor der Industriebau seine "Avantgarderolle" im Architekturgeschehen. Innovationen in Konstruktion und Materialverwendung bleiben auf den eigenen Bereich beschränkt. Vorherrschend zeigt sich heute die Anonymität einer aus Fertigteilen zusammengesetzten Außenhaut, die abgehoben von allen innerbetrieblichen Abläufen existiert und den vereinheitlichten Code "Industriebau" abgibt. Es scheint damit die Repräsentanz von Macht weitgehend in den informellen, nicht mehr sichtbaren Bereich transformiert zu sein.

1.2.2 Werkswohnungsbau

Mit "Werkswohnungsbau" wird begrifflich gemeinhin der Wohnungsbau privater Unternehmen zusammengefaßt. Bei großen Unternehmungen konnte der Wohnungssektor auch über entsprechende Baugesellschaften als eigenständiger Aufgabenbereich wahrgenommen werden. In Entsprechung zu den verschiedenen Trägerschaften findet sich eine Differenzierung in werkseigenen bzw. werksgebundenen Wohnungsbau. Den Regelfall bildete über weite Phasen der Wohnungsbau durch den Unternehmer selbst:

"Unter den Gründen, welche für die Errichtung von Werkswohnungen anzuführen sind, ist demgemäß an erster Stelle die Heranziehung von Arbeitskräften zu nennen, welche mit der Ausdehnung des Betriebes, ja mit seiner ersten Einrichtung notwendig wurden und an Ort und Stelle in genügendem Umfange nicht zu haben waren." (Handwörterbuch des Wohnungswesens 1930, S. 755)

Zu einem Aufgabenbereich unternehmerischen Handelns wurde der Bau von Werkswohnungen durch die Fabriksproduktion größeren Umfangs. Später, mit der Herausbildung staatlicher Wohnungspolitik, kam es zur verstärkten Inanspruchnahme von Subventionen in diesem Sektor bzw. trat der Wohnbau durch gemeinnützige Gesellschaften in Erscheinung.

Die Anlage von Wohnungen zu Zwecken gewerblicher und vor allem agrarischer Produktion hat in Europa eine Tradition, die bis in das Mittelalter reicht. Werkswohnungen bei Fabriken außerhalb zusammenhängender Siedlungsgebiete sind in England bereits etwa Mitte des 18. Jahrhunderts bekannt gewesen; im kontinentalen Bereich wurden die ersten großen Werkssiedlungen in den zwanziger und dreißiger Jahren des 19. Jahrhunderts angelegt. Ab den vierziger Jahren entstanden, wie skizziert, die "mustergültigen" Werkssiedlungen des Paternalismus.

Begründungslinien

Der Werkswohnungsbau ist historisch durch einen Katalog ökonomischer, im Falle größerer Unternehmungen auch politisch-ideologischer Ziele begründet. Zunächst einmal wurden Werkswohnungen gebaut, um Arbeitskräfte an bestimmte, für die jeweilige Produktion relevante Standorte zu binden, falls dort kein ausreichendes Wohnungsangebot bestand. Bevor eigene, den Fabriken funktionell und räumlich zugeordnete Wohnstätten bestanden, mußten die Arbeiter oftmals mit ihren Familien in benachbarten Ortschaften oder bei Bauern Quartier nehmen. Dabei waren die Mietkosten - und damit auch die Kosten der Ware Arbeitskraft - durch die Unternehmer nur eingeschränkt zu kontrollieren und zu kalkulieren bzw. wurden die Arbeitskräfte zeitweise durch damals übliche Ernteeinsätze (als Gegenleistung für Quartiersgebung) der Fabriksarbeit entzogen. In dieser Hinsicht stellt der werkseigene Wohnbau für Arbeiter eine für den Produktionsablauf notwendige Investition wie jede andere dar. Durch das Wohnungsangebot konnte die Arbeiterschaft seßhaft gemacht und damit die Kontinuität und Ausweitung des Produktionsprozesses gesichert werden. Die Bereitstellung des Quartiers durch die Unternehmer gestaltete sich häufig als Teil des Lohnes, das Lohnniveau konnte daher vergleichsweise gering gehalten werden. Einen Hinweis darauf gibt etwa eine Erhebung von 1870, wonach in den Fabrikswohnungen etwa drei Viertel der Arbeiter "kostenlos" wohnten. Für größere Unternehmungen, wie dies beispielsweise im Ruhrgebiet in Deutschland gegeben war, konnte ein ökonomischer Vorteil nicht nur über eine gesicherte und steigend gehaltene Produktionsleistung realisiert werden, es war der Haus- und Grundbesitz selbst eine nicht zu unterschätzende Einnahmequelle. Die Bindung und Seßhaftmachung der Arbeiterschaft an den Fabriksstandort hatte weitführende Aspekte: Bei der damals gegebenen hohen Fluktuation der Arbeitskräfte konnte deren Reproduktion langfristig "in Generationen" gesichert, die Mobilität behindert werden, wobei auch die "emotionale Bindung" durchaus einkalkuliert war. Mit der Anlage von Werkswohnungen, der Koppelung von Miet- und Arbeitsverhältnis, war das Abhängigkeitsverhältnis gleichsam auf die gesamte Existenzgrundlage der Arbeiter ausdehnbar, die Absicht der Disziplinierung (wie die Bestimmungen von Hausordnungen aus der Zeit zeigen) ein nicht zu übersehender Aspekt. In einigen "Solitärvorhaben" erfolgte die Verbesserung des Wohn- und Lebensstandards in Werkssiedlungen gezielt im Hinblick auf eine längerfristig angelegte soziale Stabilisierung und Pazifizierung:

"Ich bin fest überzeugt, daß alles was ich empfohlen habe, notwendig ist, und daß die Folge es mehr als reichlich lohnen wird... Wer weiß, ob dann über Jahr und Tag, wenn eine allgemeine Revolte durch das Land gehen wird, ein Auflehnen aller Klassen von Arbeitern gegen ihre Arbeitgeber, ob wir nicht die einzigen Verschonten sein werden, wenn wir zeitig noch alles in Gang bringen." (Krupp Alfred 1871, zit. Lesebuch zur Wohnungsfrage, 1983, S. 28)

Aus der historischen Distanz lassen sich für den Effekt dieser Absichten durchaus ambivalente Befunde liefern: So ist es evident, daß in hervorragenden Fällen (wie bei Krupp) durchaus die "Identifikation" mit den Werkssiedlungen in "geplanter" Weise gelang; andererseits scheint ein durchgängig geändertes Muster politischen Handelns bzw. der Sozialisation dadurch nicht erzeugt worden zu sein, oder jedenfalls lassen sich derartige Veränderungen nicht auf die Situation "Werkssiedlung" beschränken.

In den zeitgenössischen Begründungen zum Werkswohnungsbau findet sich vor dem Hintergrund der sozialen Bewegungen und gewandelten Wirtschaftserfordernisse des 19. Jahrhunderts der gesamte

Katalog ökonomisch-politischer Determinanten unterschiedlich akzentuiert wieder. Vielfach stehen philantropische Argumente zur Hebung der "moralischen Gewohnheiten" und der "physischen Lebensbedingungen" der Arbeiterklasse im Vordergrund. Später betonte man "Motive sozialer, moralischer und humaner Natur", aus "vor kurzem noch gefährlichen Mitgliedern der Gesellschaft (sollten) kräftige Stützen für die Zukunft" (*ABZ* 1868) erwachsen. Ein Beispiel aus dieser Zeit erläutert die Anlage von Arbeiterhäusern und -kolonien für Architekten, Baumeister und Fabriksbesitzer in einem versachlichten Ton:

"Der Arbeiter ist nach gesunden technologischen Grundsätzen das wertvollste, vollkommenste, unentbehrlichste und unersetzbarste Werkzeug der gewerblichen und industriellen Production... Wenn es daher ökonomisch richtig ist die Werkzeuge irgendeines Productionszweiges zu schonen und arbeitstüchtig zu erhalten, um wie viel mehr ist dies bei diesem wichtigsten Werkzeug nöthig, dessen Geschicklichkeit, Fleiß und guter Wille meistentheils einen entscheidenden Einfluß nicht nur auf die Exactheit der Ausführung, d.h. auf die Qualität des Productes sondern auch auf die ökonomische Verwendung der Zeit, d.h. auf die Calculation ausüben muss." (Kraft 1891, S. 5)

Reformbestrebungen

Um die Mitte des 19. Jahrhunderts beginnt sich jene Debatte um die Wohnungsfrage und Bodenreform abzuzeichnen, die ihren Höhepunkt in den siebziger Jahren - in der Hauptphase des Urbanisierungsprozesses - erlangen sollte. Als einer der "frühen" Wohnungsreformer kann Viktor Aimé Huber angesehen werden, der mit der Propagierung der Selbsthilfe im Wohnungsbau und des Programmes einer "inneren Kolonisation" nachhaltig auch die Entwicklung des Werkswohnungsbaues beeinflußte. So inspirierte er die Cité ouvrière in Mühlhausen in Organisation und Anlage direkt und trug mit dem Leitbild zur Rückwanderung aus den Städten bzw. der gelenkten Siedlungspolitik an bestimmten Standorten zur Verbreitung der "Arbeitercolonien" bei. Unter "Arbeitercolonie" verstand man die positive Variante des Werkswohnungsbaues gegenüber den "Arbeiterkasernen"; Selbsthilfe im Wohnungsbau, gesündere Wohnformen, Eigenvorsorge durch Gärten und Äcker.

Die "Innenkolonisation" geht auf vorindustrielle Zeiten zurück, wenn Nahrungsmittelknappheit bzw. Bevölkerungsdruck auftraten. Im Kontext der Industrialisierung und ihren Wanderungsbewegungen (Landflucht - Stadtwachstum) wurde Innenkolonisation als Strategie der Wiederbesiedelung und der Bindung des Proletariats außerhalb der großen Städte reformuliert. Die Idee der Kolonisation verband sich dabei mit den unterschiedlichen Strömungen der Großstadtkritik, der

Agrarromantik, der Eigentumsideologie und Selbstversorgung, aber auch der Dezentralisierung, der praktischen Wohnungsreform und der Gartenstadtbewegung. Auch der unter anderem durch die Kritik von Engels ("Wie die Bourgeoisie die Wohnungsfrage löst") bekanntgewordene Wohnungsreformer Emil Sax widmete sich in Österreich eingehend der baulich-räumlichen Organisationsform des Wohnens. Er verstand das "Casernement" als Ursache des "städtischen Übels" und propagierte nach englischem Vorbild Kolonien im Cottagesystem. Sax trat für diese Wohnform ein, in der die Familien abgeschlossen für sich und in "Harmonie" leben sollten. Auf den Werkswohnungsbau bezogen, betont er die "sozialstabilisierende" Wirkung:

"Das Dienstverhältnis consolidirt sich, wird für das Leben, ja auf die Nachkommen hinaus berechnet und wer bedenkt, daß eine körperlich und geistig gesunde, verläßliche, mit den Interessen des Dienstes eng verwachsene Arbeiterschaft für den Fabrikanten nicht minder werthvoll ist als gute Maschinen und eine fortgeschrittene Technik, der wird dem Worte eines ... erleuchteten Großindustriellen ... beistimmen, der von seinen dießbezüglichen Bestrebungen versichert, es sei dieß die beste Capitalanlage, welche ihm je in seinen Geschäften vorgekommen." (Voigt 1982, S. 95)

Der Kruppsche Werkswohnungsbau

Die ersten Massenwohnungsbauten der Firma Krupp erfolgten in den sechziger Jahren und basierten auf dem Kasernentypus. Dieses Prinzip fand abgewandelt auch noch bei den etwa zehn Jahre später errichteten Siedlungen Schederhof und Kronenberg bei Essen Anwendung:

"Das ursprüngliche Bauprinzip war hier über sich selbst hinaus zu geschlossenen Wohnsiedlungseinheiten gewachsen. Im Schederhof wie auch auf dem Kronenberg standen den Bewohnern umfangreiche Versorgungs- und Gemeinschaftseinrichtungen zur Verfügung: Konsumanstalten, Marktplatz, Bierhallen, Parkanlagen, Schulen und Versammlungslokale. Diese Kolonien erhoben sich als selbständige Wohnsiedlungseinheiten gegenüber Stadt und Fabrik; Städte neben der Stadt." (Kastorff-Viehmann 1981, S.97)

Im Prinzip trug Krupps Form der Unternehmungsleitung auch jene paternalistisch-patriarchalischen Merkmale in sich, die über ein System betrieblicher Sozialleistungen eine "hierarchische Unternehmungsharmonie" zu erreichen trachteten:

"Wir wollen nur treue Arbeiter haben, die dankbar im Herzen und ihrer Tat dafür sind, daß wir ihnen das Brot bieten, wir wollen sie mit aller

Menschenliebe behandeln und für sie wie für ihre Familien sorgen." (Kastorff-Viehmann 1981, S. 55)

Sein "Fabrikpatriarchentum" sollte sozialdemokratische Ideen von seinen Arbeitern fernhalten. Nach dem Vorbild der englischen Cottages setzte sich im letzten Drittel des 19. Jahrhunderts im Arbeiterwohnungsbau des Ruhrgebiets das Kleinhaus als Wohnform durch. Die meiste Verbreitung fand das Vierfachhaus (4 Familien in einem Haus) mit Kreuzgrundriß. Dabei stoßen vier Wohneinheiten innerhalb des Gebäuderechteckes in Kreuzform aneinander, eine Querlüftung ist dabei (wie übrigens auch beim Mühlhausener Grundriß) nicht möglich.

Kolonie Kronenberg bei Essen

Zu einer umfassenden Siedlungsplanung kam es erstmals in den neunziger Jahren: Die Selbstdarstellung des Unternehmens fand in Form einer malerischen, den ästhetischen Gesamteindruck in den Vordergrund stellenden Weise statt. Die Formensprache der Gartensiedlung wurde zum Massenwohnungsbau der gartenstädtischen Werkssiedlungen weiterentwickelt, ohne aber das Reformprogramm der Gartenstadtbewegung zu übernehmen. In den Genuß besserer Wohnungsbedingungen kamen im Modell Krupp vor allem die gehobenen Arbeiterschichten. Die Kruppsche Siedlungsplanung steht für die Tendenz, den Werkswohnungsbau später als Element einer "Volksgemeinschaft" zu formulieren.

Typologie

Zu Beginn der Industrialisierung, als der Werkswohnungsbau als neue Bauaufgabe formuliert wird, greift man zunächst noch auf herkömmliche städtische und ländliche Haustypen zurück und variiert diese. Im Detail fließen damit in den Werkswohnungsbau relativ frühzeitig entwickelte Raumtypologien und Traditionen des regionalspezifischen Bauens ein. Vor allem in der Grundrißgestaltung, etwa mit der Ausbildung der Wohnküche (die man direkt betritt), findet sich die Abwandlung eines Grundtypus des Bauernhauses. An den neu geschaffenen Fabriksstandorten rekrutierte sich in der Regel die Arbeiterschaft nahezu ausschließlich aus zugewanderter agrarischer Bevölkerung, die angebotenen Wohnformen erinnern daher auch vielfach an bäuerliche Kleinhausformen (Katen, Keuschen), auch wenn dies bereits in größeren Einheiten in nur mehr additiver Form erfolgte.

Um "Kaserne" und "Cottage" als gegensätzlich besetzte Wohn- und Bauformen kreist im wesentlichen die praktische Kritik der Wohnungsreform. Diese, in nicht immer eindeutiger Weise verwendeten Begriffe - so werden damit nutzungsspezifische Kriterien, Merkmale der Aufschließung, der baulichen Gruppierung, der Bauweise darunter zusammengefaßt - bezeichnen für den Arbeiterwohnungsbau das Spektrum seiner typologischen Entwicklung. Im Arbeiterwohnungsbau konnte die Typenbildung, jeweils aufgrund der sehr eingrenzbar formulierten Interessen und Ansprüche, relativ rasch vollzogen werden.

Der Typus Kaserne leitet sich zunächst aus der rein zweckrationalen Überlegung einer möglichst großen Anhäufung von Arbeitskräften in einem Gebäude ab. Diese Form der Unterbringung war schon aus den frühindustriellen Ansiedlungen etwa in der Holzwirtschaft bekannt gewesen. In Analogie zur Kasernierung von Soldaten entstanden die Arbeiterwohnhäuser als Aneinanderreihung von Einzelräumen entlang eines Aufschließungsganges, gleichsam als Abbild der Kette, welche die Arbeiter im Produktionsprozeß bildeten. Relativ wenig Bezug nahm die Hausform naturgemäß auf die "individuelle und familiäre" Situation. Gegen die massenhafte Kasernierung der Arbeiterschaft wurden neben hygienischen vor allem auch moralisch-sittliche und sicherheitspolitische Bedenken erhoben. Die Arbeiterkaserne in dieser engen Fassung sperrt sich zudem der von bürgerlicher Seite intendierten Eingliederung der Arbeiterschaft in ein Familiensystem:

"Der Einfluss, den gut eingerichtete Familienhäuser auf die Arbeiter ausüben, ist nach allen Aeusserungen, sowol in Bezug auf Gesittung wie auf den Wolbestand, ein ganz vortrefflicher, und es sind Fälle bekannt geworden, in welchen Arbeiterfamilien einen vollständig veränderten Charakter angenommen haben und eine früher nie gekannte Sauberkeit und Sparsamkeit im Familienleben obwaltete." (Klasen 1879, S. 2)

Der Sondertypus des "Schlafhauses" oder "Arbeiterhotels" blieb häufig noch an Standorten mit saisonal beschränkter Produktion oder als Unterkunft für ledige Arbeiter bestehen. Die Tendenz zur Isolierung der Arbeiterfamilien spiegelten die in der Folge propagierten Modelle der Haus- und Wohnungsorganisation wider, welche zunehmend auf eine systematische Reduktion kollektiv nutzbarer Räume abzielten. Gleichzeitig bewirkte dies eine Verfestigung der in sich geschlossenen Einzelwohnung. Vor diesem Hintergrund wird die Polemik gegen das Laubenganghaus im Arbeiterwohnungsbau "als gefürchtetes Korridorsystem" verständlich, das noch bei den Sozialutopisten oder später bei verschiedenen Experimenten kollektiver Wohnmodelle eben aufgrund seines Funktionszusammenhanges eine positive Interpretation fand. Wenn auch die reale Siedlungspraxis des Werkswohnungsbaues im Regelfall weit hinter den Modellplanungen blieb, ist nicht zu übersehen, daß gegen Ende des 19. Jahrhunderts das Einzelhaus zunehmend als Leitbild etabliert war. Elemente des bürgerlichen Wohnens, etwa die Raumfolge Vorzimmer - Wohnzimmer - Küche wurden, wenn auch sparsam ausgeführt, auf den Arbeiterwohnbau übertragen.

Die dem Betrachter als "Einfamilienhaus" erscheinenden Gebäude standen in der Realität einer Arbeiterfamilie allein kaum zur Verfügung. Hinter dem freistehenden Einzelhaus verbarg sich so oftmals der Typus des Mehrfamilienhauses, in dem bis zu acht Familien wohnten. Bis zur Jahrhundertmitte maß man dem Erscheinungsbild von Arbeiterwohnungsanlagen kaum eine Bedeutung zu (Zweckform). Auch später findet die Thematisierung der Gestaltung von Haus- und Umgebungsbereich primär unter dem Aspekt des "netten Anblickes" statt, die suggerierte kleinbürgerliche Behaglichkeit sollte die spezifischen Lebensbedingungen und Kulturformen der Arbeiterfamilien verdecken helfen. Erst mit den späten Werkssiedlungen wurde das "Ensemble" grundlegend in die Gestaltung miteinbezogen.

Vor allem bei größeren Konzernbetrieben kam es zur Anlage von Kleinhaussiedlungen nach dem englischen Vorbild der "park-estates". Die Kleinhaussiedlungen wurden später zu gartenstadtähnlichen Werkssiedlungen weiterentwickelt, wie dies in größerem Maßstab in verschiedenen Siedlungen im Ruhrgebiet, v.a. bei Krupp, realisiert wurde. In der Spätphase des werkseigenen bzw. werksbezogenen Wohnungsbaues fand die städtebauliche Gesamtgestaltung der Siedlungsanlagen - stark beeinflußt von den Prinzipien Camillo Sittes - eine Anwendung.

Allgemeines Charakteristikum des Arbeiterwohnungsbaues ist es, ob als Kaserne oder Cottage angelegt, typologisch geordnet und "seriell" anwendbar zu sein. Der entwickelte Häuserkatalog repräsentiert vielfach die innerbetriebliche Hierarchie: Häuser für Angestellte, Werkmeister, Facharbeiter - Häuser für die Masse untergeordneter Arbeiter, Schlafstellen für Lehrlinge, Ledige und saisonal Beschäftigte...

Bauweisen

Folgt man der recht umfangreichen zeitgenössischen Literatur über Arbeiter- und Werkswohnungsbau, so sollten Haus und Wohnung ansehnlich, zweckmäßig und vor allem auch billig sein:

"Bei Anlage von Arbeiter-Wohnhäusern ist die Frage des Bausystems von besonderer Wichtigkeit; einerseits muss man so billig wie möglich bauen, andererseits aber doch den durch diese Bauten beabsichtigten wirtschaftlichen und sittlichen Zweck erreichen." (Klasen 1879, S. 1)

Diesen Prämissen folgend, fanden Fragen der Bautechnik und Bauweise eine beständige Erörterung. Die Bauökonomie des Arbeiterwohnhauses setzte wesentlich am Problem der zu verwendenden Baustoffe und -konstruktionen an:

"Zum Baue von Arbeiterhäusern empfehlen sich solche Materialien, welche die Herstellung dünner und trockener Wände gestatten und dabei wetterbeständig sind." (Klasen 1879, S. 68)

"Das zur Verwendung kommende Material ist das im Lande gewöhnlichste, daher billigste und so finden wir in Preußen den Luftstein, in Belgien, England und Österreich den Backstein, in Frankreich den Bruchstein zum Bauen benützt." (Bömches 1868, ABZ)

Der Beschränkung auf ortsübliches Material aus Billigkeitsgründen folgte später die Versuchsanwendung neuer, billigerer Baustoffe industrieller Fertigung. So wurde der Arbeiterwohnungsbau geradezu zum Experimentierfeld neuer Bautechnologien: Noch im gleichen Jahr, als Monier sein Patent für den Eisenbetonbau anmeldete, ließ Napoleon III. anläßlich der Pariser Weltausstellung von 1867 eine Reihe von Arbeiterhäusern aus Beton ausführen; in England versuchte man einige Jahre später den Schlackbeton als "universelles" Baumaterial:

"Die Gurtbände, Cordons, Türgewände und Schwellen, Fenstergesimmse, alle Gliederungen, Wandpfeiler, Säulen und Halbsäulen, die Fußböden der Gänge und alle Stiegen, ja sogar zum grossen Teil die Träger selbst, werden aus diesem Material gefertigt, was auf dem Bauplatz selbst vorbereitet wird." (ZÖIAV 1874)

Schon bei der Pariser Weltausstellung und sechs Jahre später bei der Wiener Weltausstellung zeigte man der Öffentlichkeit Arbeiterhäuser aus Eisen. Die Wohn- und Schlafhäuser waren für alleinstehende Arbeiter als Unterkünfte konzipiert und konnten transportiert werden. Transportable Unterkünfte (Baracken) für Arbeiter hatten vor allem in der Landwirtschaft und bei temporären Produktions- und Abbaustätten eine Verwendung. Die Architekten Jäger und Seiffert entwickelten davon ausgehend um 1900 ein kombinierbares Zellensystem für transportfähige und stationär auszubildende Bauwerke, das faktisch den Fertigteilbau für Kleinwohnungshäuser vorwegnahm. Die am Beispiel des Arbeiterwohnungsbaues dargelegte Leichtbauweise sollte dabei die Nachteile traditionellen Haus- und Siedlungsbaues hinsichtlich Mobilität, Kapitalaufwand und Bodenabhängigkeit vermeiden. Zur Dimension der Seßhaftmachung als Zweckbestimmung des Wohnungsbaues tritt die gleichzeitige Berücksichtigung der Mobilitätserhaltung von "Arbeitskraft". Wie keine andere Form des Wohnens wurde der Arbeiter- und Werkswohnungsbau frühzeitig einer strikt funktionalen Rezeption unterzogen. Die in engen Grenzen formulierten Anforderungen der Entwicklung führten diesen Zweig des Wohnens zu einer beständigen "Optimierung", die sich in Haustypologie, Bauweise und der formalen Behandlung anschaulich belegen läßt.

Das ideale Arbeiterwohnhaus, die ideale Arbeiterwohnung, wie sie in der zweiten Hälfte des 19. Jahrhunderts verschiedentlich vorgestellt werden, scheiterten in der Umsetzung an den realen Existenzbedingungen breiter Bevölkerungsschichten. Während die Fachdiskussion der Zeit beständig um die Pole "physiologisch" abgeleiteter Mindestgrößen und -standards bzw. "den Grenzen der Notdurft" kreisten, blieb die subjektive Bedürfnisebene der Arbeiter als Planungsimplement unberücksichtigt. Ihre Rolle wurde mit dem "Erlernen" bürgerlicher Wohnkultur, der "moralisch-sittlichen Emporhebung" weitgehend festgeschrieben.

Der Innenraum

Die Thematisierung des Arbeiterwohnens im vorigen Jahrhundert beschränkte sich nicht nur auf Haus- und Siedlungsform, sondern bezog in der Folge die Innenraumgestaltung, Möblierung und den Hausrat mit ein. So wurden bei den verschiedenen Weltausstellungen Wohnungen und Hausgeräte gezeigt, die sich durch "Billigkeit in Verbindung mit den Bedingungen für Gesundheit und Behaglichkeit" auszeichneten. Die Frage der Wohnungseinrichtung von Arbeitern blieb dabei im wesentlichen auf Hygiene- und einfache Nutzanwendungsaspekte beschränkt. Im späten 19. Jahrhundert erfaßte auch die Arbeiterhaushalte die Tendenz zum "geschmückten" Wohnen. Dabei spielte ein an kleinbürgerlichen Wohnvorstellungen angelehntes Repräsentationsbedürfnis eine Rolle, das in der kargen Ästhetik der reinen Nutzobjekte nicht befriedigt werden konnte:

Rundgang durch ein fiktives Arbeiterwohnhaus um 1910
(nach Weißbach/Mackowsky 1910)

"Es ist selbstverständlich, daß die Begriffe 'billig und zweckmäßig' den weiteren 'künstlerisch' nicht ausschließen; nur wird die Kunst hier in ganz anderer Weise und niemals vorherrschend auftreten."

Hausflur

Der Hausflur ist der erste Raum des Hauses, in den man aus dem Freien gelangt. Er soll den Zugang zur Treppe und zu den Wohnungen auf leichte, bequeme Weise und auf kürzestem Wege vermitteln, jede Wohnung als ein Ganzes bestehen lassen und bei voller Erfüllung seines Zweckes möglichst wenig Raum beanspruchen.

Treppen

Die Anordnung vom Innern des Hauses wird wesentlich durch die Lage der Treppe bedingt; sie trägt in erster Linie zum bequemen Bewohnen bei. Von den in der Grundrißgestaltung außerordentlich verschiedenen Treppen finden nur wenig Arten im Arbeiterhaus Verwendung. Entscheidend ist zumeist die Lage und die Art der Tagesbeleuchtung.

Flur

In Ermangelung eines Flurs muß die Wohnung unbedingt unter einem Verschlusse sein. Man betritt dann vom Hausflur oder Treppenvorplatz aus unmittelbar die Küche, die oft zugleich Wohnzwecken dient. Die Höhe der Bodenpreise und die dadurch mitbedingten hohen Mieten zwingen leider in der Großstadt zur Anlage solcher Wohnungen, die dann auch meist nur aus zwei Wohnräumen bestehen.

Wohnzimmer

Das Wohnzimmer liegt am besten nahe dem Haupteingange und ist von dem kleinen Flur (Vorplatz) aus unmittelbar zugänglich. Wo die Küche zugleich als Wohnraum dient, das Wohnzimmer deshalb nur den besseren Teil des Hausrates aufnimmt, werden 15 qm Bodenfläche genügen; dient es wirklich der Familie zum täglichen Gebrauch, so wird man ihm 20 qm geben müssen. Die Erhellung des Zimmers bewirkt am besten ein einheitliches, nur von der Mitte einer Fensterwand ausgehendes Licht, am günstigsten das Licht nur eines breiten Fensters, vor dem der Arbeitsplatz der Frau seine Stelle findet.

Die Wohnstube darf nicht zu dürftig ausgestattet werden. Als Fußboden wählt man Riemenfußboden oder schmale kieferne Bretter, auch ein einfacher Linoleumbelag ist am Orte. Die Wände werden mit einer nicht zu hellfarbigen Tapete beklebt, die Decke bleibt glatt, erhält höchstens eine Hohlkehle aus Stuck und wird im übrigen möglichst weiß gelassen.

Schlafzimmer

Der gesunde Mensch verbringt den dritten Teil seines Lebens im Schlafzimmer; dieser Raum verdient deshalb nach Lage und Größe besondere Beachtung. Wenn irgend möglich, legt man das Schlafzimmer derart, daß es unmittelbar vom Vorplatz oder vielmehr Wohnungsflur aus zugänglich ist, keinesfalls also zu einem Durchgangszimmer wird. Selbst in der kleinsten Wohnung ist in Krankheitsfällen ein eigener Zugang zu dem Schlafraume und die Möglichkeit eines zeitweisen Abschlusses dringend erwünscht.

Bei der Ausstattung des Schlafzimmers lege man vor allen Dingen auf Einfachheit und Sauberkeit wert. Man wähle deshalb für den nicht zu knapp bemessenen Raum eine helle lichte Wandfarbe, die ihn noch größer erscheinen läßt. An den schlichten, farbig gehaltenen Betten und den wenigen anderen Möbeln vermeide man scharfe Ecken und vor allem auch Staubfänger; denn der Hausfrau oder den Kindern fehlt die Zeit zum Reinigen solchen Zierates. Vor den Fenstern bringe man möglichst leichte Zugvorhänge an, die Licht und Luft in den Raum fluten lassen. Als Fußbodenbelag ist der Reinlichkeit wegen Linoleum allen anderen Stoffen vorzuziehen.

Küche

Die Erfahrung lehrt, daß die Art des Bewohnens oder Benutzens eines Raumes sich nicht aufzwingen läßt, daß Lebensgewohnheiten sich überhaupt nur äußerst schwer ändern lassen. Wo man die an eine große Küche gewöhnte Familie zur Benutzung einer kleinen zwingen wollte, wurde die Küche Flur, und die Stube alles in allem. Bei Familien, die "die gute Stube" nicht missen können, ist die Küche der am meisten benutzte Raum, während die Stube geschont und mit peinlichster Sorgfalt behandelt wird.

Baderaum

Der Baderaum braucht nicht an wertvoller Stelle zu liegen und nicht zu groß zu sein, weil sonst die Gefahr nahe liegt, ihn nicht zu seinem Zwekke, sondern als Schlafraum oder anders zu benützen. Gern legt man ihn unmittelbar neben oder über der Küche an. Bei dieser Lage werden die Rohrleitungen möglichst kurz und die Beschaffung heißen Wassers ist von der Küche aus bequem zu bewirken.

Man darf hierbei nicht das Badezimmer der Kleinwohnungen mit dem des Herrschaftshauses vergleichen, das auch als Raum künstlerisch ausgebildet wird, während bei der Kleinwohnung die Zweckmäßigkeit vorherrscht. Man wird im Bürger- und Herrschaftshause selten den Abort in den Baderaum einstellen. Einen Abort entzieht man dem Auge, seine Anwesenheit ruft auch dort immer unangenehme Gedankenverbindungen hervor, selbst angenommen, daß das Klosett geruchlos wäre.

Garten

Nichts liegt so tief in der menschlichen Natur begründet als das Verlangen, ein Stück der Mutter Erde sein eigen zu nennen. Diese Worte finden besonders im Leben des Minderbemittelten volle Bestätigung.

Wenn Örtlichkeit und Bodenpreise es irgend erlauben, sollte deshalb der Kleinwohnung ein Garten beigegeben werden. Der Nutzen eines solchen ist ein vielfacher. Das im Garten erbaute Gemüse und Obst gewährt der Arbeiterfamilie bei wenig Kosten eine zeitgemäße Abwechslung in der eigenen Nahrung oder, wenn die erbauten Früchte verkauft werden, einen schönen Beitrag zu ihrem Einkommen. Vor allem aber ist der Aufenthalt im wohl gepflegten Garten von hoher sittlicher Bedeutung: das Familienleben wird veredelt, die Erziehung der Kinder unterstützt und die Gesundheit gefördert.

"Die Säulchen und Türmchen an den Möbeln gefallen ihm (dem Arbeiter - Anm. d. Verf.), weil sie Bürgerlichkeit vortäuschen... Die Schnörkel und Kinkerlitzchen bereiten ihm Wohlgefühl, weil sie ihm die Illusion des Überflüssigen, Behaglichen vermitteln. Das Bedürfnis nach Mehrgeltung wird durch den Anschein, mehr zu haben als man notwendigerweise braucht, angenehm gekitzelt." (Rühle 1970, S. 332)

Für die ärmeren Schichten reduzierte sich das Angebot zumeist auf Nothilfen der Möblierung:

"Ein Großteil der Unterschichtsangehörigen war von zeitgemäßen Wohnungseinrichtungen ausgeschlossen, die Möbelproduktion verfehlte ihre Zielgruppe. Die Arbeiter mußten improvisieren: sei es mit selbstgezimmerten Möbeln oder mit unmoderner kleinbürgerlicher Einrichtung vom Trödler, der auf diese Weise zum Innovationsvermittler für Unterschichten wurde." (Papp 1980, S. 230)

Wettbewerbe zum Entwurf von Arbeitermöbeln veranstaltete man in Österreich erstmals 1899/1900 bzw. wurde um 1910 neuerlich das Thema Arbeiterwohnungen in einem Wettbewerb aufgeworfen. Für Deutschland ist besonders der 1901 von der Gußstahlfabrik Krupp ausgeschriebene Wettbewerb hervorzuheben, der "moderne Möbel" in einfacher Ausführung propagierte:

"Mit dem Ausschreiben wird die Absicht verfolgt, dem Arbeiter Wohnungseinrichtungen zu zeigen, die ohne allen überflüssigen Zierat und ohne Imitation feinerer Holzarten behaglich, zweckmäßig und schön sind und doch nicht mehr Mittel zur Anschaffung erfordern, als die bisher gebräuchlichen." (Weißbach/Mackowsky 1910, S. 16.)

Möbel aus dem Wettbewerb der Fa. Krupp

Die Modellmöbel für Arbeiter erreichten - aufgrund des zu hohen Anschaffungspreises - nicht jene, für die sie gedacht waren, sondern fanden sich als Einrichtungsgegenstände in den Wohnungen der bürgerlichen Mittelschicht wieder.

Weltausstellungen

Im Jahre 1851 zeigte Prinz Albert auf der von ihm ins Leben gerufenen Weltausstellung in London die von der "Royal Society for Improving the Condition of the Labouring Classes" entwickelten Musterhäuser und das "Prince Albert model house". Die Entwürfe stammten von Henry Roberts, dem wichtigsten Architekten des frühen Arbeiterwohnungsbaues.

In Weiterführung dieser repräsentativen "Leistungsschau" ließ Napoleon III. bei der Pariser Weltausstellung von 1867 das von ihm mit 300.000 Franc protegierte Projekt der Firma Dollfuss aus Mühlhausen zeigen, das in der Folge einen großen Einfluß auf den Werkswohnungsbau bekommen sollte. Neben diesem Musterprojekt war Frankreich noch mit zahlreichen Realisationen auf der über 40 ausgeführte Typen zeigenden Ausstellung präsent. Österreich stellte ein Arbeiterwohnhaus der Firma Johann v. Liebig in Reichenberg aus und war weiters mit Plänen von Arbeiterhäusern, unter anderem von der Ziegelfabrik Drasche in Inzersdorf, vertreten. Die Pariser Ausstellung dürfte für die Entwicklung und Popularisierung des Arbeiter- und Werkswohnungsbaues die wohl bedeutendste Exposition gewesen sein.

Auf der Wiener Weltausstellung von 1873 zeigte man erstmals Pläne einer englischen Parksiedlung; die Aneignung dieses Siedlungstypus für den Arbeiterwohnungsbau verhinderte u.a. die nachfolgende Rezession der siebziger und achtziger Jahre, sodaß derartige Anlagen erst in der Spätphase des werkseigenen Wohnungsbaues zur Ausführung gelangten. Österreich war mit Gruppenanlagen verschiedener Haustypen vertreten, von denen jene der Firma F. Sargs Sohn in Liesing bei Wien und des Architekten W. Stiassny hervorgehoben wurden. Weitere gezeigte Beispiele waren neben der aus Böhmen übernommenen Collectiv-Ausstellung des deutschen polytechnischen Vereins in Prag "die Arbeiterkolonie" der Textilfabrik Ritter, Rittmeyer & Co. in Görz sowie die Hauptreparaturwerkstätte der k.k.priv. Südbahngesellschaft in Marburg, welche eine Anwendung des Mühlhausener Modells darstellt. Österreich hatte damit, was die Modellbeispiele des Arbeiterwohnungsbaues betrifft, ein international vergleichbares Niveau erlangt.

Den "Glanzlichtern" der Bühne von Weltausstellungen stand massenhaft eine andere Realität gegenüber. So veranlaßten die Zustände in der Wienerberger Ziegelei - der Betrieb war immerhin bei Weltausstellungen mit seiner Anlage vertreten - Viktor Adler 1888 zu dem berühmt gewordenen Artikel in der "Gleichheit", worin er die krassen Arbeits- und Wohnumstände des Wiener Paradeunternehmens öffentlich anprangerte.

Dem Arbeiterwohnungsbau widmeten sich auch noch die Weltausstellungen 1889 und 1900 in Paris; diesen kam aber nicht mehr jene Bedeutung zu, die die vorangegangenen Veranstaltungen für die weitere Entwicklung innehatten. Zunehmend stieg die Bedeutung staatlicher Intervention und nachfolgend des kommunalen Wohnbaues für die Aufgabe des Massenwohnungsbaus.

Die Cité ouvrière in Mühlhausen

Während in Europa (vor allem auch im Ruhrgebiet) die ersten größeren Kolonien im Kasernensystem angelegt wurden, ging man in der 1853 in Mühlhausen geschaffenen Cité ouvrière den Weg einer planmäßig angelegten Kleinhaussiedlung. Im ersten Bauabschnitt (1853-1855) erfolgte vornehmlich der Bau von in Einzel- und in Doppelreihen angeordneten Häuschen (back-to-back), erst danach setzte sich der für Mühlhausen bekannt gewordene vierteilige Cottage (Kreuzgrundriß) durch. Die Arbeitersiedlung stellt die erste Realisation durch eine Aktiengesellschaft in diesem Sektor dar. Die "Société mulhousienne des cités ouvrières" war auf Initiative und mit Unterstützung der Industriellenvereinigung entstanden. Als Hauptaktionär trat der Fabrikant Jean Dollfuss in Erscheinung, dessen Betrieb unmittelbar an das Gelände der Cité ouvrière grenzte, also durch die Ansiedlung entsprechende Vorteile erwarten konnte.

Ein beabsichtigtes Ziel der Bauträgerschaft stellte die Isolierung in einzelne Familien dar, dem die programmatische Anwendung des Vierfachgrundrisses entsprach. Das Modell "Kleinhaus" geht auf die optische Vorlage des "Cottage" zurück. Mit Mühlhausen setzte sich, gegenüber den durch die freie Assoziation getragenen Modellabsichten, die Idee eines auf sozialstabilisierende Wirkung gerichteten Werkswohnungsbaus auf Basis der Kleinfamilie durch:

"Die Arbeiterstadt Mühlhausen ist das große Paradepferd der kontinentalen Bourgeoisie... Leider ist sie kein Produkt der "latenten" Assoziation, sondern der offenen Assoziation zwischen dem französischen Kaisertum und den Elsässer Kapitalisten." (Engels F. zit. nach Frank/Schubert 1983, S. 28)

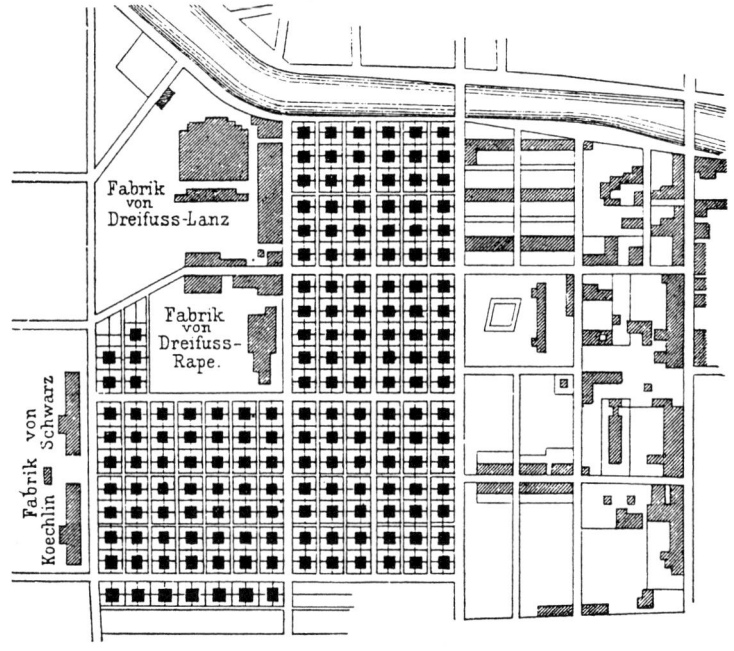

Lageplan der Cité ouvrière in Mühlhausen

Mühlhausen wurde durch die Form der Bauorganisation, aber auch durch die baulich-räumliche Konzeption zu einem der meist rezipierten Modelle des Werkswohnungsbaues. Der "Mühlhausener Grundriß" fand Eingang in vielen Arbeitersiedlungen. Aus der heutigen Sicht weist die Anlage einen vergleichsweise hohen Wohn- und Aneignungswert auf.

Werkswohnungsbau in Österreich

Fachspezifische Publikationen zum Thema Arbeiterwohnungsbau erschienen in Österreich spätestens seit den dreißiger Jahren des 19. Jahrhunderts. Ab der Jahrhundertmitte widmete sich die "Zeitschrift des österreichischen Ingenieur- und Architektenvereins" in regelmäßiger Folge den Problemen des Arbeiterwohnungsbaues. Die Rezeption des Arbeiterwohnungsbaus auf dieser Diskursebene ist die der hervorragenden Beispiele, die, in enzyklopädischen Übersichten aneinandergereiht, ein - gegenüber der Realität des Wohnens der unteren Schichten - weitgehend verzerrtes Bild entstehen ließen. Nahezu jeder Artikel leitet mit der Mahnung über die "sittliche und humanitäre Bedeutung" dieses Wohnungszweiges ein, um mit einer Hervorhebung des "wirtschaftlichen Nutzens" bei einer detaillierten Beschreibung der international bedeutsamen Arbeiterkolonien und Werkssiedlungen zu enden.

In Österreich sind es vor allem die Bergbau- und eisenverarbeitenden Regionen und die Standorte der Textilindustrie, an denen sich der Werkswohnungsbau in größerem Umfang entwickelt. Dabei treten in Vorarlberg Dornbirn und Feldkirch als Textilzentren, die obersteirischen Industriegebiete, in Oberösterreich Steyr und Linz sowie in Niederösterreich die Industrieansiedlungen im Wiener Becken als bedeutend hervor. Quantitativ dürfte der größe Anteil an Werkswohnungen auf die Alpine Montan AG entfallen sein, die 1890 bereits 4.000 Wohnungen errichtet hatte (*Schweitzer* 1972). Entsprechend der Standortverteilung der Textil- und Schwerindustrie in der zweiten Hälfte des vorigen Jahrhunderts zeichneten sich die Spitzen des lokalen Bevölkerungswachstums ab. Am stärksten trat die Korrelation zwischen industrieller Entwicklung und Bevölkerungswachstum in den Industriestädten in Erscheinung, die zu industriellen Siedlungsagglomerationen auswuchsen. Demgegenüber weisen die verstreuten Industrieansiedlungen in der Regel kaum tiefgreifende Verstädterungstendenzen auf. Diese Werkswohnungssiedlungen folgen weitgehend dem Prinzip der Eigenständigkeit in der primären Lebensversorgung, eine örtliche Infrastruktur fehlte zumeist.

Für die Zeit vor 1900 sind in Österreich die Beispiele freistehender Ein- und Zweifamilienhäuser im Werkswohnungsbau sehr selten, eine Verwirklichung konnte überhaupt nur in Gebieten mit geringen Bodenpreisen erfolgen. Im mehrgeschossigen Arbeiterwohnungsbau ist in Österreich bis weit in die achtziger Jahre der Typ des Laubenganghauses bestimmend. Dieser entspricht in seiner Raumorganisation weitgehend dem Wiener Bassenatyp der sogenannten "Mietskasernen", hat aber im Unterschied zu diesen den Vorteil direkt belüfteter Küchen. Ab den neunziger Jahren tritt der Typus des zumeist dreigeschossigen Vierspänners, oft als Doppelhaus kombiniert, stärker in Erscheinung.

In den ehemaligen Monarchiegebieten zählen die Anlagen der Witkowitzer Bergbau- und Eisenhütten-Gewerkschaft in Mähren, die Arbeiter-Kolonie in Mährisch-Ostrau und die Werksansiedlung der Firma Ritter, Rittmeyer & Co. in Görz zu den wichtigsten Beispielen werkseigenen bzw. werksbezogenen Wohnbaues. Die Größe und Ausstattung der genannten Anlagen übertrafen zum beträchtlichen Teil den Standard in Österreich. Arbeiterwohnungen größeren Umfanges wurden weiters von den Eisenbahngesellschaften und den Arbeiterunfallversicherungsanstalten errichtet. Diese stellen wichtige Vorläufer des gemeinnützigen Wohnbaues dar.

1.2.3 Unternehmervilla

Zum integrierten Bestandteil des örtlichen Industrieensembles gehörte über lange Phasen der Wohnsitz des Unternehmers, dessen Anlage, formale Durchbildung und Repräsentationscharakter zumeist in einer engen Relation zur betrieblichen Bedeutung stand. Die unmittelbare Lokalisierung hat einerseits die Tradition aus dem handwerklich-manufakturellen Milieu weitergeführt, verweist darüber hinaus aber auch noch auf die personale Rolle des Unternehmers im Betriebsgeschehen bzw. auf die Identifikation des noch allumfassenden Standortes.

Villa und Einfamilienhaus können in ihrer Entwicklung seit dem 18. Jahrhundert ganz allgemein als Produkt der Krise zwischen Stadt und Land verstanden werden (*Hajos* 1982). Bis dahin war "Arbeit" nur als ein den Handwerkern und Bauern zugeschriebener Inhalt begreifbar. Danach fand, mit der sich abzeichnenden Durchsetzung der industriellen Produktion, eine Neubewertung statt, die dazu führte, daß sich die Oberschicht für das Thema "Arbeit" interessierte. Charakteristisch für diese Phase ist eine "Schlichtheit" im vorgestellten Bau von Sommerhäusern und Villen. Demgegenüber trat im 19. Jahrhundert die Stilfrage in den Vordergrund. Die Villa wurde als Ausdruck der Oberschicht - abgehoben vom Stadthaus - interpretiert, sie könnte als eine patriarchalisch-feudale Antwort auf die Lebensnot in der Industriestadt aufgefaßt werden.

Etwa um 1850 entstanden auf dem Kontinent die großen Unternehmervillen, die Herrschaftsanspruch offen zur Schau stellten. Zu den hervorragendsten Beispielen zählt hier sicher die Villenanlage der Krupps in Essen.

Bentmann/Müller (1970) vergleichen in ihrer Analyse der Villa als Herrschaftsarchitektur die Entwicklung um die Mitte des 19. Jahrhunderts mit Frühformen kapitalistischer Wirtschaft im 16. Jahrhundert. Danach wäre in der Großindustrie ein Ersatz für den ländlichen Großgrundbesitz sehbar: Landpatron und Industriemagnat realisieren ihren gesamtgesellschaftlichen Anspruch wie ihren aufwendigen Lebensstil durch den Einsatz Abhängiger, zu denen nicht zuletzt durch die Repräsentationskraft der Villa und des einbezogenen Umgebungsbereiches (wie Parks und Glacis) "Abstand" bei gleichzeitiger Machtpräsenz erzeugt wird. Die Villa inmitten des Fabriksgeländes nobilitiert die Produktionsstätte zum Industrielatifundium und beherrscht sie (*Haiko/Stekl* 1980). Für beide Systeme ist das "Arbeitsethos" mit patriarchalischen Vorstellungen verbunden.

Vielfach nahmen die Unternehmer, wie oben festgestellt, ihren Wohnsitz in unmittelbarer Nähe der Produktionsanlagen. Erst die Ballung der Industrie (Verschlechterung der örtlichen Umweltbedingungen) bzw. die Perfektion der ökonomischen und betrieblichen Organisation hoben die physische Nähe von Fabrik und Unternehmervilla auf. Dabei kam es entweder zur "Entflechtung", als die Wohnsitze der Unternehmer an anderen Orten ansiedelten (Wohnlage mit hoher Standortqualität), oder es erfolgte nur eine Distanzierung, sodaß die optische Präsenz des Ansitzes aufrecht blieb. Bei größeren Unternehmen residierten häufig die Direktoren als "Hausmeier des Industriezeitalters" (*Bentmann/Müller* 1970) am Ort der Produktion. Oftmals fanden bei diesen Villen monumentale Säulenordnungen bzw. dekorativ gehaltene Wehrformen eine Verwendung. Bei den weniger bedeutsamen Unternehmungen sind in der Regel weitaus "zurückgenommenere" Villenanlagen vorherrschend. Immer aber hebt sich der Wohnsitz des Unternehmers in seiner Anlage und formalen Durchbildung von den "Niederungen der umgebenden Existenzen" ab. Häufig wurde dazu das Moment einer achsialen Gliederung von Villa, Fabrik und Arbeiterwohnhäusern gesetzt, bzw. erfuhren die Bildausschnitte aus Sicht der Villa eine besondere Behandlung: Ausblick auf die Landschaft oder den gestalteten Umgebungsbereich, Versammlung eines zugeordneten Ensembles, Einblick in die Gesamtanlage.

2. POLITIK DES ENSEMBLES

Das Modell "Wohnen und Arbeiten an einem Ort" wird in der Literatur hauptsächlich am Beispiel der engen Verknüpfung von Miet- und Arbeitsvertrag, der Personalunion Arbeitgeber - Hausbesitzer und den damit verbundenen Aspekten des verlängerten Werksarmes, der die Abhängigkeit der Arbeitenden verstärkt und die innerbetriebliche Hierarchie auch im Privatbereich fortsetzt, festgemacht. Das Phänomen der Koppelung von Arbeits- und Mietvertrag allein reicht aber nicht aus, die Komplexität und Totalität des Modells zu erklären. Es geht darum, die umfassende Reglementierung aller menschlichen Lebensäußerungen, die dieses Modell kennzeichnet, in ihren vielfältigen Aspekten zu erfassen.

Umstrukturierungen und Einbrüche im Agrarbereich hatten bereits Ende des 18. Jahrhunderts zur Verknappung von Erwerbsmöglichkeiten in der Landwirtschaft geführt (*Benedikt* 1958) - eine Entwicklung, die durch die Verarmung und Verproletarisierung von Kleinhäuslern und Kleinbauern nach der Bauernbefreiung 1848 verstärkt wurde. Das so entstandene ländliche Proletariat wurde zu einem wichtigen Arbeitskräftereservoir der neuen Industrien. Im handwerklichen Bereich ließen die strengen Zunftordnungen keine Ausweitung zu: Gesellen und Lehrlinge, die im gewerblichen Sektor Beschäftigung suchten, hatten wenig Chancen, einen ihrer Qualifikation entsprechenden Arbeitsplatz zu finden und waren gezwungen, in die Manufakturen und frühen Fabriken als Lohnarbeiter abzuwandern.

Die "Transformation von Nichtlohnarbeitern zu Lohnarbeitern" gelang nicht zuletzt mit Hilfe zweier Maßnahmenpakete: einerseits mit der für die neue Produktionsweise charakteristischen Sozialdisziplinierung und andererseits durch betriebliche Maßnahmen wie Bereitstellung von Unterkünften, Versorgung mit Essen etc. - Maßnahmen, die wir aus heutiger Sicht als betriebliche Sozialpolitik bezeichnen würden.

2.1 Sozialdisziplinierung

Methoden der Sozialdisziplinierung sollten eine "methodische Lebensführung" sowohl herstellen wie auch garantieren und zugleich die Voraussetzung zur Bewältigung der ungewohnten, monotonen Fabriksarbeit bilden. Die Zeitplanung ist die einfachste und deshalb wohl verbreiteteste Technik zur Herstellung einer "methodischen Lebensführung", die auf den Prinzipien der Buchführung basiert. Die Menschen mußten aber zuerst aus ihren traditionellen Zusammenhängen gerissen werden und an die "methodische Lebensführung" gewöhnt werden. Dieser Umformungsprozeß erstreckte sich über einige Generationen. Es war kein geradliniger Prozeß, es gab Irrtümer und Fehlschläge, und der Widerstand der Betroffenen, hauptsächlich zu Beginn dieses Prozesses, verlangsamte und veränderte diese Umformung. Die ständige Fluktuation, die Unsicherheit, wann und ob die Arbeiter zu arbeiten beginnen, verhinderte jede Vorschau, jede langfristige Planung des Produktionsprozesses. Verständlicherweise wirkte sich das auf den Unternehmensgewinn aus. Daß auch in Niederösterreich solche Zustände herrschten, zeigt folgende Aussage, die 1843 von einem Unternehmer getroffen wurde:

"Während die ersten Fabriksunternehmer in Niederösterreich früher den härtesten Kampf mit der Indolenz und Trägheit der gemeineren Arbeiterklasse zu bestehen und hieraus eine der größten Schwierigkeiten zu besiegen hatten, während sie diese Arbeiter kaum durch unverhältnismäßige Löhne zu einem mittelmäßigen Fleiße zu bewegen versuchten, wird jetzt die Anlage neuer Etablissements immer leichter." (Häusler 1979, S. 42)

Die Ausgangslage waren einige wenige Inseln der Industrialisierung in einer weitgehend agrarisch strukturierten Gesellschaft. Menschen, die an ein ganz anderes Leben und Arbeiten gewöhnt waren als es die Zwecke der Industrie erforderten und die, unbewußt und bewußt, heftigen Widerstand gegen die neue, für sie ungewohnte Form der Arbeit, die man ihnen aufzuzwingen versuchte und die im Gegensatz zu den traditionellen Arbeitsgewohnheiten stand, leisteten. Der Wandel zu Industriegesellschaften brachte einen entscheidenden Einschnitt: die Notwendigkeit, die Arbeit zu synchronisieren - Manufaktur und Fabrik stellen die Arbeitsteilung auf eine neue Stufe - führte zum Bedarf nach präziser Zeiteinteilung auf gesamtgesellschaftlicher Ebene. Der veränderte Produktionsprozeß verlangte langfristige Planung und damit verbunden die Gewöhnung der im industriellen Sektor Beschäftigten an neuartige Formen von Zeitdisziplin und Zeitplanung.

Aus der Fabriksordnung der Pottendorfer Spinnerei 1885

§ 2 Von jedem unserer Arbeiter wird erwartet, daß er zum Gedeihen der Fabrik nach besten Kräften beitrage und durch Ehrlichkeit, Fleiß und gesittetes Betragen derselben nach Außen hin Ansehen und dem ganzen Arbeiterstande Ehre verschaffen wird.

In dem Gedeihen und dem guten Namen der Fabrik ist die beste Grundlage für das Wohlergehen der in ihr Beschäftigten zu suchen.

---

§ 9 ... Die Fabriksglocke gibt eine Viertelstunde vor Beginn der Arbeit das erste Zeichen; zwischen diesem und dem zweiten Zeichen haben sich die Arbeiter auf ihren Arbeitsplätzen einzufinden, da bei dem zweiten Glockenzeichen die Arbeit beginnt. Diejenigen, welche erst nach dem zweiten Glockenzeichen, nach welchem der Portier das Thor zu schließen hat, in der Fabrik erscheinen, werden bestraft.

Häufigeres Zuspätkommen zieht Entlassung nach sich.

§ 10 Sollten unvorhergesehene Unfälle erfordern, daß zur Erhaltung des nöthigen Ineinandergreifens der Production der Bedarf eines oder des anderen Fabrikszweiges während einiger Zeit mittelst Nachtarbeit zu decken wäre, so ist jeder Meister und Arbeiter innerhalb der diesbezüglichen gesetzlichen Vorschriften unweigerlich verpflichtet, gegen das von der Direction zu bestimmende Entgelt die anbefohlene Arbeit zu leisten, sowie auch im Falle eines allgemeinen Bedrängnisses, nämlich bei Wasser- oder Feuergefahr, Jedermann verbunden ist, sich zu allen, seinen Kräften entsprechenden Arbeiten und zu jeder Stunde verwenden zu lassen, da der volle und ungestörte Betrieb der Fabrik im eigenen Interesse jedes dabei Bediensteten liegt.

§ 16 Jedem Arbeiter liegt es ob, die ihm übertragenen Arbeiten mit Fleiß und Gewissenhaftigkeit in möglichst kurzer Zeit auszuführen, die erforderlichen Materialien haushälterisch zu verwenden und die übrigbleibenden Reste wieder abzuliefern.

Das willkürliche und überflüssige Abreißen von Garnen, sowie überhaupt das Verderben von Material ist bei Strafe nebst Ersatz des Schadens untersagt.

Wenn der Thäter nicht ermittelt werden kann, so sind sämmtliche betreffende Arbeiter in demselben Arbeitssaale dafür verantwortlich und haben den Ersatz in Gemeinschaft zu leisten.

Durch grobes Versehen, Unachtsamkeit, Muthwillen oder Bosheit verdorbene Gegenstände, resp. den auf solche Weise verursachten Schaden ist der Arbeiter verpflichtet zu ersetzen.

§ 22 Das Mitnehmen von Körben, Packeten, gefüllten Säcken u.s.w. aus der Fabrik ist nur gegen Vorzeigung eines besonderen Erlaubnißscheines gestattet.

Die Aufseher sind ermächtigt, einen jeden Fabriksarbeiter, so oft sie es für zweckmäßig erachten, beim Ausgange anzuhalten und zu visitiren; der Arbeiter ist verbunden, sich dieser Untersuchung zu unterwerfen, welche sowohl im Interesse der Fabrik als der ehrlichen Arbeiter unumgänglich nothwendig ist.

§ 24 Ist ein Arbeiter verhindert, zur Arbeit zu kommen, so hat er dem Meister sofort unter Angabe der Gründe Nachricht davon zu geben. Un

terläßt er dieses, so hat er eine Ordnungsstrafe zu gewärtigen, und wird im Wiederholungsfalle so angesehen, als wenn er eigenmächtig und widerrechtlich die Fabrik verlassen hätte.

§ 29 Uebertretungen der Bestimmung dieser Arbeitsordnung und der in den einzelnen Paragraphen ausgesprochenen Verbote, werden das erste Mal mit Geldbußen von 10 bis 50 kr., ein zweites Mal mit Geldbußen von 50 kr. bis 1 fl. und das dritte Mal mit Entlassung bestraft.

Als Modelle für die Arbeitsorganisation und -disziplin in den Fabriken fungierten die rituellen Lebensführungsmodelle der Klöster, Kasernen, Zucht- und Arbeitshäuser. In der Fabrik wird die Form der geschlossenen Anstalt, die es ermöglicht, die Produzenten sowie die Produktionsmittel direkt zu beaufsichtigen, beibehalten. Neu hinzu kommt die Maschine als Arbeitsmittel.

"Die Hauptschwierigkeit in der automatischen Fabrik bestand in der notwendigen Disziplin, um die Menschen auf ihre unregelmäßigen Gewohnheiten in der Arbeit verzichten zu machen und sie zu identifizieren mit der unveränderlichen Regelmäßigkeit des großen Automaten." (Ure 1967, S. 207)

Und gleichzeitig, so müßte der Satz fortgeführt werden, erleichtert es die Maschine, die die Beschäftigten zu ihrem Anhängsel werden ließ, durch ihren regelmäßigen Gang die Arbeiter in die Fabriksdisziplin erfolgreicher einzuüben. *Foucault* nennt die Disziplinarmethoden auch eine "Mikrophysik der Macht". Denn es

"formiert sich eine Politik der Zwänge, die am Körper arbeiten, seine Elemente, seine Gesten, seine Verhaltensweisen kalkulieren und manipulieren. Der menschliche Körper geht in eine Machtmaschinerie ein, die ihn durchdringt, zergliedert und wieder zusammensetzt. Eine 'politische Anatomie', die auch eine 'Mechanik der Macht' ist, ist im Entstehen.
   Sie definiert, wie man die Körper der anderen in seine Gewalt bringen kann, nicht nur, um sie machen zu lassen, was man verlangt, sondern um sie so arbeiten zu lassen, wie man will: mit den Techniken, mit der Schnelligkeit, mit der Wirksamkeit, die man bestimmt. Die Disziplin fabriziert auf diese Weise unterworfene und geübte Körper, fügsame und gelehrige Körper. Die Disziplin steigert die Kräfte des Körpers (um die ökonomische Nützlichkeit zu erhöhen) und schwächt diese selben Kräfte (um sie politisch fügsam zu machen)." (Foucault 1977, S. 176f.)

Neben diesen vielfältigen Disziplinierungsmaßnahmen allein im Bereich der Produktion müssen nun in örtlich integrierten Wohn- und Arbeitsstätten die sozialdisziplinären Verknüpfungsmöglichkeiten zwischen Arbeit und Wohnen berücksichtigt werden. Damit waren die Arbeiter nicht nur während der Arbeitszeit, sondern auch in ihren Reproduktionsphasen unter der sozialdisziplinären Kontrolle der Unternehmensleitung.

2.2 Wohnungsversorgung

Das Wien des beginnenden 19. Jahrhunderts war gekennzeichnet durch ein schnelles Anwachsen seiner Einwohnerzahl, hervorgerufen durch den sich immer stärker abzeichnenden sozio-strukturellen Wandel dieser Epoche. Akuter Wohnungsmangel und horrend gestiegene Mieten waren die Folge. Um eine revolutionäre Situation - ähnlich der

Hausordnung für die Beamten- und Arbeiterhäuser der Heinrichsthaler Fabrik

Die Wohnungen werden den einziehenden Parteien in gutem Zustande übergeben.

Jede Partei hat sowohl in ihrer Wohnung, als auch in allen sonstigen von ihr benützten Räumen auf größte Reinlichkeit zu achten.

Die Parteien sind verpflichtet, abwechselnd in der ihnen vom inspicierenden Herrn Fabriksbeamten bekanntzugebenden Reihenfolge für die Reinigung der Stiegen und der Aborte zu sorgen. Die Reinhaltung der Gänge obliegt den Parteien in der Weise, dass daran jede auf den vor ihrer Wohnung gelegenen Theil bedacht zu sein hat; im gegebenen Fall würde die Reinigung auf Kosten der säumigen Partei veranlasst werden.

Die Bodenräume dürfen mit Licht, sei es offen oder verwahrt, nicht betreten werden; auch ist es untersagt, mit brennender Lampe auf den Gang zu gehen.

Das Waschen und Reinigen von Gefäßen und Geräthen, wie auch das Ausleeren von Unreinigkeiten darf weder in der Nähe des Brunnens, noch überhaupt im Hofraume geschehen.

Der Zimmerkehricht muss in die dafür bestimmte Truhe und das Schmutzwasser, soweit es Sand und Asche enthält, in die Canalöffnungen, sonst aber in die Düngergrube geschüttet, resp. gegossen werden. Für Asche und grobe Abfälle ist eine besondere Truhe bestimmt.

Das Holzspalten darf nur im Hof und in den Holzlagen, aber durchaus nicht in der Wohnung geschehen.

Heu, Stroh und alle sonstigen leicht Feuer fangenden Gegenstände dürfen weder in den Bodenräumen, noch in den Holzlagern aufbewahrt werden.

Größere Hausthiere dürfen nicht gehalten werden; zulässig ist nur Federvieh, welches in den Holzlagen versperrt sein muss.

Ohne Wissen und Einwilligung des Herrn Fabriksverwalters darf weder eine Afterpartei, noch sonst Jemand im Hause Wohnung nehmen.

Jeder Inwohner hat sich still und anständig zu benehmen und mit seinen Nachbarn in gutem Einvernehmen zu leben; sobald Feindseligkeiten zu scandalösen Streitigkeiten ausarten, würden die betreffenden Parteien sofort die Wohnung zu räumen haben.

Um 10 Uhr abends wird das Hausthor gesperrt; nach dieser Stunde muss jede lärmende und die Nachbarn störende Beschäftigung oder Unterhaltung unterbleiben.

Im allgemeinen gilt eine monatliche Kündigung; es kann aber auch eine sofortige Ausquartierung verfügt werden, wenn die Ruhe und Sicherheit der Parteien des Hauses es nothwendig machen sollten.

Die Parteien sind verpflichtet, sich allen Anordnungen des mit der Inspection des Hauses betrauten Herren Fabriksbeamten, wie auch den von Zeit zu Zeit vom Herrn Fabriksverwalter vorzunehmenden Wohnungsrevisionen ohne Widerrede zu fügen.

Heinrichsthal, im October 1884.

(K. k. priv. Heinrichsthaler Bobbinet- und Spitzenfabrik.)

französischen Revolution - erst gar nicht aufkommen zu lassen, versuchte man von Seiten des Staates der zunehmenden Proletarisierung der Bevölkerung nun einerseits durch Verschärfung der Bettelgesetze, andererseits durch ein 1802 erlassenes Verbot der Errichtung neuer Industrie- und Gewerbebetriebe in Wien und den Vorstädten entgegenzutreten (*Slokar* 1914). Eine industriepolitische Weichenstellung, die auch nach Aufhebung des Niederlassungsverbotes in Wien wirksam blieb, zumal ökonomische Faktoren wie ausreichende Energieversorgung, kostengünstigere Erhaltung von Anlage und Betrieb etc. für die Ansiedlung eines Unternehmens auf dem flachen Lande sprachen.

"Während solchermaßen auf der einen Seite mit allem Nachdruck versucht wurde, eine Entlastung der sozialen Situation in Wien herbeizuführen, wurden jene Verhältnisse - Armut und Wohnungselend - deren politische Auswirkungen man so sehr fürchtete, im Grunde genommen lediglich in weiter von der Hauptstadt entfernte neue Industriegebiete verlagert bzw. in den traditionellen Fabriksstandorten durch die fortschreitende Industrialisierung verschärft." (Bolognese-Leuchtenmüller 1983, S. 38)

Der Arbeitskräftebedarf der Unternehmer konnte nicht durch die ortsansässige Bevölkerung, sondern mußte größtenteils durch Zustrom landesfremder Bevölkerungsgruppen in die Industriegebiete gedeckt werden. So verzeichnete Niederösterreich zwischen 1857 und 1910 als einziges Kronland einen positiven Wanderungssaldo. Ließ sich für landwirtschaftliche Gebiete der Donaumonarchie ein durchschnittliches Bevölkerungswachstum von 1,3 bis 2,3% verzeichnen, so konnte allein für das Viertel unter dem Wienerwald eine jährliche Bevölkerungszunahme von 14,7% zwischen 1830 und 1880 errechnet werden (*Schwarz* 1968).

In der Frühphase der Industrialisierung standen einem Fabriksarbeiter im ländlichen Raum folgende Unterkunftsmöglichkeiten offen: er konnte sich in der näheren Umgebung einmieten, was aber oft mit hohen Mietkosten verbunden war. Oder aber die bäuerlichen Vermieter verlangten zusätzlich noch die Mithilfe ihrer "Einlieger" im landwirtschaftlichen Betrieb, z.B. zur Erntezeit. Ein weiteres Handicap für die private Unterbringung lag in der Angst der Hausbesitzer vor den mit der Vermietung von Räumen verbundenen höheren Steuerabgaben (*Fidesser* 1974) - von den Vorurteilen der ländlichen Bevölkerung gegen die Arbeitsmigranten ganz zu schweigen. Nachdem nun die zu Beginn der Industrialisierung auf dem "flachen Land" vorgefundenen kleinstädtischen und dörflichen Siedlungen nicht ausreichten, den Wohnungsbedarf der zuziehenden Arbeitsbevölkerung zu decken, waren die Fabriksherren angesichts des kaum bis gar nicht vorhandenen Wohnungsmarktes gezwungen, selbst Unterkunftsmöglichkeiten für ihre Arbeiter bereitzustellen. In den frühen Fabriken, z.B. Pottendorf, wurden in den Fabriksgebäuden selbst große Schlafsäle - streng nach Geschlecht getrennt - mit angeschlossenen Gemeinschaftsküchen eingerichtet.

Wie eine Untersuchung der Niederösterreichischen Handels- und Gewerbekammer aus dem Jahre 1869 feststellte, lag die durchschnittliche Belagsdichte eines solchen Schlafsaales zwischen 6 und 36 Personen. Tatsächlich aber dürfte die Belagsziffer höher gelegen sein, wie das Beispiel der Hirtenberger Patronenfabrik zeigt, die 1898 noch über zwei Schlafbaracken mit insgesamt 168 Betten verfügte (*Die Großindustrie Österreichs* 1898).

Die Schaffung von Wohnmöglichkeiten stellte für das Unternehmen eine produktive Investition dar, die mit Aussicht auf vermehrten Gewinn getätigt wurde. Zunächst ist es die Verfügbarkeit über ein ausreichendes Arbeitskräftepotential, das einen störungsfreien Ablauf des Produktionsprozesses gewährleistet. Die Bereitstellung von Unterkünften - als Teil des Lohnes aufgefaßt - konnte das Lohnniveau niedrig halten. Und nicht zuletzt mußte der Unternehmer auch den Nachweis erbringen, genügend Unterbringungsmöglichkeiten für seine zukünftigen Arbeiter zur Verfügung stellen zu können (*Matis* 1964).

Für den Fabriksherrn ergaben sich aus dem Bau von Werkswohnungen jedoch nicht nur aufgrund der gesteigerten Produktionsleistung, verbunden mit all den oben bereits erwähnten Faktoren, Gewinne, sondern auch aus seiner Funktion als Haus- und Grundbesitzer. Friedrich *Engels* stellte bereits Mitte des 19. Jahrhunderts für England fest, daß die Unternehmer mit dem "unschuldig" aussehenden Werkswohnungsbau als Hausbesitzer noch ihren besonderen Profit machten. So kam es allein schon durch die Errichtung von Arbeiterwohnhäusern zu einem sprunghaften Ansteigen der Baustellenpreise in den ländlichen Industrieorten, von denen meistens ausschließlich der Unternehmer profitierte, der in der Regel ja nicht zum Ankauf von Bauland gezwungen war, sondern aus dem eigenen Bodenvorrat schöpfen konnte. Die Wertsteigerung vom Ackerland zum Bauland konnte von den Unternehmen bilanzmäßig eingestrichen werden und hatte eine gesteigerte Grundrente zur Folge.

Die Verzinsung des im Werkswohnungsbau investierten Kapitals entsprach ungefähr der des privaten Mietwohnungsbaus für Arbeiter. Um 1900 betrug die durchschnittliche Verzinsung im Werkswohnungsbau 1,5 bis 3% (*Vogelsang* 1884), für den privaten Mietwohnungsbau dagegen wurde eine nominelle Rendite von nur 2% errechnet. Der finanzielle Aufwand für den Bau von Arbeiterwohnquartieren ließ sich dadurch gering halten, daß man meist langgestreckte, kasernenartige Wohnblocks errichtete. Standortqualitäten spielten dabei keine Rolle,

Lohn- und Wohnungsaufwand 1884

Industriezweig	Arbeitszeit in Stunden	Lohn per Woche in Gulden (fl)
Eisen- und Metallindustrie:		
Puddler, Schweisser, Ofenarbeiter	10	8-28
Schlosser, Dreher, Maschinenarbeiter	10	8-15
Eisengiesser	10	7-15
Taglöhner in Maschinenfabriken	10	5'50-6'50
Tonwarenindustrie:		
Brenner in Ziegelöfen	12-14	10-12
Ofenarbeiter in Ziegelöfen	12-14	5-8
Ziegelschläger in Ziegeleien	12-14	4-10
Gestättenarbeiter in Ziegeleien	12-14	4-10
Weiber auf Ziegeleien	12-14	2'50-5
Glasbläser	14 (Schicht)	9-25
Glasschleifer	12-14	4'75-10
Glasgraveure	12-14	5-12
Schmelzer	12-14	9-10
Papierindustrie:		
Hadernsortiererinnen	12	2-4'20
Holländerarbeiter	12	4'50-6'50
Papiermaschinenarbeiter	12	3'60-9
Papiermaschinenbuben	12	2'40-3
Kalanderarbeiter	12	4-6
Textilindustrie:		
Seidenweber	11'5-13'5	6-9
Seidenweberinnen	11'5-13'5	2'50-5
Winderinnen	11'5-13'5	2'50-6
Arbeiter in der Putzerei	11'5-13'5	3'60-6
Weiber in der Putzerei	11'5-13'5	3-3'60
Arbeiter in den Karden	11'5-13'5	3'60-5'40
Weiber an den Karden	11'5-13'5	3-4'40
Schleifer	11'5-13'5	5'40-6
Andreher	11'5-13'5	3-6
Aufsteckerbuben	11'5-13'5	1'70-2'70
Vorspinnerinnen	11'5-13'5	2'50-6
Spinner oder Regulirer	11'5-13'5	5-12
Hasplerinnen	11'5-13'5	2'20-6
Spulerinnen	11'5-13'5	1'20-6
Weiferinnen	11'5-13'5	3'60-6
Weber und Weberinnen	11'5-13'5	2'25-7

Je nach der Lage der Wohnung zu ebener Erde oder in Stockwerken, nach der baulichen Beschaffenheit des Gebäudes und der Zahl der zur Wohnung gehörigen Räume, bestehend aus Zimmer und Küche oder Zimmer, Cabinet und Küche, bewegen sich die Jahreszinse in folgenden Grenzen:

jedoch eine möglichst große Auslastung der einzelnen Wohneinheiten. So berichten Quellen aus dieser Zeit, daß z.B. in der Teesdorfer Spinnerei die Abwässerkanäle unmittelbar unter den Fenstern der Wohnungen verlaufen wären, in der Baumwollspinnerei Rohrbach wiederum hätten die Senkgruben direkt bei den Wohnblöcken gelegen und das Trinkwasser sei ungenießbar gewesen. Immer wieder wurde auf die chronische Überfüllung der Wohnungen hingewiesen: In den Spinnereien um Neunkirchen teilten sich 2 bis 3 Familien eine Zimmer/Küche-Wohnung.

In den neunziger Jahren des vorigen Jahrhunderts waren die Wohnverhältnisse in den Arbeiterwohnsiedlungen dermaßen schlecht, daß sogar staatlicherseits zu Gegenmaßnahmen gegriffen werden mußte (*Schwartzenau* 1901). Der österreichische Reichsrat verabschiedete 1892 ein Gesetz, das Auflagen wie eine Mindestwohnfläche von 28 bis

35 Quadratmetern pro Familie, einen Maximalbelag von 7 Personen vorsah. In einer Studie über die Lage des Arbeiterstandes in Österreich heißt es, daß die "preisgünstigeren" Arbeiterwohnungen gelegentlich sogar über dem ortsüblichen Mietpreis lagen (*Vogelsang* 1884). Von Pottendorf ist bekannt, daß etwa 12% eines Arbeitereinkommens für die Miete eines Wohnraumes mit Küchenbenutzung aufgewendet werden mußten. Außerdem wurde seitens der Unternehmen durch den direkten Zugriff auf den Lohn das - im privaten Wohnbau durchaus einzukalkulierende - Risiko von Mietrückständen reduziert, so daß sich alles in allem der Werkswohnungsbau als rentierliche Kapitalanlage erwies.

2.3 Betriebliche Sozialpolitik

Fabriken abseits der Städte, wie sie für einen Großteil der Standorte des südlichen Wiener Beckens charakteristisch sind, mußten mangelnde Infrastruktur und Dienstleistungen durch einen hohen Anteil an betrieblicher Sozialpolitik ausgleichen. Demnach verfolgt betriebliche Sozialpolitik Motive ökonomischer und metaökonomischer Art, wobei die ökonomischen Motive in engem Kontext mit den allgemeinen wirtschaftlichen Zielen eines Betriebes verstanden werden müssen (*Hax* 1977). Ein Teil der betrieblichen Sozialleistungen dient dazu, die notwendigen Voraussetzungen für den Einsatz von Arbeitskräften zu schaffen, z.B. die Errichtung von Kantinen, Kindergärten und Wohnungen. Der Förderung rein ökonomischer Leistungsherstellung können sich Motive anschließen, die eher auf den Abbau von Konfliktursachen und Spannungen abzielen, jedoch letztendlich genauso dazu beitragen, die Leistungsbereitschaft der Arbeitnehmer im Sinne einer besseren Erreichung betrieblicher Ziele zu fördern.

Betriebliche Sozialleistungen als Versicherung gegen Krankheit, Unfall, Invalidität und Alter

Bereits für die erste Hälfte des 19. Jahrhunderts können Betriebskrankenkassen bzw. krankenkassenähnliche Einrichtungen nachgewiesen werden. 1843 waren derartige Einrichtungen in immerhin 10 Textilfabriken Niederösterreichs bekannt (*Knolz*). Diese Krankenkassen, auch Vereinskassen genannt, kamen meist für Arztkosten und Medikamente auf. Erhalten wurden die frühen Fonds von den Arbeitern selbst, wobei die Firmenleitung subsidiär einsprang. Bezugsberechtigt waren ausschließlich Betriebsangehörige - nicht in der Fabrik beschäftigte Familienmitglieder hatten kein Anrecht auf Zahlungen.

Am Beispiel der Pottendorfer Spinnerei soll Entstehung und Entwicklung einer Betriebskrankenkasse nachgezeichnet werden:

Schon im Jahre 1843 gab es dort einen Fabrikskrankenfonds, der für etwaige Arztkosten aufzukommen hatte. Übernommen wurde die ärztliche Betreuung durch den Pottendorfer Bürgermeister und Gemeindearzt, der als Schwiegersohn des Fabriksgründers Thornton auch die Funktion des Fabriksarztes innehatte. Nachdem es keine Krankenzimmer gab, mußte der Kranke "in eigener Behausung von seinen Angehörigen oder durch sich selbst bezahlte Leute gepflegt werden". 1869 stellt der Bericht der Niederösterreichischen Handels- und Gewerbekammer fest, daß neben der ärztlichen Behandlung Medikamente und die Gewährung einer Unterstützung im Krankheitsfall zu den Leistungen der Fabrikskrankenkasse zählten. Auch in Sterbefällen konnte an die Angehörigen ein Unterstützungsbetrag ausbezahlt werden. Finanziert wurde die Kasse aus Einzahlungen der Arbeiter und einem jährlich von der Firma beizusteuernden Anteil. Der einzelne Arbeiter führte etwa 1,7 bis 4% seines Lohnes an die Kassa ab und erhielt im Unterstützungsfall 21 bis 30% seines Wochenlohnes ausbezahlt. In den siebziger Jahren des vorigen Jahrhunderts wird noch die Spitalspflege in die bestehenden Leistungen einbezogen (*Statistik des k.k. Handelsministeriums* 1880). In einer Fabriksordnung aus dem Jahre 1886 ist nachzulesen, daß sich Arbeiter im Krankheitsfalle eine Art Krankenschein zu holen hatten, da sie sonst als "willkürlich Feiernde betrachtet" wurden (*Lang* 1981). Die Verwaltung der Kasse oblag damals einem Arbeiterausschuß, der jedoch der Kontrolle der Direktion unterstand. Überschüsse sollten an das Unternehmen abgeführt und von diesem jährlich verzinst werden. Neben den statuarisch geregelten Beiträgen von Arbeitern und Betrieb standen der Kasse noch zusätzlich Einnahmen zu: einerseits Gelder, die von Arbeitern bei Übertretung der Fabriksordnung als Strafe an die Unternehmensleitung zu zahlen waren, andererseits die Löhne jener Arbeiter, die widerrechtlich die Arbeit verlassen hatten.

1884 vermerkten Gewerbeinspektoren, daß sich in 90% der in Niederösterreich besuchten Textilbetriebe und nicht einmal in 50% der Maschinenfabriken Fabrikskrankenfonds befanden (*Bericht der k.k. Gewerbeinspektoren* 1885). Die durchschnittliche Dauer der Unterstützung lag zwischen 4 Wochen und einem Jahr. Für sogenannte selbstverschuldete Krankheiten, wozu Geschlechtskrankheiten, Krankheiten infolge von Trunkenheit und Raufhandel sowie Schwangerschaften zählten, gab es keine Krankenunterstützung. Mit Einführung der obligatorischen Unfall- und Krankenversicherung im Jahre 1887 bzw. 1888 wurden die kleinen Hilfskassen oft aufgelöst. Die staatliche Regelung brachte vor allem für Frauen eine wesentliche Verbesserung, da Schwangerschaften nicht länger zu den selbstverschuldeten Krankheiten gezählt wurden und erstmals auch Wöchnerinnen in den Genuß von Krankengeld kamen.

In manchen Betrieben unterstützten die Betriebskrankenkassen auch alte und erwerbsunfähige Arbeiter - was jedoch eher eine Ausnahme bedeutete. Ein eigener, von der Fabrik mitgetragener Arbeiterunterstützungsfond, der bei unheilbaren Krankheiten finanzielle Hilfestellung bot, fand sich z.B. bereits 1851 in Marienthal (*HK-Bericht* 1869). Auf breiterer Ebene kam es erst in den sechziger Jahren zu einer Problematisierung der meist nicht vorhandenen Versorgung alter Arbeiter und in der Folge zu verschiedenen Initiativen einzelner Unternehmen. Die Textilfabriken Schönau und Sollenau galten als Beispiele mustergültiger Altersversorgung. Bereits 1869 wird für diese Unternehmen verbürgt, daß die durch Alter, Krankheit oder Unglücksfall erwerbsunfähig gewordenen Bediensteten "verhältnismäßige" Pensionen erhielten. 1870 gründete die Fabriksdirektion eine Versorgungskasse, der alle Beschäftigten beitraten und ca. 4% ihres Lohnes bereitstellen mußten (*Wohlfahrtseinrichtungen* 1904). Mit Einführung der gesetzlichen Unfallversicherung wurde die Kasse immer mehr zu einem reinen Pensionsfonds. Der Betrieb brachte solange pro Jahr einen Betrag von 1200 Kronen ein, bis das Kapital der Kasse 100.000 erreichte. Arbeiter und Meister, die bei Eintritt in die Kasse nicht älter als 40 Jahre waren, hatten nach Ablauf einer mindestens fünfjährigen Dienstzeit Anspruch auf Versorgung. Nach einer Dienstzeit von mindestens 30 Jahren konnte jeder Dienstnehmer, wenn er das 55. Lebensjahr erreicht hatte, die Altersversorgung geltend machen. Bei Tod, Entlassung oder Austritt aus der Firma erlosch die Mitgliedschaft. Verwaltet wurde die Pensionskasse von einem Gremium, das sich zur Hälfte aus Arbeitnehmervertretern und Vertretern der Direktion zusammensetzte. Bei Fabriksstillegung oder -verkauf sollte die Kasse aufgelöst werden. Dasselbe galt für die Einführung der gesetzlichen Krankenversicherung.

Allgemein entschieden jedoch die Fabriksherren in jedem einzelnen Fall über Anspruch und Vergabe einer Altersversorgung. So wurde z.B. bereits 1816 für Pottendorf (*Lang* 1981) eine Pensionskasse bilanziert, die auf diesem Konto ausgewiesenen Gelder aber nicht gemäß ihrer Widmung verwendet. In der Regel erhielt eher die Beamtenschaft eine Unternehmenspension, aber auch für diese Gruppe galt kein Rechtsanspruch. Für die Arbeiterschaft waren sogenannte Gnadengelder vorgesehen, deren Vergabe in jedem einzelnen Fall der Fabriksdirektion unterlag. Eine allgemeine Verbesserung bezüglich des Anspruches auf Versorgung im Alter - insbesondere Rechtssicherheit - ergab sich erst mit der Einführung der obligatorischen Altersversicherung für Arbeiter 1927.

Die Versorgung von Hinterbliebenen kam nur selten vor. Eines der wenigen gegenteiligen Beispiele findet sich bei der Vöslauer Kammgarnspinnerei (*Statut* 1882), wo Witwen und Waisen eine Jahrespension von einem Drittel der Rente des Verstorbenen - oder eine Abfertigung in der Höhe des dreimonatigen Gehalts bzw. Pensionsbeitrages zugestanden wurde. Die Waisenunterstützung betraf ausschließlich ehelich geborene Kinder, die das 14. Lebensjahr noch nicht überschritten hatten. Sie betrug höchstens ein Drittel der Witwenpension - unabhängig von der Kinderzahl. Diese Leistung erhielten lediglich die Hinterbliebenen von Beamten und Meistern.

Infrastrukturelle Sozialleistungen

Die infrastrukturellen betrieblichen Sozialleistungen orientierten sich am Prinzip der Eigenständigkeit und Unabhängigkeit in der primären Lebensversorgung. Aus Zeit- und Kostengründen waren Arbeiter oft gar nicht in der Lage, neben ihrer Erwerbstätigkeit auch noch ihren privaten Haushalt zu führen. Das niedrige Lohnniveau ließ die ausreichende Versorgung mit Lebensmitteln und Bekleidung über den privaten Familieneinkauf nicht zu; weiters konnte bei den neuentstandenen Werkssiedlungen nur selten auf eine bereits vorhandene Infrastruktur zurückgegriffen werden. Noch Mitte des 19. Jahrhunderts lag eines der Hauptprobleme der rasch anwachsenden Fabriksarbeiterschaft in der Beschaffung von Lebensmitteln und der Form ihrer Verköstigung. In Anlehnung an die alte Handwerkstradition standen die Arbeiter der frühen Fabriken zunächst bei ihren Fabriksherren in Kost. Die häufiger vorkommende Variante war jedoch das Wärmen mitgebrachten Essens in den - den Arbeitssälen angeschlossenen - Gemeinschaftsküchen (*Bolognese-Leuchtenmüller* 1983). Eine Praxis, die oft zu einer empfindlichen Störung des Arbeitsablaufs in der Fabrik führte, sodaß die Unternehmer später dazu übergingen, eigene Fabriks- und Werksküchen einzurichten, in denen fertig zubereitete Mahlzeiten gegen Entgelt erhältlich waren. Die Preisgestaltung hatte die Unternehmensleitung inne, die einen Wirt - gelegentlich auch einen Fabriksarbeiter - für die Zubereitung der Speisen bereitstellte. In manchen Unternehmen waren Gratisausspeisungen - die sich in niedriger angesetzten Löhnen niederschlugen - üblich, wie in der Ebenfurther Baumwollspinnerei (*HK-Bericht* 1869), die seit 1867 täglich an 40 bis 50 ledige Arbeiter einen halben Liter Suppe ausgab.

Zunehmend setzten sich Fabriksküchen durch - vorteilhaft sowohl für das Unternehmen als auch für die Arbeiter, denen damit eine gegenüber allen sonstigen Verköstigungsmöglichkeiten relativ billige Verpflegungsvariante offenstand. Nach Angaben der Unternehmensleitung der Hirtenberger Patronen-, Zündhütchen- und Metallwarenfabrik lagen die Preise der Werksküche etwa 20% unter dem Durchschnitt der Gastwirtschaften des Ortes (*Die Grossindustrie Österreichs* 1898). Die Leobersdorfer Maschinenfabriks AG errichtete 1894 sogar eine eigene Fabriksrestauration mit angeschlossener Selcherei und einem Viktualienmagazin, deren Gebäude noch heute existiert.

Neben Betriebsküchen gründeten manche Fabriksherren auch Konsumvereine. Sie dienten dem Einkauf von Lebensmitteln en gros, die mit einem meist geringen, zur etwaigen Verlustdeckung bestimmten Aufschlag an die Belegschaft weitergegeben wurden. Der von der Fabriksleitung organisierte Nahrungsmitteleinkauf lag auch in der Tatsache begründet, daß es als Folge der starken Zuwanderung von "fremden" Arbeitern vor Ort zu starken Preissteigerungen bei Lebensmitteln und täglichen Gebrauchsgütern kam. Die Abgabe der en gros eingekauften Waren wurde z.B. in Pottendorf auf den Lohn gegenverrechnet:

"Aus Anlaß der andauernden Theuerung der nothwendigsten Lebensbedürfnisse und Nahrungsmittel und in Erwägung, daß die Geschäftsverhältnisse durchaus nicht zulassen, die Arbeitslöhne in der Fabrik zu erhöhen, zugleich aber von der Überzeugung durchdrungen, daß unsere braven Arbeiter mit ihren zahlreichen Familien bei ihrem dermaligen Lohnbezug ganz außer Stande sind, sich die allernothwendigsten Nahrungsmittel anzuschaffen, haben wir beizeiten ein bedeutendes Quantum von Brennholz und Kohle zu billigen Preisen eingekauft und ein Magazin in der Fabrik mit Holz, Mehl, Erdäpfel etc. dotiert, aus welchem die Arbeiter die benöthigten Nahrungsartikel sowie Heizmaterial zu billigen Ankaufspreisen gegen Verrechnung auf ihren Lohn verabfolgt werden." (Lang 1981, S. 193)

Wo Anbau und Kleintierhaltung möglich waren, gestaltete sich die unmittelbare Versorgung mit Nahrungsmitteln weitaus günstiger. In vielen Werkssiedlungen überließ das Unternehmen den Arbeitern Anbauflächen. Diese Form der Selbstversorgung knüpfte auch an die Lebensgewohnheiten der aus bäuerlichen Zusammenhängen stammenden frühen Fabriksarbeiterschaft an. Daneben waren auch pädagogische Überlegungen maßgebend: Die Illusion, eigenen Grund und Boden zu bewirtschaften, verstärke die Identität der Arbeiterschaft mit ihrer Wohn- und Arbeitsstätte. Manche Unternehmen - so z.B. die Leobersdorfer Maschinenfabrik - gaben sogar Anleitungen zur Pflege und

Bebauung der Arbeitergärten heraus. Ein weiteres Motiv, das für das Anlegen von Gärten sprach, lag im optisch gefälligeren Eindruck der ansonsten recht tristen Werkswohnungsanlagen.

Neben den Nahrungsmitteln wurden von den Unternehmen im allgemeinen auch Holz, Kohle und Strom aus dem eigenen Elektrizitätswerk verbilligt bzw. in Form von Deputaten an die Belegschaft abgegeben. Fast überall kam dabei eine Abstufung nach Betriebshierarchie zum Tragen: Beamte erfuhren eine Bevorzugung. Dabei konnte Sozialleistung und Disziplinierung verbunden werden. Unter dem Vorwand, die vorgeschriebenen Glühbirnen zu überprüfen, bestand für bestimmte Werksbeamte jederzeit Zutritt zu den Wohnungen und damit Einblick in die Privatsphäre der Bewohner.

Fabrikseigene Badeanstalten für die Arbeiter und deren Familien sind erst relativ spät, nämlich gegen Ende des 19. Jahrhunderts üblich und hatten für die frühen betrieblichen Sozialleistungen so gut wie keine Bedeutung. In einem 1904 verfaßten Bericht des k.k. arbeitsstatistischen Amtes werden für Schönau und Sollenau Arbeiterbrause und -vollbad, Meister-Wannenbad und ein Beamtenbad erwähnt.

Zu den frühen betrieblichen Sozialleistungen zählen dagegen eigene Krankenzimmer und -säle, die in den Fabriksgebäuden errichtet wurden. *Knolz* berichtet, daß bereits 1843 in vier der von ihm untersuchten Textilbetriebe Niederösterreichs eigene Krankenzimmer existierten. Ihre Finanzierung trugen zunächst die Fabrikseigentümer, später die Betriebskrankenkassen. In manchen Unternehmen waren sogar eigens Krankenpfleger eingestellt.

Fabriksschulen gehörten - die allgemeine Schulpflicht gab es seit Maria Theresia - oft zur Minimalausstattung einer neu angelegten Siedlung. Wie wenig umfangreich der Unterricht dort war, zeigt das Beispiel Marienthal, wo an Arbeitstagen eine Stunde, an Sonn- und Feiertagen vier Stunden unterrichtet wurde. Die in der Fabrik beschäftigten Schreiber fungierten dabei als Lehrer, etwaige Schulrequisiten stellte das Unternehmen zur Verfügung (*HK-Bericht* 1869). Die geringe Unterrichtsdauer - Zeichen für die Alibifunktion der Fabriksschule - verweist gleichzeitig auf das ungeheure Ausmaß der Kinderarbeit zu dieser Zeit.

2.4. Die totale Institution - Kultur der Abhängigkeit

Bei den untersuchten Einheiten, alten Industrieansiedlungen im Wiener Becken im südlichen Niederösterreich, handelt es sich um "Single-Factory-Towns", also um Orte, die von einem einzigen Industriebetrieb beherrscht werden und im Unterschied zu städtischen Agglomerationen keine nennenswerte industrielle Komplexbildung aufweisen. Nach *Schneidewind* (*Soref* 1985) liegt hier die Ursache für das geringe sozio-kulturelle Interaktionspotential und in der Folge "die Ausformung einer alle Lebensbereiche durchdringenden Kultur der Abhängigkeit". Im Gegensatz zu einer "Kultur der Möglichkeiten", wie sie urbanen Industrieräumen zugeschrieben werden kann, handelt es sich bei der "Kultur der Abhängigkeit" um eine vollkommene Unterordnung der individuellen Lebensgestaltung der arbeitenden Bevölkerung unter die Dominanz der Fabrik. Die Institution "Fabrik" definiert und beschränkt die individuellen Handlungsspielräume und trägt so zur Stabilität und starren Verteilung von Macht bei. Da aber eine ausschließlich auf äußerem Zwang basierende Verhaltenssteuerung auf die Dauer "unökonomisch" ist, wird in integrierten Wohn- und Arbeitsstätten mittels subtiler Methoden der Sozialdisziplinierung und der "Aufladung" mit sozialpolitischen Leistungen soziales Verhalten routinisiert und strukturiert. Das Ensemble wird zur "Totalen Institution" (*Goffmann* 1974).

Totale Institutionen sind dadurch gekennzeichnet, daß die dominanten Teile (Unternehmer) die Lebenssituation anderer (Arbeitnehmer) definieren, indem sie die jeweils relevanten sozialen Objekte (Verhaltensnormierung durch Fabriksordnung, Hausordnung etc.) vorgeben. Durch ihre Machtstellung bestimmen und kontrollieren sie damit auch den Inhalt des Systems der generalisierten Normen und Werte, die das soziale Handeln dieser Gemeinschaften bestimmen, sodaß die Sicht der Arbeitnehmer von sich selbst quasi durch die Augen der Mächtigen vermittelt wird. Die üblicherweise getrennt gehaltenen Funktionsbereiche Wohnen, Arbeiten und Freizeitverbringung sind an einem Ort zusammengeballt und unterliegen der Kontrolle derselben Autorität. Eine Ausweitung der Kontrollspanne erfolgt auch durch die tendenzielle Isolierung der Bewohner von der Außenwelt - diese Abschirmung von der Außenwelt wird durch die räumliche Lage der Werkssiedlung in deutlicher Distanz zum umliegenden Dorf noch verstärkt.

Das Konzept der totalen Institution weist über die real vorhandene ökonomische Abhängigkeit hinaus und bezieht oft zuwenig beachtete Elemente sozialer Reglementierung in die Analyse mit ein. Denn Einstellungen, Verhaltensweisen und Werthaltungen werden durch soziale Mechanismen über Generationen weitergegeben und entwickeln schließlich eine Eigendynamik, die spätestens dann zum Tragen kommt, wenn sie sich etwa bei Wegfall der ursprünglichen ökonomischen Funktionalität nicht ohne weiteres mit den entsprechenden ökonomischen Bedingungen abbauen, sondern sich als sozio-ethnologische Fixierung verselbständigen:

> "Die Symptome dieser Kultur der Abhängigkeit reichen vom Werksgasthof und der Werksmusik über die ... Bildungs- und Ausbildungsziele der Bevölkerung bis schließlich zu einer quasi-Erblichkeit der Arbeitsplätze. Sie umfassen die Konditionierung auf eine mechanisch-bürokratische Organisationsform und die fast vollständige Hilflosigkeit, wenn 'das Werk' seine Fürsorgeaufgaben - insbesondere die Bereitstellung eines Arbeitsplatzes - einmal nicht erfüllt." (Soref 1985, S. 189)

Innerhalb der materiellen und historischen Rahmenbedingungen muß dem Individuum jedoch auch eine relative Selbständigkeit zugestanden werden. Die Akteure entwickeln spezifische Überlebensstrategien - soziale, die auf ökonomische Sicherheit, Respekt und Achtung im sozialen Feld abzielen, und psychische wie möglichst große Annäherung an ein Selbstideal. Die subjektiven Lösungs- und Machtstrategien, die Akteure innerhalb gegebener Verhältnisse entwickeln, können mit *Nadig* (1985) als "Widerstand des Subjekts" bezeichnet werden, als Versuch, mit gegebenen Konflikten und Problemen fertigzuwerden. In einer totalen Institution, wie sie örtlich integrierte Wohn- und Arbeitsstätten darstellen, kommen eingeschränktere und auch andere Überlebensstrategien zur Anwendung als im Rahmen einer "Kultur der Möglichkeiten".

Streik als Kampfmittel

In der Teesdorfer Spinnerei brach am 30. April 1906 wegen Lohnabzug ein Streik aus. In der siebenten Streikwoche war die Situation für die Streikenden äußerst kritisch, denn die Direktion hatte durch Agenten um die 50 Streikbrecher anwerben lassen, die unter Gendarmeriebedeckung in Teesdorf ankamen und in Arbeit traten. Ein Heer von Gendarmen provozierte nun täglich die Streikposten und Streikenden. Verhaftungen wurden blindlings vorgenommen, Streikende durch Streikbrecher unter Führung des Hausmeisters der Spinnerei mit Knüppeln geprügelt, kurz, es wurde alles versucht, den Mut der Streikenden zu brechen. Die Betriebsleitung wartete stündlich auf den Zusammenbruch des Streiks. Und als ihr das Warten doch zu lange dauerte, wurden plötzlich 64 Familien mit 200 Angehörigen aus den Fabrikswohnungen delogiert. Die Delogierung begann an einem Montag. Unaufhörlich schüttete der Himmel einen kalten Regen herunter, dazu blies ein Wind, der einem das Mark in den Knochen erstarren ließ. Im Orte selbst wurde niemand zur Delogierung aufgetrieben, weil sich jeder Mensch schämte, so schuftige Arbeit zu verrichten. Die

Direktion hatte daher aus Baden Leute bringen lassen, die den Dienst unter Gendarmerieassistenz begannen. Um die Arbeiter durch brutalen Schrecken niederzuschmettern, befahl die Fabriksleitung, mit einer Familie die Delogierung zu beginnen, die aus dem Ehepaar, einem alten Mütterchen und sechs kleinen Kindern bestand. Mit dem letzten Kind war die Frau just aus dem Wochenbett gekommen. Ein Schrei der Wut und des Entsetzens durchzitterte die Luft, als diese Henkerarbeit begann. Fünfzehn Gendarmen beschirmten dieses bestialische Vorgehen, stießen brutal die jammernden Frauen und Kinder zur Seite, um dem "Gesetz", das verlangt, daß die Arbeiter aus den Wohnungen gejagt werden, "Achtung" zu verschaffen. Ich werde diese Szene nie vergessen und bewundere heute noch diese Arbeiter und Arbeiterinnen, die bei dem grausamen Jammer, der einen Stein erweichen konnte, den Kopf hoch hielten und unter diesem brutalen Druck nicht zusammenbrachen. Wir, das Streikkomitee, gaben in diesem Moment die Schlacht für verloren. Aber da zeigten sich plötzlich die gedrückten Spinnersklaven in der ganzen Größe ihres Mutes. Das Wimmern der Frauen wurde durch eine kräftige Stimme übertönt, die da rief: "Genossen, wer nachgibt, ist ein Feigling! Wir kämpfen weiter, bis zum Sieg!" Es war der Vater der sechs Kinder, der diesen Kampfruf in die angesammelte Masse hineinschmetterte, seine Frau, den Säugling am Arme, stimmte ihm entschlossen bei. Hell lohte wieder die Flamme der Begeisterung auf. Brausende Hochrufe auf den Streik erfüllen die Luft. Ein altes Mütterchen, die 54 Jahre treu und fleißig im Betrieb gearbeitet, hatte sich zur Feier der Delogierung ihre erst vor kurzem für 50jährige treue Dienstleistung erhaltene Jubiläumsmedaille an die Brust geheftet, was die brutal vorgehenden Gendarmen aber nicht hinderte, sie mit einem ganzen Truppe Streikender zu verhaften, die dann alle in den Gemeindearrest gesteckt wurden. Aber da stellten sich die Frauen den Gendarmen entgegen, hielten ihre Brüste und ihre Kinder mit der Aufforderung vor die Bajonnette, dem Jammer ein Ende zu machen!

Das Arrestlokal wurde schließlich gestürmt und die Verhafteten herausgeholt. Freilich wurde später dieser Eingriff in die Rechte der heiligen Hermanbad an den Uebeltätern bitter gerächt. Die harten Strafen wurden aber mit Würde getragen. Für die Delogierten wurde schnell und umsichtig Quartier besorgt. Aus rasch herbeigeschafften Brettern wurde auf der Gemeindewiese eine große Baracke aufgebaut und die Habseligkeiten und Möbel der Streikenden dort untergebracht. Die Kinder wurden an befreundete Familien, die Obdach hatten, abgegeben. Und als dann die "Gleichheit" diese Vorgänge ihren Lesern berichtete, an die Solidarität der Arbeiterschaft des Bezirkes appellierte, so war das nicht umsonst getan. Tausende Arbeiter und Arbeiterinnen kamen am kommenden Sonntag nach Teesdorf zu den Delogierten. In Körben und Bündeln brachten sie Liebesgaben, die sie sich selbst vom Munde abgespart hatten, für ihre kämpfenden Brüder und Schwestern und deren Kinderchen. Bald war auf der Wiese, wo die Delogierten ihre Zelte aufgeschlagen hatten, ein festliches Treiben. Wo man hinblickte, überall sah man nur freudige, begeisterte Menschen, und wenn wo geweint wurde, so waren das Tränen der Freude über die herrliche Solidarität, die die Unternehmerbrutalität unter der Arbeiterschaft auszulösen vermochte. Nach wenigen Tagen schon war der Streik mit einem Sieg der Arbeiterschaft beendet. An der Einigkeit und Hilfsbereitschaft der Arbeiterschaft prallten die Brutalitäten der Ausbeutersippe fruchtlos ab.

Quelle: Gleichheit (ehemals Neunkirchner Volkszeitung) 20. Jg./1914/Nr. 1

3. DIE SOZIALE WIRKLICHKEIT DES ENSEMBLES

Die soziale Wirklichkeit von Wohnen und Arbeiten an einem Ort, Architektur und Politik des Ensembles, realisiert sich in den gelebten Erfahrungen der Bewohner, die anschließend zu Wort kommen sollen. Ihre Erinnerungen und Beobachtungen haben wir in narrativen Interviews aufgezeichnet. Bei den ca. 30 GesprächspartnerInnen handelt es sich um Personen, die ihre besonderen Erfahrungen und Erlebnisweisen als Werkssiedlungsbewohner beispielhaft zu vermitteln wußten. Durchwegs alle der untersuchten Werkssiedlungen kennzeichnet ein Frauenüberhang. Er ist auf die relative Überalterung der heute dort lebenden Bevölkerung und die höhere Lebenserwartung von Frauen zurückzuführen. Hauptsächlich wurden ältere Menschen befragt, von denen die meisten in derartigen Siedlungen aufgewachsen sind und als ArbeiterInnen in den angeschlossenen Fabriken beschäftigt waren. Die Erhebungen fanden in den Orten Schlöglmühl, Felixdorf, Pottendorf, Teesdorf und Leobersdorf statt.

"Das Zimmer war fünf mal fünf, und da haben wir unsere Neune in der Wohnung gelebt" - Wohnverhältnisse in einer Werkssiedlung

Die Erinnerungen der Befragten reichen weit in die 1. Republik zurück, als sie noch Kinder waren und in äußerst beengten Wohnverhältnissen lebten. Eine Arbeiterwohnung bestand aus Zimmer und Küche, nur Angestellten wurden größere und komfortabler ausgestattete Wohnungen zugewiesen.

"Bei uns waren sieben Personen, wir haben nur ein Zimmer und eine Kuchel gehabt, wir haben alle zu zweit schlafen müssen oder am Fußboden."

"Da sind immer zwei auf zwei gelegen, da haben wir die Doppelbetten gehabt und hint' war auch ein Bett und vor den Betten der Ottoman, da ist auch einer darauf gelegen und zwischen die Eltern haben zwei geschlafen. Anders ist das halt nicht gegangen. Die Schwester hat neben der Mutter geschlafen und ich neben dem Vater. Stell dir vor, ich war schon 15 Jahr', da hab' ich noch immer neben dem Vater geschlafen."

Strom und Wasser gab es in vielen Wohnungen damals noch nicht. Geheizt und gekocht wurde mit einem gemauerten Herd. Das Wasser wurde von einem Brunnen im Hof geholt, wo sich auch die Toiletten befanden:

"Ich kann mich erinnern, daß wir noch Petroleumlicht gehabt haben. Ich seh' die Mutter noch vor mir, wie sie dort auf einem Stockerl immer mit einem Waschtrog gestanden ist und die Petroleumlampen am Ofen oben auf dem Aufsatz gehabt hat. Geheizt und gekocht haben wir auf einem gemauerten Herd - mit einem Aufsatz für ein 'Wandl'. Am Anfang hat man halt mit Holzscharten geheizt - da sind die Männer Holz schlagen und aufsammeln gegangen. Später haben wir dann ein Kohledeputat gehabt."

"Neben dem Brunnen war gleich der Abfluß, da hat's ein betoniertes Wandl gegeben mit einem Rost, und dort hat man das ganze Küchenwasser hineingeschüttet - von allen 60 Parteien im Haus. Später hat's dann geheißen, das Wasser ist nicht gut."

"Die Klos waren in einer Hütte im Hof, das war eine Holzhütte, aber da haben einen die Ratzen gefressen, da hat man auf d'Nacht überhaupt net rausgehen dürfen, und bei den Schuppen dran war so ein Betonsockel für den Mist - bis in die 30er Jahre war das so. Und ich kann mich erinnern, wie einmal ein Sturm war, da ist ein Mann, der schlecht gegangen ist, ein alter Mann, vom Wind reingeweht worden."

In den dreißiger Jahren wurden die primitiven Toiletten abgerissen und in den Häusern selbst installiert. Nach wie vor mußten sich mehrere Parteien eine Toilette teilen. Schon etwas früher wurde der Strom eingeleitet, der aus dem werkseigenen E-Werk kam. In Schlöglmühl beispielsweise war pro Wohneinheit nur eine 15-Watt-Birne erlaubt.

"Mehr hat es nicht sein dürfen. Die Firma hat ein eigenes Gewinde gehabt, wann wir ein anderes Lamperl im Geschäft gekauft haben, dann hat das nicht reingepaßt, des war ein eigenes Lamperl. Nur in der Fabrik hat man die speziellen Lampen gekriegt und das waren eben 15-Watt-Birnen."

Mit dem Aufkommen der elektrischen Haushaltsgeräte und deren Installierung in den Wohnungen verschärften sich die Kontrollen durch die Fabrikleitung, Wohnungsinspektionen gehörten zum Alltag.

"Die Sicherungen haben sie kontrolliert, weil da haben wir nur 6er Sicherungen gehabt, mehr haben wir nicht haben dürfen. Da hat's einen Krach gegeben, wenn einer die Sicherung ein bißchen verstärkt hat - na ja, wir haben auch nichts bezahlt für den Strom."

Manche Wohnungen (Schlöglmühl, Felixdorf) hatten noch keine Trennwand zwischen Zimmer und Küche; die Raumteilung erfolgte durch einen Vorhang. Erst später wurden Trennwände, entweder aus Holz oder gemauerte, eingezogen. Die Wohnungseinrichtung war kärglich.

"Ein Lavoir hab' ich gehabt und einen Tisch und zwei Sessel und eine Kohlenkisten und den Ofen, das war alles, was ich in dem Zimmer stehen gehabt hab'."

"Und die Leute, die haben das Geschirr auf der Mauer hängen gehabt. Eine Kredenz, sowas haben's ja früher nicht gehabt."

Eine Besonderheit gab es in Schlöglmühl mit den breiten Gängen im ehemaligen Kasernenbau.

"Der Gang war ganz mit Ziegel ausgelegt, was ich mich erinnern kann, waren das ganz gewöhnliche rote Ziegel. In der Mitte ist man gegangen und auf der Seite sind Kästen g'standen. Und interessant war, wie die Fahrräder aufgekommen sind, hat sich doch ein jeder eines angeschafft und die Radln im Kasten eingesperrt."

Neben den "Radlkisten" dienten die Gänge auch zur Aufbewahrung von Lebensmitteln und Hausrat. Trotz der beengten Wohnverhältnisse war man froh, eine Werkswohnung zugewiesen zu bekommen, denn für eine Arbeiterin einer "Fabrik am Land" gab es nur zwei Wohnalternativen: bei einem Bauern zu wohnen oder in einer Werkssiedlung unterzukommen.

"Zur Schüssel, zur Schüssel, die Knedl san haß" - Kindheit und Jugend in der Werkssiedlung

Entgegen unseren Erwartungen beschreiben die in den frühen zwanziger Jahren in Werkssiedlungen aufgewachsenen InterviewpartnerInnen ihre Kindheit als eine glückliche Zeit der Freiheit und Ungebundenheit. Neben dem Phänomen der selektiven Erinnerung - Realität wird positiv überhöht - führen wir diese Kindheitsdarstellung auf die relativ großen Freiräume zurück, die die Arbeiterkinder im Vergleich zu den in den landwirtschaftlichen Arbeitsablauf eingebundenen Bauernkindern vorfanden. In dieser Generation waren die Kinder auch nicht mehr gezwungen, ihre Eltern bei der Fabriksarbeit zu unterstützen. Innerhalb der Zeit, die ihnen als freie zur Verfügung stand, konnten sie in der nächsten Umgebung ihren Spielen nachgehen.

Die Einbindung der Kinder in den Fabriksalltag erfolgte schon sehr frühzeitig - in der werkseigenen Kinderkrippe und im Kindergarten, aber auch durch Anwesenheit am Arbeitsplatz der Mutter.

"Die Wickelkinder haben's schon in den Werkskindergarten geben. Da war eine Kinderkrippe. Von klein auf bis zum Schulbeginn war ich im Werkskindergarten, weil beide Eltern in der Fabrik gearbeitet haben. Da haben uns die Eltern abgeb'n um sechs in der Früh und um zwei wieder g'holt."

"Ich war die meiste Zeit bei meiner Mutter in der Fabrik, ich bin halt von der Spielschule abgehaut und zu der Mutter reingegangen. Früher haben da ja viele Frauen im Papiersaal gearbeitet und haben gesagt, komm her, komm her; sie haben mich in den Ausschußwagen reingesteckt und mit Papier zugedeckt und haben mich herumgeführt. Das hat mir besser gefallen als in der Spielschule."

Die achtjährige Grundschule war dann die Gelegenheit, außerhalb des Fabrikszusammenhanges Erfahrungen zu sammeln, aber durch die geringen Löhne und die damit verbundenen Sparmaßnahmen wurde den Kindern frühzeitig bewußt, daß Schule auf Kosten der Nahrung geht. Unter der Voraussetzung, daß die Schule für die Kinder nur die notwendigsten allgemeinen Qualifikationen für ihr späteres Arbeiterleben bereitstellte, stand die Vermittlung von Allgemeinbildung hinter den praktischen Fähigkeiten zurück.

"Ich kann Ihnen sagen, wir sind in die Schule gekommen, wir waren arme Hunde, auf Packpapier haben wir geschrieben. Damals hat ein Bogen Papier 10 Groschen gekostet, das war für meine Mutter viel. Normal hat sie zwei, drei Semmeln dafür gekriegt. Ein Heft kaufen? Das war nicht drinnen."

"Ich bin die ganzen acht Jahr' gangen, früher haben sie gesagt Bürgerschule, viel stricken haben wir müssen, wir haben weniger gelernt als was wir gehandarbeitet haben."

Kindheit und Jugend waren in Relation zu heute sehr kurz. Für die meisten der Befragten galt der frühzeitige Eintritt in die Fabrik, die man von frühester Kindheit von innen kannte, als selbstverständlich. Der Mikrokosmos der integrierten Wohn- und Arbeitsstätten strukturierte die kindliche Erfahrungswelt; Freiräume konnten auch im Fabrikareal geschaffen werden.

"Wir haben einen Spielplatz gehabt drinnen in der Firma und dort haben wir gespielt, mit so 'Fetzenwuchteln', die Madln genauso wie

die Buam haben Fußball oder Völkerball gespielt und auf'd Nacht
'Zur Schüssel, zur Schüssel, die Knedl san haß'."

Kollektivität im Sinne von Gruppenzusammenhängen war schon aus
dem Umstand gegeben, daß jeweils zahlreiche Geschwister und Gleich-
altrige diese frühen Lebenserfahrungen teilten - sowie das Bewußtsein,
mit 14 Jahren in die Fabrik zu müssen.

"Wir haben nicht weiterlernen können, das ist nicht drinn gewesen,
auch nicht für die anderen Kinder, weil der Fabriksdirektor hat
gefragt, wann kommt ihre Tochter oder ihr Sohn von der Schule raus
und da hat es nichts gegeben, da sind sie nicht bis zum Schulschluß
gegangen. Wenn sie im Februar 14 Jahre waren, haben sie im Februar
raus müssen aus der Schule."

"Wenn Ihnen die Wohnung net paßt, suchen sie sich woanders eine" - Junge Familien in Werkssiedlungen

Für jungverheiratete Ehepaare war es üblich, auch wenn schon Kinder
da waren, noch einige Zeit bei den Eltern zu wohnen, bis ihnen eine
eigene Werkswohnung zugewiesen wurde. Manchmal suchten sich die
jungen Leute eine Mietswohnung in der näheren Umgebung.

"Bis zum vierten Kind hab' ich bei der Mutter gewohnt - und der
Mann auch. Da waren wir bei den Eltern in Kost. Ich hab' gear-
beitet, und der Mann hat gearbeitet, und die Mutter hat mir auf die
Kinder aufpaßt."

"1934 haben wir geheiratet und haben bei den Eltern gewohnt. Zwei
Jahre später haben wir draußen in Krieglach eine eigene Wohnung
kriegt. Da hab' ich 5 Schilling pro Monat bezahlt, das war damals
viel, denn wir haben nur 18 Schilling Wochenlohn bekommen. Da hab'
ich die Küche gehabt, die hat mir gehört, und da ist eine andere
Partei reingekommen und hat durch die Küche gehen müssen, um in
ihr Zimmer zu kommen. Im anderen Zimmer habe ich gewohnt. Ich
hab' zwei Kinder, und die hat drei oder vier gehabt."

Die Zuweisung einer Werkswohnung war mit der Arbeit in der Fabrik
gekoppelt: Wenn beide Ehepartner im Werk beschäftigt waren, hatte
man eher eine Chance, schnell zu einer Werkswohnung zu kommen.
Andere mußten Monate, manchmal sogar Jahre auf eine Werkswohnung
warten. Nach Werkswohnungen bestand eine große Nachfrage, einerseits weil Personen, die in Werkswohnungen aufgewachsen und im
Werk ab dem 14. Lebensjahr beschäftigt waren, nach ihrer Heirat

selbst Bedarf anmeldeten, andererseits, weil neu eingestellte Arbeiter derartige Unterkünfte ebenfalls attraktiv fanden.

"Ich hab' die Werkswohnung erst nach einem Jahr kriegt. Wie's gesagt haben, ich kann in der Fabrik anfangen, hab' ich gleichzeitig um eine Wohnung angsucht, weil mir das zu weit war, immer mit dem Radl von Steinabrückl nach Felixdorf zu fahren; im Sommer ist's ja gegangen, aber im Winter, bei jedem Schneewetter da runter fahren oder zu Fuß gehen..."

"Mein Mann war in der Fabrik Webmeister drinnen und man hat uns immer eine Wohnung versprochen, aber es waren immer fünf oder sechs, denen die Wohnung versprochen war, und wer am schnellsten war, der hat sie halt dann gekriegt."

Die Zuweisung einer Wohnung hing von guten Beziehungen zum Direktor, Wohnungsinspektor und der Gewerkschaft ab. Andere griffen zur Selbsthilfe:

"Meine Eltern sind weggezogen und wir sind in der Wohnung ganz einfach drinnen geblieben. Natürlich haben sie damals gesagt, das gibt's doch nicht, aber ich habe geantwortet, daß ich in der Wohnung angemeldet bin und mein Mann im Werk arbeitet, so haben wir uns die erste Wohnung selbst geholt."

Da um die Wohnungen ein harter Konkurrenzkampf herrschte, konnte man sich die zugewiesene Wohnung nicht nach dem familiären Bedarf aussuchen.

"Wir haben da unten, wo's so laut ist, eine Wohnung gekriegt, und da war mein Mann fragen beim Chef und hat gesagt: 'Hörn's, die kann ich net nehmen, weil ich muß ja auch schlafen können. Zwölf Stunden arbeiten, Nachtschicht und alles', hat er g'sagt. Darauf kriegt er als Antwort: 'Wenn ihnen die net paßt, dann suchen sie sich woanders eine - und das, obwohl mein Mann schon solange drinnen gearbeitet hat."

Ausstattung und Größe der Wohnungseinheiten, es war noch zu keinen Zusammenlegungen gekommen, unterschieden sich kaum von den Wohnungen der Elterngeneration. Wasser und sanitäre Einrichtungen befanden sich nach wie vor am Gang. Das Familienleben war weiterhin von den beengten Wohnverhältnissen geprägt. Das Sexualleben eines jungen Ehepaares hatte sich nach Schulzeiten und Schichtdienst zu richten.

"Hin und wieder hat's schon Schwierigkeiten gegeben, da hat der Mann schon geschimpft, z.B. beim Geschirrabwaschen, da scheppert man doch herum, und wenn du noch so aufpaßt, kann dir was runterfallen, jetzt wird der nervös, und du warst auch schon nervös wegen der Kinder. Im Winter hast du sie ja nicht immer rausjagen können, im Sommer hab' ich eh g'schaut, daß sie in den Hof gehen oder in den Wald oder schwimmen. Der Mann hat immer Nachtschicht g'habt, und da hat er's halt nicht ausg'halten neben die Kinder, da hat er ja nicht schlafen können."

"Na, angenehm war das auf keinen Fall, wennst jung bist und einen jungen Mann hast, willst auch; Kinder daneben, die hast müssen fortschicken, hast auch müssen die Zeit nützen, derweil's in der Schul' waren, das ist durch die Schichtarbeit gut 'gangen."

Das enge räumliche Miteinander der vielen Bewohner und die Belastungen durch die Schichtarbeit führten nicht selten zu Differenzen zwischen den Parteien.

"Eben durch den Streß, aber das Wort hat ja damals noch nicht existiert, da ist oft gestritten worden, vor allem wegen der Kinder, die halt g'schrien und gerauft haben. Dauernd hat eine beim Fenster rausg'schrien: 'Schleicht's euch!' Und die Hausmeisterin, die hat so ein Steckerl gehabt, mit einem Lederstreifen dran, und wenn's die Buben derwischt hat, dann haben schon manchmal die Wadeln herhalten müssen. Heute ist das ja anders, heute merkst ja gar keine Kinder mehr."

Es ist nicht verwunderlich, daß die Männer aus der häuslichen Beengtheit auszubrechen versuchten und das Wirtshaus frequentierten, in dem sich auch sämtliche Vereine versammelten.

"Früher waren viel mehr Männer, die trunken haben, weil wennst den Frauen zugehört hast, war ja selten eine Familie, wo der Mann nicht trunken hat. Da hat die Frau nur das Geld kriegt, was überblieben ist, mit dem hat sie auskommen müssen."

"Die Männer sind alle ins Wirtshaus gangen. Als Frau hast halt schauen müssen und ihm zureden, daß nicht mehr wird. Und wennst ein bissel schaust und das Essen da ist, da muß halt eine Frau auch viel mithelfen. Da sind's nach der Arbeit zur Feuerwehr gangen, das hat ihm ja nix kost', und dann sind's halt sitzenblieben im Wirtshaus."

Trotz Kinderkrippe und Kindergarten stellte die Betreuung der Kinder nach wie vor ein Problem für die jungen Familien dar. Das beginnt bereits mit der Frage, wer die Kinder in den Kindergarten führt:

"Die Frauen hätten ja nicht arbeiten gehen können, ohne Kindergarten. Die sind um acht in die Fabrik kommen, um zwölf wieder heim, um eins wieder hin und um fünf war Schluß. Wenn wir länger gearbeitet haben und der Mann Spätschicht gehabt hat, sind wir hergegangen und haben der Frau im Kindergarten ein paar Schillinge gegeben, damit sie auf die Kinder länger aufpaßt."

"Im Kindergarten waren die Kinder ja nur bis zum Schulgehen. Dann hast du sie ja auch frei draußen herumrennen g'habt, daweil wir in die Arbeit gangen sind bis um fünf. Da hat man einem Größeren gesagt, daß es ein bissl schaun soll auf die Kleineren."

Gegenseitige Hilfe oder Unterstützung kam vorwiegend im Familienverband oder zwischen engen Verwandten vor: Eltern und Geschwister lebten ebenso in der Werkssiedlung, solidarische Beziehungen fanden fast ausschließlich in diesem Kreis statt. An Nachbarn hat man sich nur selten gewandt.

"Wenn ich einmal schnell wo hin hab' müssen, da haben entweder die Eltern oder die Geschwister, ich hab' noch vier Schwestern, die alle hier wohnen, auf die Kinder aufgepaßt."

"Die Nachbarn sind ja alle selber in der Arbeit gewesen. Von den ganzen Parteien da im Haus waren die meisten in der selben Schicht. Da war das halbe Haus leer."

"Daß man die Kinder der Nachbarin geben hätt', das hatt's schon geben, aber da haben's auch zahlen müssen."

"Ich bin eine späte Schlafengeherin und eine zeitliche Aufsteherin" - Frauenalltag

Die meisten Frauen waren als Arbeiterinnen in der Fabrik beschäftigt. Gleich ihren Männern standen sie acht Stunden und mehr an ihren Maschinen, und genauso wie ihre Männer kamen auch sie nach einem Arbeitstag müde und erschöpft nach Hause. Im Gegensatz zu ihren Männern erwartete sie dort ein Haushalt, der bestellt sein wollte und somit statt Freizeit nur weitere Arbeit. Denn trotzdem beide Ehepartner außerhäuslich erwerbstätig waren, galten Hausarbeit und Kinderbetreuung - dem kleinbürgerlich-patriarchalischen Familienbild entsprechend - als Frauensache. Nach einem vollen Arbeitstag hieß es für die Frauen noch rasch einkaufen, kochen, für den nächsten Tag alles herrichten, Kinder baden, Wäschewaschen oder -bügeln etc. Für Freizeit und kommunikatives Miteinander blieb dabei kaum Zeit - und wenn, dann nur mit tätigen Händen, d.h. mit Näh- und Flickarbeiten. Das Zeitbudget der Frauen war knapp bemessen, so wurde selbst das Duschen nach der Arbeit im betriebseigenen Brausebad durch die geschlechtsspezifische Alltagsrealität zu einem männlichen Privileg.

"Die Frauen haben doch gar keine Zeit gehabt, daß sie alle Tag baden gangen sind, aber die Männer sind alle Tag unter die Brausen gangen. Wenn sie eine Familie daheim gehabt haben und den ganzen Tag arbeiten, dann haben sie müssen schauen, daß sie heimkommen, daß sie mit ihrer Wirtschaft zurechtkommen. Auch wenn man von der Arbeit müde war, hat man sich dann noch zum Waschtrog stellen müssen."

Wäsche gewaschen wurde von den Müttern der von uns befragten Frauen noch in der Wohnung. Waschküchen waren damals noch kaum eingerichtet. Die später von den Fabriken eingerichteten Gemeinschaftswaschküchen mit ihren gemauerten Kesseln wurden von den Frauen als Erleichterung empfunden.

"Die Frauen haben in der Wohnung die Wäsche auskochen müssen, sie können sich nicht vorstellen, wie es da drinnen gedunstet hat, und dabei waren noch vier oder fünf Personen in der Wohnung."

"Auch im Winter sind wir zum Bach gegangen, da haben wir heißes Wasser mitgenommen und wenn uns kalt war, haben wir die Hände in das heiße Wasser gesteckt. Zum Schwemmen war extra eine Mauer gebaut und da sind die Frauen stundenlang gekniet und haben geschwemmt. Was glauben sie, wie uns manchmal kalt war."

"Wir waren schon glücklich, daß wir eine Waschküche gekriegt haben. Da haben wir zuerst müssen das Wasser vom Werkskanal rauftragen, dann haben sie uns eine Pumpe reingemacht, damit wir das Wasser haben raufpumpen können."

Die Waschzeiten in der Gemeinschaftsküche waren genau geregelt. Die von der Hausmeisterin zugeteilte Waschzeit mußte eingehalten werden. In manchen Werkssiedlungen trug man sich in Listen ein.

"Sicher hat's manchmal auch Reibereien gegeben. Viele wollten am Samstag waschen gehen, weil sie da daheim waren, aber es ist sich dann eh immer schön ausgegangen."

Gebügelt wurde mit dem Holzkohlenbügeleisen oder mit sogenannten Wäscherollen aus schweren Steinen, deren Bedienung bisweilen sogar die Mithilfe der Männer erforderte.

"Der Waschtag war ein Streß: Drei Stunden warst in der Waschkuchel, dann bist in die Wohnung runtergrennt, hast den Kindern was zum Essen g'macht und bist dann wieder hinaufg'rennt."

Mit dem Aufkommen der Waschmaschinen wurde der Waschtag wieder in die Wohnung zurückverlagert und die Waschküchen immer weniger genutzt. Am Freitag war Putztag. Er galt als der größte Arbeitstag - jedenfalls für die Frauen und die mithelfenden Kinder.

"Am Freitag ist alles gewaschen worden mit Seifenlauge. Zuerst wurde beim Seifensieder die Lauge geholt und dann wurde der Boden gerieben bis er schön gelb war. Die Möbel wurden auch alle Wochen gewaschen, so daß sie alle paar Jahre frisch gestrichen werden mußten, weil der Lack abgeblättert war."

Zu besonderen Belastungen kam es auch an den Tagen, an denen die Frauen Spätschicht hatten.

"Überhaupt das frühe Aufstehen und das spät Schlafengehen, wenn du zwei bis zehn (Spätschicht) gehabt hast, da war es oft 12, bis du ins Bett gekommen bist. Oft bin ich schon um halb 4 Uhr aufgestanden, sonst wär ich ja nicht zu meiner Arbeit gekommen. Zuerst waschen, einkaufen, kochen; dann wieder bügeln, dann was zu stopfen, die Zeit rennt, man kann es gar nicht glauben. Aber ich bin gern aufgestanden, ich bin eine späte Schlafengeherin und eine zeitliche Aufsteherin."

"Ich bin nicht in die Bude gegangen zum Tratschen, sondern zum Arbeiten" - Erinnerungen an die Arbeitswelt

Die Kultur der Abhängigkeit erfuhr ihre Reproduktion in einer ständigen Eingliederung der in den Werkssiedlungen aufgewachsenen Kinder. Ihren ersten und oft einzigen Arbeitsplatz fanden sie in "ihrer" Fabrik, wo auch Eltern, Geschwister und Nachbarn arbeiteten. Gleichwohl gab es immer wieder Versuche, dieser Schicksalshaftigkeit auszuweichen, indem man woanders eine Stelle suchte, eine Lehre begann etc. Viele der Ausbruchsversuche scheiterten an der Arbeitslosigkeit der dreißiger Jahre bzw. der unsicheren Beschäftigungslage in den frühen fünfziger Jahren. So kamen die meisten GesprächspartnerInnen wieder in die Fabrik zurück und arbeiteten dort bis zu ihrer Pensionierung oder bis zur Werksstillegung. An dieser Stelle muß darauf hingewiesen werden, daß unser Sample eine Verzerrung aufweist, da wir mit Leuten gesprochen haben, die im Fabrikszusammenhang verblieben und nicht mit Menschen, deren Ausbruchsversuche erfolgreich waren.

"Mit 14 Jahren bin ich aus der Schul' austreten - im November, im Dezember hab' ich schon in der Spinnerei angefangen. War keine Lehrstelle zum krieg'n, dazumals in die dreißiger Jahr'. Am Anfang war ich Hülsenbub. Der Vater war zu der Zeit Maschinist am großen Dampfkessel, die Mutter hat im Drosselsaal auf die Zwirnmaschinen gearbeitet ... Von 1938 bis 39, a bissl mehr als ein Jahr, hab' ich eine Bäckerlehre gemacht. Ich hab's net fertigg'macht, Differenzen g'habt mit'n Chef, wissen's eh. Ich hab g'sagt, na durt geh i nimmer hin, aus, fertig. Dann ist eh da Hitler kummen, und nachher hab' ich wieder in der Spinnerei ang'fangen im 46er oder 47er Jahr. Ja, da warst irgendwie gezwungen, daß'd wieder hineingehst, und die hab'n das dann ausgenutzt."

Manche Eltern wollten ihre Kinder aus der Fabrikssphäre heraushalten, wollten, daß aus ihren Kindern etwas Besseres wird.

"Ich selber hab' nie in der Fabrik gearbeitet. Ich war auf der Post. Meine Mutter, und später auch mein Mann, haben gesagt, da gehst du nicht rein, die haben nicht wollen, daß ich in die Fabrik reingehe, wie soll ich sagen, die jungen Madln, die haben halt alle so einen Spruch g'habt, so einen ordinären. Meine Mutter hat gesagt, ich hab' soviele Jahre drinnen gearbeitet, ich will nicht, daß du hineingehst, na und da bin ich dann halt auf die Post gegangen."

Insbesondere die Arbeitslosigkeit der dreißiger Jahre bewirkte - wenn das Werk nicht stillgelegt wurde - eine verstärkte Bindung an die Fabrik. Alternativen gab es kaum, trotz Aussperrungen und zeitweiliger Arbeitslosigkeit versuchte man in "seiner Fabrik" unterzukommen.

"Wie ich aus der Schule gekommen bin, war eine Aussperrung. Alle waren ausgesperrt, auch mein Vater. Das hat monatelang gedauert, ich kann mich erinnern, wir sind zu Fuß nach Wien gegangen, damit ich eine Lehrstelle finde und wie ich dann ein Jahr gelernt habe, hat der Vater gesagt, wenn du willst, kannst du wieder kommen. Aber da wollte ich nicht, ich wollte auslernen. Nach der Lehre hat man mich sechs Monate behalten und dann war Schluß. Ich war dann ein paar Monate zu Hause und habe geschaut, daß ich in die Fabrik hineinkomme. Es war ein Glück, wenn man genommen wurde."

"Wenn keine Arbeit drin in der Fabrik war, vor dem Krieg, da war ja die Arbeitslosigkeit, sind wir eine Woche stempeln gegangen und eine

Woche arbeiten; wenn dann auch keine Arbeit war, hat man entweder gleisputzen gehen oder das Firmenzimmer ausreiben müssen."

In den dreißiger Jahren war der Verlust des Arbeitsplatzes selten mit dem der Werkswohnung verbunden, da die Leute immer wieder eingestellt wurden.

"Eine Zeitlang waren beide Eltern ausgesperrt, da hat man aber in der Wohnung bleiben können, weil man ja nicht gewußt hat, wann die Fabrik wieder aufsperrt."

"Es hat a Zeit geben, von 31 bis 33, a ziemliche Krise, da haben's einen Teil abgebaut und dann wieder aufg'nommen."

Diese Zeit der Verunsicherung hat die Arbeitsmoral, aber auch die Mobilität dieser Generation geformt: So wurden einerseits Werte wie Genauigkeit, Zuverlässigkeit, Pünktlichkeit, Arbeitseinsatz und -eifer sowie eine geringe Zahl von Krankenständen verinnerlicht, andererseits das Verbleiben in der vertrauten Umgebung, also in der integrierten Wohn- und Arbeitsstätte, gefördert.

"Ich war immer eine Ruachlerin. Nie sollte ein Meister von mir sagen können, daß ich faul wär'. Während die anderen abgebaut worden sind, hat der Meister zu mir g'sagt, na, du bleibst bei mir, du bist fleißig, du kannst zwei Maschinen gleichzeitig bedienen, du gehst net tratschen auf's Klo, gehst net fort und nix. Einmal haben mich die anderen Frauen aufg'halten und g'sagt, was brauchst denn allerweil so ruacheln, du hilfst ja nur der Firma, aber nicht uns. Da hab' ich g'sagt, nein, das ist nicht wahr, denn ich brauch' mein Geld und schließlich bin ich ja nicht in die Bude gegangen zum Tratschen, sondern zum Arbeiten."

Nicht nur für eine alleinstehende Frau mit Kindern, wie im Fall der obigen Gesprächspartnerin, war das Geldverdienen eine Notwendigkeit, sondern auch für Verheiratete, da der Verdienst des Mannes allein kaum ausreichte. *"Da hat schon die Frau auch mitdazuverdienen müssen, daß man sich ein bisserl Möbel oder so etwas hat kaufen können."* Nachtschichten gab es für Frauen keine, Spätschichten dagegen - von zwei bis zehn Uhr - waren durchwegs üblich. Daß die Frauen in den Fabriken die niedrigsten und schlechtestbezahlten Tätigkeiten verrichteten, braucht nicht extra erwähnt zu werden, daß für manche dieser Arbeiten auch ein großes Ausmaß an Muskelkraft notwendig war, zeigt folgende Gesprächspassage:

"Ich hab' da einmal ein Kind verloren. Hab' einen Abortus g'habt. Früher war'n das ja so alte Maschinen. So ein Stoß Papier hat ja 800,

900 kg g'habt. Da hast müssen mit dem Wagen hineinfahren, hast müssen drauftreten und hast müssen das Ganze raufheben."

Schutzbestimmungen für werdende Mütter wurden nur unvollständig eingehalten, auch hochschwangere Frauen waren von der körperlichen Schwerarbeit nicht ausgenommen.

In den meisten Fabriken gab es Akkord, der von den Meistern und Partieführern - kleinen "Göttern" - in der straff hierarchisierten Arbeitswelt - ständig höhergeschraubt wurde. Auf Alter, Arbeitserfahrung, körperliche Konstitution nahm man wenig Rücksicht, wobei Männer und Frauen unterschiedlich auf den sich ständig verstärkenden Arbeitsdruck reagierten.

"Der Akkord hat die Leut' regelrecht um'bracht, wir hab'n uns ganz schön abgerackert. Zuerst haben die Meister antrieben, da ist immer mehr g'fordert worden, die Spindeln hab'n müssen immer schneller rennen. Und dann war's immer noch zuwenig, dann habn's Leut' bringen lassen von die Firmen, die was stoppen tun (die Zeit). Kaum hast mehr verdient, haben's schon wieder g'stoppt."

"Wir Frauen haben schon was mitgemacht. So ein Meister oder Obermeister, der hat dich nicht dürfen einmal tratschen sehen, die haben immer nur auf uns hingepeckt. Unter die Frauen, da war net so ein Zusammenhalt, daß man sich gemeinsam gewehrt hätte, das hat der Akkord verhindert. Was glauben's, was da g'stritten worden ist. Ich hab' mich mit einer abg'löst, die keine Kinder g'habt hat. Ich hab' mitgearbeitet, was ich können hab'. Aber ich hab' halt nicht das können, was die können hat. Die hat bis zwölf geschlafen. Das hab' ich nicht können, ich hab' müssen aufstehen in der Früh. Oft hab ich mit der debattiert, hab gesagt, hörst, tu doch nicht so hinaufarbeiten, das ist doch ein Blödsinn, im Akkord so zu ruacheln."

"Die Männer haben schon mehr z'ammgehalten. Die Nachtschicht überhaupt. Wenn einer einen Schlaf g'habt hat, haben's g'sagt, 'Hau dich nieder zwei Stunden', dann hat er sich hingelegt, und der andere hat auf die Maschin' aufgepaßt."

Beim Stoppen des Akkordes (REFA) konnte es durchaus zum Widerstand kommen. Ein Pottendorfer Spinnereiarbeiter berichtet:

"Dauernd ist hinter dir einer g'standen. Aber einmal sind uns die Nerven durchgegangen. Umdraht hab'n wir uns und haben g'sagt, 'wennst nicht gleich maschierst, dann hast so eine Trum Kisten am Schädl. Marschier und pack deine Uhren z'amm. Wir brauchen die Leute net', hab ich g'sagt, 'wir arbeiten eh den ganzen Tag, für was

steht dann der Schackl hinter uns'. Der ist mit der Stoppuhr g'standen, wieviel Spindeln daß'd abnimmst, wieviel Fäden daß'd mitmachen mußt."

Individueller Widerstand kam - wenn auch äußerst selten - bei den Frauen vor, insbesondere dann, wenn eine Frau bereits anderswo Arbeitserfahrungen sammeln konnte und Fabriksarbeit für sie nicht den selbstverständlichen Zwangscharakter aufwies.

"Alles hat man sich nicht gefallen lassen dürfen. Einmal habe ich mit dem Meister gestritten, habe alles abgedreht und bin zum Chef gegangen. Der hat gesagt, wie können Sie denn nur die Maschin' abstellen, und da habe ich gesagt, ich lasse mich doch nicht sekkieren. Die anderen haben sich nichts sagen getraut, aber ich habe mich doch durchgesetzt."

Die Befragte hat kurz nach der geschilderten Auseinandersetzung die Fabrik verlassen. Obwohl der gewerkschaftliche Organisationsgrad bei Männern und Frauen sehr hoch war - es wurde als selbstverständlich empfunden, bei der Gewerkschaft zu sein -, kam es eher zu individuellen Widerstands- und Anpassungsstrategien. *"Ich habe nie eine Gewerkschaft gebraucht, wenn ich mir etwas holen wollte, dann habe ich mir das selbst geholt."*

Der Gewerkschaft bzw. den Betriebsräten wurden im Bewußtsein der ArbeiterInnen Aufgabenbereiche zugewiesen, die den Charakter sozialer Dienste hatten - der Schutz nach Betriebsunfällen gehörte genauso dazu wie die Mitentscheidung bei der Werkswohnungsvergabe. Typische Arbeitsunfälle führten oft zum Verlust eines Fingers oder gar der ganzen Hand und damit zu einer eingeschränkten Arbeitsfähigkeit. In einem solchen Fall hatte der Betriebsrat für die Weiterbeschäftigung ohne grobe Lohneinbußen des Arbeitsnehmers zu sorgen.

"In die Papiermaschin' sind die Leut' oft mit dem Finger reingekommen, wenn man so g'schaut hat, hat eh fast einem jeden ein Finger gefehlt, dem Hermann hat ein Finger gefehlt, dem Norbert, dem Franzi und dem Edi die ganze Hand. Hat er es dann nicht leisten können, is' er halt woanders hinkommen, wenn einer so gar nicht mehr recht hat können, dann ist er halt Papier gefahren, aber rausgeschmissen ist wegen dem keiner worden. Weniger kriegt hat er auch nicht, da haben die Betriebsräte schon geschaut, daß er nicht zu kurz kommt. Dafür haben wir ja die Gewerkschaft gehabt, daß sie auf die Leut' g'schaut hat."

"Das war, wie wenn alles eine Familie g'wesen wär" - Freizeit

Vor Aufkommen und massenhafter Verbreitung der Medien Radio und insbesondere Fernsehen stellten Arbeitergärten und Wohnhöfe zentrale Orte der alltäglichen Kommunikation und Freizeitverbringung dar. Im Sommer war es üblich, sich an den Abenden ins Freie zu setzen - miteinander zu reden, zu singen und zu musizieren, Karten zu spielen, etc.

"Da waren so Bankerl unter den Bäumen, da haben sich die Jungen getroffen und da haben wir gesungen oder haben manchmal in Nachbars Garten ein paar Zwetschken geholt, die älteren Leute sind auf den Bankerln gesessen und haben mitsammen geplaudert. Zuerst, nach der Arbeit, sind die Gärten gegossen worden, und dann haben sich die Leut' zusammengesetzt. Die älteren Frauen haben uns Kindern immer von ihrer Jugendzeit erzählt. Im Winter haben sie in den Gärten natürlich nichts machen können, da ist man halt mehr in der Wohnung gewesen. In den späteren Jahren, wie wir besser verdient haben, da sind wir auch schon so fortgegangen."

Die Gärten heute: Schlöglmühl, Leobersdorf

Eine der Freizeitgestaltungsmöglichkeiten - in der Zwischenkriegszeit noch vornehmlich ein weibliches Vergnügen - stellte der wöchentliche Kinobesuch dar.

"Früher ist man auch viel ins Kino 'gangen. Da hat es so eine Aufteilung gegeben: der Vater ist ins Gasthaus gegangen und die Mutter allein mit der Großmutter ins Kino. Am Nachhauseweg haben sie den Vater dann abgeholt."

Eine ganze Reihe von Vereinen bot im Dorf Gelegenheit zu sportlicher und kultureller Betätigung und zu Amüsement. Die Vereine erwiesen sich über die Zeit als relativ stabiler Faktor - auch aus der Sicht der Befragten - und sind als Teil der Arbeiterkultur am Lande anzusehen.

73

"Arbeiterkultur? - Ja, die gibt's ja heute auch noch. Jetzt gibt's zum Beispiel einen Schachklub da, net, dann ist noch der Turnverein da, der Tennisklub, Radfahrer sind auch wieder da und der ARBÖ, da bin ich heut' noch dabei, der macht zum Beispiel jedes Jahr zum Muttertag eine Muttertagsausfahrt."

Die Bindung an die Vereine war damals stärker; sie profitierten von der Absenz des Fernsehens und der noch nicht entwickelten Mobilität durch den Individualverkehr.

"Ich war mit dabei beim Arbeitergesangsverein, das war ein sehr großer Gesangsverein, einmal in der Woche haben wir Gesangsstunde g'habt und hie und da ist der Verein wo hingefahren oder er ist eingeladen gewesen auf ein Sängerfest. Früher war mehr Kulturtätigkeit da, eine Liedertafel hat's gegeben zu Silvester, da hat der Gesangsverein gesungen und irgendwelche Sketches aufg'führt."

Die GesprächspartnerInnen erinnern sich gerne an die Zeit, in der sie Jugendliche oder junge Erwachsene waren. Im Gegensatz zu heute verbrachte man damals die Freizeit kollektiv.

"Heute sitzen noch manchmal die Alten im Hof und plaudern sich ab und reden oft von früher und sagen, das war schön früher, das war, wie wenn alles eine Familie g'wesen wär."

Das Gemeinschaftsgefühl ging, wie viele unserer Gesprächspartner bedauerten, durch die Ausstattung der Haushalte mit Radios und insbesondere Fernsehapparaten allmählich verloren - *"Das hat sich mit dem Fernseher aufg'hört"* - wie immer wieder betont wurde. Allerdings ist anzunehmen, daß dieses Medium primär einen sozialen Prozeß verstärkte, der bereits ansatzweise in den veränderten Familien-, Kommunikations- und Freizeitgewohnheiten vorhanden war. Einen Aspekt stellt die zunehmende Privatisierung der sozialen Institution "Familie" dar, und damit zusammenhängend das Zurückdrängen öffentlicher Aktivitäten in eine engumgrenzte "Häuslichkeit", die stärker monetäre Angebote privater und öffentlicher Freizeiteinrichtungen annimmt. Folge dieses Prozesses ist die "freiwillige Aufgabe" öffentlich angeeigneter Bereiche, wie sie die Gärten und Höfe als dominante Kommunikationsräume darstellten. Veranstaltete man noch in den zwanziger Jahren Hausbälle auf den Gängen - *"da haben alle zusammengezahlt, einer hat Ziehharmonika gespielt und die Leute am Gang getanzt"* -, wurden Faschingsfeste eine Generation später nur mehr im Familienkreis gefeiert.

Familienausflüge und das "Wild"-baden in nahegelegenen Flüssen und Teichen waren beliebte Freizeitunterhaltungen.

"Wir sind immer in den Werkskanal baden gangen, auch oft auf d'Nacht nach der Arbeit. Das war einmalig schön, das Wasser war herrlich rein. Und dann war eine Wiese, dort haben wir uns hing'legt, wir haben g'sagt, das ist unsere Riviera, des war sogar so weit, daß an Wochenenden Zuckerl und Eis verkauft worden ist."

"Nach der Arbeit hab'n wir halt alles liegen und stehen lassen und sind mit den Kindern baden g'fahren auf Neuwald am See oder an die Fischa und hab'n auf d'Nacht dann die Arbeit g'macht, wenn's g'schlafen hab'n. Weit hast nicht fahr'n können, weil da die Kinder hinten am Radl oben waren. Wir sind schon viel mit den Kindern unterwegs g'wesen."

"Wir sind ein rotes Dorf gewesen" - Politische Kultur

Die ArbeiterInnen in den von uns untersuchten Werkssiedlungen waren durchwegs sozialdemokratisch und gewerkschaftlich organisiert. Die Lagerzugehörigkeit zeigt sich in der Mitgliedschaft in Vorfeldorganisationen wie Arbeiterturn- und -gesangsverein etc. bis hin zur Mitgliedschaft im Pensionistenverband. Man kann davon ausgehen, daß die politische Identität in den untersuchten Einheiten durch Generationen festgeschrieben und individuell nicht problematisiert wurde.

Arbeiterturnverein 1905 Propagandalauf 1927 in Felixdorf

"Da ist eigentlich gar net viel geredet worden, wir sind da ein rotes Dorf, wir sind sozialistisch erzogen worden. Es war selbstverständlich, daß die Leute bei der Gewerkschaft und in der Partei waren."

Die starke kollektive Identifikation mit dem sozialdemokratischen "Lager" bzw. das Lagerdenken selbst, das sich aus dem Arbeiterbewußtsein ergibt, ließ die Zugehörigkeit zu einer anderen Partei fast als undenkbar erscheinen.

"In so einem Fabriksort sind lauter Arbeiter, bis auf einige, die ein bißchen Grund und sowas g'habt haben ... hauptsächlich waren Sozialdemokraten, es hat aber Außenseiter auch gegeben; Außenseiter haben wir gesagt, weil wenn einer arbeitet und Lohnempfänger ist, dann kann einer doch nicht ein Schwarzer sein."

Die Beteiligung an der politischen Kultur war geschlechtsspezifisch differenziert: Die Doppelbelastung durch Beruf und Familie ließ damals wie heute den Frauen nur wenig Zeit, sich am Vereinsleben regelmäßig zu beteiligen. Dazu kam die Verinnerlichung der Frauenrolle, die ihren Ausdruck auch in der Lektüre fand: *"Romanhefterln hab' ich g'lesen, aber der Mann hat mir aus der Arbeiterzeitung vorg'lesen, derweil ich 'kocht hab'."* Interessant ist auch die Tatsache, daß keine unserer Gesprächspartnerinnen in der sozialdemokratischen Frauenorganisation engagiert war.

"Ich hab' die Kinder ja nicht allein lassen können. Ich kann doch nicht wo in eine Versammlung gehen oder in einen Kurs, wenn ich einen Schippel Kinder daheim hab'. Da hast ja keine Ruh' dann. Die, die 'gangen sind, haben halt die Kinder Kinder sein lassen."

Der 1. Mai wurde zum Symbol sozialdemokratischer Festkultur, in der sich das politische Selbstbewußtsein der Arbeiter manifestierte. Für Männer und Frauen war dieser Tag gleichermaßen ein Ereignis, das in den Lebenserinnerungen einen dominanten Stellenwert einnimmt.

"Da ist die Musik gekommen von Payerbach, wir haben die Fenster geschmückt mit Fahnen, Blumen haben wir gekauft, mei war des schön, dann sind wir sogar noch nach Payerbach marschiert."

"Der 1. Mai ist heute kein Vergleich mehr zu damals, da ist früher der ganze Betriebsrat vom Beginn an mitgangen. Um sechs Uhr in der Früh haben sich die Parteimitglieder am Hauptplatz gesammelt, dann ist ein Umzug g'macht worden mit Musik, teilweise sind's sogar runtermarschiert nach Sollenau, mit den Sollenauern gemeinsam durch den Ort und dann wieder rauf. Mit der Zeit ist das schön langsam abgebröckelt, die Leut sind immer weniger 'worden, zuerst hat sich der Weckruf in der Früh aufgehört, dann der Umzug, heute gibt's überhaupt keinen Umzug mehr, nur eine kurze Versammlung am Hauptplatz."

"Servas, Kikeri" - Zur Rezeption von Zeitgeschichte

Zwei historische Einschnitte - nämlich das Jahr 1934 und die Nazizeit - sind in den Erinnerungen noch äußerst lebendig und sprechen für sich selbst. Geschichtliche Ereignisse wurden weitgehend "erlitten", als Schicksalhaftigkeit angesehen; trotzdem kam es immer wieder zu Formen "kleinen" Widerstands.

"Ich geh' von der Arbeit nach Haus', und da kommt meinem Mann sein Cousin mit'm Radl daher und hat so einen Hut auf mit einer Feder (eines der Symbole der Heimwehr), er sagt zu mir 'Servus', und ich sag' zu ihm 'Servas, Kikeri' und denk' mir nichts dabei. Wie ich dann nach Haus' komm', seh ich einen Aufgepflanzten und denk' mir, das ist ein Heimwehrler, na Jessas, wo geht denn der hin, der geht doch schnurgerade zu mir. Er hat eh ein bißl gestottert, wie er gesagt hat, kommen's mit auf die Wachstube. Na, was ist mir anders überblieben, war ja damals Standrecht. Auf der Wachstube habens mich runterputzt, haben sie damals gesagt, na, schämen sie sich denn nicht, das Vaterland zu verspotten. Ich war ganz baff, aber es ist eh gut ausgegangen, aber den, der was mich so verraten hat, den hab' ich nie mehr ang'schaut."

"Wir waren halt Rote, der Mann war auch beim Schutzbund, und da war die letzte Versammlung. Der Saal war voll mit Leut'. Und da waren zwei Brüder dabei, der eine war ein Schutzbündler und der jüngere hat schon fest genazelt, und die zwei wären dort fast raufert worden, und da hat mein Schwager, der was später eingesperrt war, gesagt, seid's doch g'scheit, haltet's doch zusammen, tut's nicht streiten, wir zahlen ja alle drauf'. So ist halt g'redet worden, damals. Furchtbar, das werd' ich nie vergessen. Wie wir rauskommen sind, aus dem Saal, war schon die Heimwehr aufgestellt, mit dem Bajonett."

"Später dann, wie die Partei schon verboten war, haben wir uns immer im Geheimen getroffen, und wenn's geheißen hat, die Polizei kommt, sind wir schnell schmähhalber ins Kino g'laufen. Und wie die dann kommen sind in den Vorraum vom Kino, da haben's dich ja rausgehen g'sehn, also haben's dir nichts beweisen können."

"Ich kann mich noch gut ans 34er Jahr erinnern, da haben wir gerade zwei bis zehn (die Spätschicht) g'habt, an einem Montag war das. Auf einmal bleibt der Betrieb stehen, unser Meister geht zum Telefon, und wie er zurückkommt, sagt er, tut's halt daweil die Maschinen putzen, und geht wieder fort. Nach einer Weile kommt er, sagt, ihr müßt alle nach Hause gehen, in Wien ist ein Aufstand. In die nächsten Tag' sind die Heimwehrler immer hinter uns hergegangen und haben

*auf'paßt, was man redet. Da hast kein falsches Wort sagen dürfen,
und wenn du zu dritt oder viert g'standen bist, dann haben Sie
gesagt, das darf nicht sein."*

*"Mein Mann, der hat alles daheim g'habt, was der Schutzbund aus'-
teilt hat, zur Abwehr hab'n wir alles g'habt. Wir haben jede Minute
damit rechnen müssen, daß wir eine Hausdurchsuchung kriegen und
haben nicht gewußt, wo wir das Zeug hintun sollen. Da hab' ich eine
große Tasche genommen und alles reingegeben und bin damit zu
meiner Schwägerin gegangen, und die hat's im Stall draußen versteckt.
Zuerst hat's g'sagt, was fallt' denn dir ein, drauf ich, wer sucht denn
schon bei euch was - ihr Mann war nämlich ein Hahnenschwanzler -,
und dann hat sie's doch g'macht."*

*"Im Konsumverein am Dachboden, da haben die Schutzbündler eine
Menge Gewehre versteckt gehabt, wie dann der Einmarsch war, haben
die Nazis um zehne auf'd Nacht plötzlich die ganze Straß'n voll
ausgeleuchtet, die Straße vor'm Konsum, beim Feuerwehrhaus sind die
Autos g'standen - Überfallskommando, die SS. Den Burgermaster und
den ganzen Verein haben's ausg'hoben und die Waffen außeg'holt. Da
war auch der Vater ein paar Tag' verhaftet."*

Während der NS-Herrschaft, die meisten Männer waren an der Front,
produzierten die Betriebe - manche auf Rüstungsproduktion umgestellt
- weiter.

Erfahrungen der Abhängigkeit

In Werkssiedlungen wurde die existentielle Abhängigkeit vom jeweili-
gen Unternehmen über das Austauschverhältnis Lohn - Arbeitskraft
hinaus auf den gesamten Lebensbereich des Arbeiters und seiner Familie ausgedehnt: Der Verlust des Arbeitsplatzes konnte die Aufkün-
digung des Mietsverhältnisses oder Wohnrechts nach sich ziehen. Kon-
flikte zwischen Arbeiter und Unternehmer hatten nicht nur die Be-
endigung des Arbeitsverhältnisses, sondern auch die Obdachlosigkeit
des Arbeiters und seiner Familie zur Folge. Im Unterschied zu groß-
städtischen Agglomerationen waren die in einer Werkssiedlung lebenden Arbeiter auch in ihren Reproduktionsmöglichkeiten und -chancen
vom Unternehmen unmittelbar abhängig.

Arbeitnehmer hatten durch die Koppelung von Arbeitsvertrag und
Wohnrecht einen wesentlich eingeschränkteren Spielraum beim Aus-
handeln von Löhnen und Arbeitsbedingungen. Auch die Koalitionsfrei-
heit, insbesondere ihre Manifestation in Streiks, wurde durch die

potentielle Bedrohung der gesamten Arbeiterexistenz be- bzw. verhindert. Wohlverhalten, Akzeptieren der Fabriksordnung, Anpassung an vorgegebene Leistungsnormen, Disziplin sowie Ruhe und Ordnung im Betrieb konnten durch die enge existentielle Bindung der Arbeiterschaft an das Unternehmen hergestellt und gesichert werden.

Wie unsere Gespräche zeigten, kam es nach dem Ersten Weltkrieg zu einer Auflockerung und Abschwächung dieser "klassischen" Paradigmen von örtlich integrierten Wohn- und Arbeitsstätten, am Zwangscharakter des Modells von Wohnen und Arbeiten an einem Ort hatte sich jedoch wenig geändert. Früher führte der Tod des Ehegatten bzw. Vaters - waren nicht andere Familienmitglieder im Werk beschäftigt - zum Verlust der angestammten Werkswohnung. Auch der, gegenüber der Aufforderung, die Werkssiedlung zu verlassen, noch relativ günstige Fall einer Unterbringung im sogenannten Witwen- und Waisensaal bedeutete für die Hinterbliebenen eine drastische Verschlechterung ihrer Lebensumstände.

"Die Großmutter von meinem Mann, das ist so ein Fall gewesen. Ihr erster Mann ist gestorben, und sie ist mit zwei Kindern übergeblieben. Die hat dann in den Wittfrauensaal müssen. Da war eine Küche und ein großer Raum, in dem Betten drinnen gestanden sind. Manchmal haben da bis zu sechs Wittfrauen mit ihren Kindern gewohnt. Erst wie sie dann noch einmal g'heiratet hat, haben sie ihr wieder eine eigene Wohnung gegeben."

Unsere GesprächspartnerInnen kannten diese Einrichtung nur mehr aus den Erzählungen ihrer Eltern und Großeltern. Für sie selbst stellte der Witwensaal - in den zwanziger und dreißiger Jahren meist schon zu ganz normalen Wohnungen umgebaut - keine Bedrohung mehr dar. Auch die Ausweisung aus der Werkssiedlung kam praktisch kaum mehr vor. Allerdings konnte es passieren, daß die Hinterbliebenen aufgefordert wurden, in eine kleinere Wohnung zu übersiedeln.

"Die meisten haben weiterwohnen können, aber ich kann mich da auch an eine Frau erinnern, die aus der Wohnung raus müssen hat, weil sie die Wohnung gebraucht haben für Aktive. Drei Söhne hat's g'habt, und der Mann ist g'fallen. Die hat dann eine kleinere Wohnung bekommen."

Manche Fabriken verfügten über eigene "Altenheime": ehemaligen Arbeitern und deren Ehepartnern wurde ein Zimmer in einem ausschließlich mit "Ausgedienten" belegten Wohngebäude zugewiesen, ihre ehemaligen Wohnungen neu vergeben.

"Wenn einer in die Rente gegangen ist, hat er aus der Wohnung raus müssen. Die sind dann alle ins Mühlgebäude gezogen, das hat auch der Fabrik gehört."

Diese Regelung gab es später nicht mehr. Die Pensionisten unter den von uns befragten Werkswohnungsnutzern gaben alle an, heute in denselben Wohnungen zu leben wie zu ihrer "aktiven" Zeit.

"Es ist schon vorgekommen, daß jemand seine Wohnung gegen eine kleinere getauscht hat, wenn der Gatte gestorben ist zum Beispiel. Aber das war freiwillig, da ist man vorher gefragt worden."

Ebenfalls aufgeweicht wurde im Laufe der Zeit die vormals rigoros durchgezogene Differenzierung zwischen Arbeitern und Angestellten. Bauliches Symbol der Ausweitung innerbetrieblicher Hierarchien auf den Reproduktionsbereich waren die sogenannten Beamtenhäuser, eigens für höhere Angestellte errichtete Wohngebäude mit - gemessen am sonstigen Wohnstandard einer Werkssiedlung - großen und relativ modern ausgestatteten Wohneinheiten. Die Standesunterschiede umfaßten sämtliche Bereiche des Alltagslebens und reichten von Bekleidungsvorschriften bis hin zum exklusiven Beamtenstammtisch im Hinterzimmer des Gasthauses.

"Eine Distanz ist da schon g'halten worden, von die Beamten waren manche recht steif. Vor allem in der früheren Zeit, in der Vorkriegszeit, waren sie noch recht eingebildet und haben sich abgesondert. Es waren aber nicht alle so, und je jünger die Zeit, je moderner die Zeit geworden ist, umso mehr hat sich das vermischt."

Was in der Wahrnehmung der Werkssiedlungsbewohner als Vermischung bezeichnet wird, ist wohl der Tatsache zuzuschreiben, daß es den besser verdienenden Beamten leichter und schneller gelang, sich den Traum vom eigenen Haus zu erfüllen. In die frei werdenden Beamtenwohnungen wurden schließlich Arbeiterfamilien einquartiert - vom Nimbus der ehemaligen Beamtenhäuser ist heute nur mehr wenig zu spüren.

Im Falle der Kündigung mußte die Wohnung ehebaldigst geräumt werden. Mietverträge und damit zumindest ein gewisser Schutz für die Bewohner existierten nicht, da Werkssiedlungen generell aus dem Mietgesetz ausgenommen waren. In der Zeit der großen Depression - zeitweilige Entlassungen und Aussperrungen waren an der Tagesordnung - wurde das strenge Prinzip der Koppelung des Wohnrechts an die Arbeitsleistung gelockert. Aufgrund der geringen Produktionsauslastung konnten freigesetzte Arbeitskräfte mit ihren Familien - vorausgesetzt, sie fanden nicht anderswo eine Beschäftigung - in ihren

Wohnungen bleiben. *"Die haben gewußt, daß sie uns in ein paar Wochen oder Monaten wieder brauchen."* Es kann davon ausgegangen werden, daß der nach Auftragslage jederzeit mögliche und wieder rückgängig machbare Zugriff auf ein mit dem Produktionsablauf vertrautes Arbeitskräftereservoir diesen Sinneswandel im unternehmerischen Denken und Handeln bewirkte.

Obwohl es nach dem Zweiten Weltkrieg laut Auskunft einer Firmenleitung im Prinzip genügte, wenn ein Familienmitglied im Werk beschäftigt war, wurde mittels "sanftem Druck" sehr wohl darauf geachtet, daß möglichst alle erwerbsfähigen Mitglieder einer Arbeiterfamilie ihre Arbeitskraft dem Unternehmen zur Verfügung stellten. Wohl mußten auswärts arbeitende Söhne und Töchter nicht mehr, wie noch eine Generation vorher üblich, die elterliche Wohnung sofort verlassen, gern sah man das Abwandern des potentiellen Arbeitskräftenachwuchses jedoch nicht.

"Wie der Sohn dann so in das Alter gekommen ist, daß er zum Arbeiten angefangen hat, ist er in die Semperit 'gangen. Da habens mich extra in die Kanzlei rufen lassen und gefragt, was mit ihm los ist, warum er nicht auch hinein arbeiten kommt."

Daß der Druck manchmal gar nicht so sanft war und auch in den späten sechziger Jahren noch Drohungen als Disziplinierungsinstrument eingesetzt, jedoch nicht mehr verwirklicht wurden, zeigt folgendes Beispiel: Ein heute etwa 70 Jahre alter Pensionist erzählte uns, daß er, nachdem er den Großteil seines Erwerbslebens im Werk zugebracht hatte, v.a. in Hinblick auf die Pensionsanrechnung kündigte, um eine besser bezahlte Stellung im Nachbarort anzunehmen:

"Stellen sie sich vor, da haben sie mir doch glatt mit der Delogierung gedroht, dabei hat die Frau noch drin gearbeitet und die eine Tochter auch."

Vergünstigungen bei der Vergabe von Deputaten, Hilfen bei der Modernisierung der Wohnung bzw. die Zuweisung einer größeren und moderner ausgestatteten Wohnung hingen nicht nur von der Zahl der im Betrieb beschäftigten Angehörigen, sondern auch von deren Arbeitsleistung und -einsatz ab.

"Wir haben zu den Bevorzugten gehört. Mein Mann hat 46 Jahr' drinnen gearbeitet. Zuspätkommen oder blau machen hat es gar nicht gegeben bei uns. Meine Buben waren schon an der Arbeit, wenn die anderen erst beim Tor hinein sind. Die Chefs, die haben schon gewußt, wer brav arbeitet, wer gut war, hat Punkte gekriegt."

Werkssiedlungen stellen insofern eine Besonderheit dar, als dort bis in die jüngste Vergangenheit eine Tradition aufrecht erhalten blieb, die als Relikt vor- bzw. frühindustrieller Arbeitsverhältnisse bezeichnet werden kann. In den Manufakturen und Fabriken des beginnenden Industriezeitalters wurde, wenn nicht sogar ausschließlich, so zumindest in einem erheblichen Ausmaß gegen Kost, Quartier und Bekleidung gearbeitet - vor allem Frauen, Kinder und Jugendliche "werkten" gegen Naturalentlohnung. Verstädterung, das Entstehen einer differenzierten Infrastruktur, das kollektive Bewußtsein der sich organisierenden Arbeiterschaft, um nur einige der wesentlichsten Bestimmungsfaktoren zu nennen, führten zur Ablösung dieser halbfeudalen Entlohnungsformen. Die Zahlung von Geld setzte sich als gängiges Prinzip der Entlohnung durch.

Werkssiedlungen und die ihnen eingeschriebene Form der Gestaltung von Produktions- und Reproduktionsbeziehungen erweisen sich als erstaunlich hartnäckig und resistent gegenüber den längst veränderten Bedingungen ihrer Umwelt. Als auf sich selbst beharrender Mikrokosmos können sie als Nischen gesehen werden. Bis heute findet in den "Single Factory Towns" auf dem Lande eine teilweise Abgeltung der Arbeitsleistung in sogenannten Emolumenten - freie Wohnung, Deputate an Brennmaterial, Strom und anderen Naturalausfassungen - statt. Das eigentliche Entgelt kann so auf einem vergleichsweise niedrigen Niveau gehalten werden. Die Bindung der Bewohner an das Werk erfolgte also nicht nur über die Vergabe von Wohnungen, sondern auch durch ein Netz von "Vergünstigungen". In der subjektiven Sicht der Bewohner wurde zwar der niedrige Lohn wahrgenommen, aber nicht weiter problematisiert. Die subjektiven Vorteile des "Leistungspakets" für den einzelnen scheinen dieses Manko aufgewogen zu haben. Ein Indiz stellt die Tatsache dar, daß kein einziger der von uns Befragten angeben konnte, wieviel die Deputate und der Wohnkostenanteil - monetär umgerechnet - tatsächlich ausmacht.

"Wahrscheinlich ist das miteinkalkuliert g'wesen. Der Verdienst war ja nicht so hoch, aber dafür haben wir halt keinen Zins zahlen müssen, keinen Strom und kein Wasser. Brennmaterial haben wir auch 'kriegt. Ja freilich, ein bißl eine Pauschale haben sie uns abgerechnet, des gibt es ja gar net, alles schenkt dir keine Firma."

Zur Werkssiedlung gehörten in der Regel auch Schrebergärten, die den Arbeitern vom Unternehmen zur Verfügung gestellt wurden. Die in erster Linie von Männern betreuten Gärten hatten eine doppelte Funktion: zum einen dienten sie der zusätzlichen Versorgung der Arbeiterfamilien mit Grundnahrungsmitteln - *"Da hat man sich schon ein Geld erspart"* -, zum anderen waren sie Orte der Rekreation und Begegnung, Orte der Möglichkeit, relativ freibestimmt Raum zu gestalten (Gartenhäuschen, Lauben etc.).

Problematisch erwies sich das betriebliche Versorgungsnetz dann, wenn die Betriebe stillgelegt oder verkauft wurden. Die vormals "produktive Investition" war damit unrentabel geworden. Die Bewohner mußten die ehemals "kostenlosen" Leistungen nun zu Marktpreisen oder zu gestützten Preisen erwerben; Mieten wurden eingehoben, Strom und Wasser abgerechnet, Brennmaterial gekauft und Reparaturen, die früher werkseigene Fachkräfte durchführten, örtlichen Handwerkern übergeben. Die Löhne blieben jedoch auf die "Gratis"-Leistungen abgestimmt - also auf Mindestlohnniveau -, die Pensionen waren dementsprechend gering. So führte die zwangsweise Eingliederung in den Markt zu einer merklichen Verschlechterung in der ökonomischen Situation der Bewohner, die "ihrer" Fabrik oft nachtrauern. Aufgrund der Vorteile wurde das große Feld von mehr oder minder subtilen Anbindungen an die Firma kaum wahrgenommen - *"Ohne (Fabriks)Kindergarten hätten die Frauen ja gar nicht arbeiten gehen können".* So bestätigt sich die Kultur der Abhängigkeit darin, daß man immer einen Begründungszusammenhang fand, der die Richtigkeit des Verbleibens logisch bestätigte. Die unmittelbare Erfahrung von Herrschaft und Kontrolle über die gesamte Existenz erlebte man an Personen (Meister, Direktoren, Wohnungsinspektoren) gebunden. Ihre strukturelle Dimension als doppelte Kontrolle und spezifische Form unternehmerischer Herrschaft wurde nicht wahrgenommen.

Die Besonderheit des Milieus und der sozialen Beziehungen läßt sich, neben anderen Faktoren, auf die soziale Zusammensetzung dieses Mikrokosmos zurückführen. Erstaunlich viele "Familienclans" bevölkerten die Werkssiedlungen. Drei Generationen von Arbeiterfamilien lebten gleichzeitig mit- und nebeneinander. "Zusammenhalt" und "Zusammengehörigkeit" waren in den Gesprächen oft erwähnte Begriffe, vor allem wenn die Vergangenheit zur Sprache kam. Entgegen unserer ursprünglichen Annahme, daß es sich hier um ortsbedingte und subgruppenspezifische Formen von "Solidarität" und "Nachbarschaftshilfe" handelte, mußten wir feststellen, daß dabei überwiegend Hilfestellungen zwischen nahen Verwandten verstanden wurden. Der moderne Diskurs über Nachbarschaftshilfe, Solidarität und Selbsthilfe, der sich auch auf kollektive Wohnmodelle dieser Art stützt, setzt jedoch den Austausch der sozialen Güter zwischen Nicht-Familienmitgliedern voraus. In diesem Sinn können integrierte Wohn- und Arbeitsstätten nur bedingt als Modell für soziales Lernen angesehen werden.

Das Interviewmaterial lieferte keinen Hinweis darauf, daß die enge räumliche Nähe zu qualitativ anderen Formen von Solidarität im Arbeits- und Wohnbereich führte, als dies aus städtischen Zusammenhängen bekannt ist.

Das Nebeneinander an der Maschine begründete nicht unbedingt ein Kollektiv des Wohnens; umgekehrt trug die Nachbarschaft des Wohnens nicht automatisch zu einer verstärkten Solidarität in der Fabrik bei. Es bleibt zu vermuten, daß einerseits in der Geschlossenheit der Institution "Werkssiedlung" als bewußter Kontrast zum Arbeitsalltag eine private Gegenwelt aufgebaut und verteidigt wurde, die Rückzugs- und Individualisierungsfunktion erfüllte. Andererseits erfolgten Identifikation und Identitätsfindung, da andere Erfahrungsbereiche weitgehend ausgeblendet waren, fast ausschließlich über die Werkszugehörigkeit.

Die spezifische Prägung solcher Ensembles, ihre Totalität zeigt sich unter anderem bei der Auflösung des ursprünglichen Funktionszusammenhanges: Als Kultur der Abhängigkeit realisiert sie sich in Form von festgeschriebenen Mentalitäten, die auch dann fortwirken, wenn Siedlung und Fabrik keine wirtschaftliche und soziale Einheit mehr bilden (Verkauf der Werkssiedlung bei Eigentümerwechsel, Betriebsstillegung). Vor allem ältere Bewohner erleben die Aufweichung struktureller Abhängigkeiten nicht als gewollte Loslösung von Wohn- und Arbeitsverhältnissen, sondern als Identitätsbruch und Vakuum. Nach unseren Beobachtungen führt dies eher zu Resignation und Überantwortung als zu eigeninitiativem Handeln. So ist uns z.B. keine Bewohnerinitiative bekannt, die sich für die Erhaltung und Verbesserung ehemaliger Werkssiedlungen einsetzt. Verschärfend wirkt sich hier die sukzessive Umwandlung der ehemals konsistenten Bewohnerstruktur aus. Alte Werkssiedlungen werden zunehmend zu Stätten der doppelten Ausgrenzung: Jüngere, einkommensstärkere Bevölkerungsgruppen wandern entweder überhaupt ab oder betrachten das den modernen Standards nicht mehr entsprechende Wohnungsangebot als Übergangslösung, leerstehende Wohnungen dienen der Einweisung von Sozialfällen. Gleichsam als Wiederholung historischer Migrationswellen läßt sich seit den sechziger Jahren eine starke Zuwanderung ausländischer Arbeitskräfte und ihrer Familien in die alten Industrieorte feststellen, neue Subkulturen entstehen. Die höhere Mobilität in Freizeit und Arbeit trägt dazu bei, daß sich die Lebensinteressen und Kommunikationszusammenhänge zunehmend von den in sich geschlossenen Siedlungen wegbewegen. Aus dem einstigen Mikrokosmos wurden Enklaven sozialer Benachteiligung, in denen sich die verschiedenen Bewohnergruppen nach außen und untereinander abgrenzen.

Auszüge aus dem Leben einer Spinnereiarbeiterin

*Mein Vater kommt aus einer Bauernfamilie, das waren so Klein-
bauern. Davon hat man dann nicht mehr leben können und so
hat der Vater und seine Schwester schon in die Fabrik arbeiten
gehen müssen. Die Mutter ist aus Siegendorf, das war dazumals
noch Ungarn. Das ist eh bekannt, weil es dort die Zuckerfabrik
gibt. Es war damals üblich, daß die Leute rauf, über die Leitha,
gekommen sind arbeiten. Beide haben hier in Teesdorf in der
Fabrik gearbeitet, da haben sie sich halt kennengelernt und
1896 geheiratet... Ich bin im April 1905 geboren. Ich hätt neun
Geschwister gehabt, aber vier sind gleich gestorben... Aufgewachsen bin ich in dem Haus, was jetzt das Gebäude 14 ist.
Wir haben im 2. Stock gewohnt auf Zimmer und Küche. Das
Wasser haben wir von einem Brunnen im Hof rauftragen müssen.
Wir haben ja noch eine größere Wohnung gehabt, die anderen
waren kleiner, aber alles waren gesunde Wohnungen, nur soviel
Ungeziefer - Wanzen - hat es gegeben. In der Kuchl ist eine
braune Kredenz gestanden, die war nicht so wie heute mit
Glasscheiben, sondern mit Vorhängen. Dann hat es da noch
einen Tisch und paar Sessel gegeben, und ein Wasserbankl wo
man die Kanne abgestellt hat. Kocht ist auf einem gemauerten
Herd geworden, der war auch zum Heizen da. Nur im Winter
hat man noch so ein kleines Oferl dazu aufstellen müssen. Im
Zimmer ist nie geheizt worden, nur in der Küche. Bis heute
schlafe ich im kalten Zimmer, ich will es gar nicht warm, ich
schlafe so besser. Die ganze Familie hat im Zimmer geschlafen,
die Schwester neben der Mutter und ich neben dem Vater.
Stellen sie sich vor, ich war schon fünfzehneinhalb Jahr, da
hab ich noch neben dem Vater geschlafen. Einmal hat er mir
wegen einer Blusen, die ich angezogen hab, eine Watschen
gegeben. Und wegen der Watschen bin ich hergegangen und hab
auf der Erd geschlafen, solang bis sie mir ein eigenes Bett
aufgestellt haben... Die Mutter hat dann, wie sie uns Kinder
gehabt hat, nicht mehr in der Fabrik arbeiten können und hat
Heimarbeit gemacht. Einen Kindergarten hat es früher bei uns
in Teesdorf keinen gegeben...*

*Ich selbst bin am 3. August 1919 in die Fabrik eingetreten,
da war ich 14 Jahr alt. Ich hab im zweiten Stock gearbeitet,*

meine Schwester herunten. Die haben die Wolle machen müssen, die wir dann verarbeitet haben. Bis ich geheiratet hab, im 29er Jahr, habe ich zu Hause gewohnt. Mein Mann, der war ein Tattendorfer. Er ist Elektriker gewesen und hat auch in der Fabrik gearbeitet. Einmal bin ich zu mittag mit dem Radl herumgefahren, ich hab damals 2 - 10 (Schicht) gehabt. Ich bin vom Radl runtergefallen und der ist dort gestanden und hat gelacht. Später dann in der Arbeit ist er plötzlich hinter mir gestanden und hat mich angesprochen. So sind wir halt zusammengekommen... Ein paar Jahre haben wir dann - da ist der Sohn schon geboren gewesen - in Tattendorf, in der Siedlung, gewohnt. Wie sie dort zugesperrt haben, sind wir wieder zurück nach Teesdorf. Im selben Hof wo ich immer war, aber im ersten Stock. Wissen Sie wie der geheißen hat? Kroatenhof, weil dort viele Kroaten gewohnt haben. Jetzt war die ganze Familie wieder beieinander...

Wir haben ein Glück gehabt, viele sind abgebaut worden in der schlechten Zeit, wir haben immer Arbeit gehabt. Aber viele haben müssen woanders hingehen... In der Zeit vorm Krieg, da hast du ja nicht viel sagen dürfen über den Meister oder so, ist nicht viel geredet worden. Die haben ja machen können was sie wollen, die haben dich ja gleich abgebaut. Hunderte sind vor dem Tor um Arbeit gestanden. Die ganzen Fabriken in der Umgebung sind ja stillgestanden... An das 34er Jahr kann ich mich noch gut erinnern. An einem Montag war es, da sind die Maschinen stehen geblieben. Der Meister hat gesagt, wir sollen die Maschinen putzen und ist telefonieren gegangen. Wie er zurück gekommen ist, hat er gesagt "in Wien ist ein Aufstand, ihr müßts alle nach Haus gehen" ... Im Krieg sind wir überstellt worden in die Munitionsfabrik nach Enzersfeld...

Ich hab immer in der Fabrik gewohnt. Vor dem Krieg hätten wir ja fast zum Bauen angefangen. Wie dann der Mann eingerückt ist, hab ich aufgegeben. Nach dem Krieg ist uns das Geld verfallen, ich hab noch das Sparbüchel, wo die Mark drinnen ist als Währung. So sind wir halt wohnen geblieben. Ich fühl mich da ganz wohl, ich sage Ihnen, ich möchte heute gar nicht mehr weg...

4. INDUSTRIEGESCHICHTLICHER EXKURS

Entwicklungsbedingungen

Die Anfänge industriekapitalistischer Entwicklung in Österreich sind durch staatliche Intervention gekennzeichnet. Im Unterschied zu anderen Ländern war es primär nicht private Unternehmerinitiative, von der die entscheidenden Impulse ausgingen, sondern staatliche Modernisierungsmaßnahmen. In ein volkswirtschaftliches System gebracht wurden diese vielfältigen Bestrebungen durch den in Österreich meist als "Kameralismus" bezeichneten Merkantilismus, der wirtschaftliche Unabhängigkeit des Staates und Bevölkerungsvermehrung als Mittel militärischer und politischer Expansion anstrebte.

Die Anfänge des Großbetriebes in der Form der Manufaktur standen in engstem Zusammenhang mit der Aufstellung und Aufrüstung der modernen Massenheere. Der organisatorisch-technologischen Überlegenheit des Auslandes versuchte man durch Anwerbung ausländischer Fachkräfte zu begegnen. So wurden z.B. bereits 1656 vom Niederrhein und aus Belgien Meister und Gesellen nach Wiener Neustadt gerufen, wo sie als "Niederländische Armaturenmeisterschaft" für den Waffenbedarf der nunmehr stehenden Armee zu sorgen hatten.

Der erhöhte Luxusgüterbedarf von Adel und wohlhabendem Bürgertum brachte einen steigenden Bedarf an Seidenwaren mit sich, die aus Italien und Südfrankreich importiert werden mußten. Es lag daher im Interesse der merkantilistischen Wirtschaftspolitik, diese Importe einzuschränken und das Entstehen einer Seidenproduktion in Österreich zu forcieren. Die Seidenwarenverarbeitung, also die Herstellung von Seidenstoffen und- bändern sowie von Samtwaren, wurde zunächst zunftmäßig betrieben. Erste Erzeugungsstätten errichtete man bereits 1690 in Wien. Unter Maria Theresia wurden entlang der Thermenlinie Seidenraupenkulturen angelegt - ein Versuch, der jedoch bald als gescheitert zu betrachten war: Das ungünstige Klima ließ Aufwand und Ertrag in keinem rentablen Verhältnis stehen. Mit dem Beginn der Seidenraupenzucht dürften sich auch die Produktionsstätten verlagert haben. Dem Zunftzwang entronnene Kaufleute oder Seidenzeugmacher italienischer Herkunft errichteten in den kleinen Märkten im Süden Wiens eine ganze Reihe von Seidenmanufakturen. Mödling und Wiener Neustadt galten als Hauptorte der Seidenerzeugung. Die Manufakturen wurden oft in billig erworbenen bzw. kostenlos zur Verfügung gestellten Klöstern eingerichtet, wie zum Beispiel die k.u.k. priv. Seidenzeug- und Samtfabrik Andrä und Bräunlich in Wiener Neustadt, die im ehemaligen Karmeliterinnenkloster untergebracht war. Ende des 18. Jahrhunderts läßt sich bereits der Niedergang der Seidenerzeugung feststellen. Nicht zuletzt unter dem Einfluß der französischen Revolution fand eine Verbürgerlichung des Geschmacks statt: Seidenwaren wurden zunehmend durch massenhaft produzierte Baumwollerzeugnisse abgelöst. Die meisten der frühen Seidenmanufakturen konnten diese Änderung der Verbrauchergewohnheiten nicht rechtzeitig nachvollziehen und mußten die Fabrikation aufgeben.

Kameralistische Politik erfolgte in Österreich zunächst durch die Gründung und Beteiligung an Handelskompanien sowie erste Förderungsmaßnahmen gewerblich-industrieller Ansätze. Mit dem Ziel des Aufbaus eines österreichischen Manufakturwesens wurden staatliche Privilegien an Fabrikanten und Fernhändler verliehen, die hier eine Produktion begründen wollten. Die "privilegia privativa" sicherte dem Produzenten ein ausschließliches Erzeugungs- und Verkaufsrecht. Später wurden Adel und Klerus Steuern auferlegt, die Binnenzölle aufgehoben und protektionistische Schutzzölle gegen Auslandseinfuhren errichtet. Das "System des Universalkommerz" des merkantilistischen Theoretikers Justi, ein planwirtschaftliches System gezielten Einsatzes von Förderungsmittel, erlangte große Bedeutung. Zu den wirtschaftspolitischen Maßnahmen dieser Zeit gehörte auch das Zurückdrängen der alten Zünfte. 1754 führte Maria Theresia die Unterscheidung in Polizeigewerbe, die unter zünftischer Kontrolle für den lokalen Bedarf arbeiten, und Kommerzialgewerben, deren Produktion für den Absatz außerhalb des Fabrikationsortes gedacht ist, ein. Die ständigen Abgrenzungsschwierigkeiten zwischen diesen beiden Gewerbeformen dokumentieren den Konflikt zwischen zünftischen und industriellen Interessen. 1765 wurden Spinnerei und Weberei für privilegierte Fabriken von zünftischer Kontrolle befreit, 1773 erfolgte die vollständige Befreiung der Leinen- und Baumwollindustrie vom Zunftzwang. Eine einheitliche Regelung und damit auch die rechtliche Durchsetzung industriekapitalistischer Produktionsverhältnisse wurde erst 1859 in der neuen Gewerbeverfassung erzielt.

Unter Josef II. fielen die bis dahin gültigen Absatzbeschränkungen im Handel. Schon 1781 war den Fabrikanten der Kleinverkauf ihrer Waren sowohl im Haus als auch auf Jahrmärkten erlaubt worden, 1783 wurde das Verkaufsrecht auf alle Städte erweitert. Mit der Theresianischen Steuerrektifikation 1748 wurde die bisherige Steuerfreiheit der Dominien aufgehoben und die Steuereintreibung sowie das Verhältnis Grundherr - Untertan der Kontrolle staatlicher Instanzen (Kreisämter) untergeordnet. Mit der Grundsteuerreform kam es zu einer einheitli-

chen Besteuerung aller Böden und zur Gleichstellung von Rustikal-
und Dominikalbesitz.

Die Aufhebung der Leibeigenschaft sowie die Abschaffung der
Robot auf allen landesfürstlichen und kommunalen Gütern schränkte
die Verfügungsgewalt der Grundherren über ihre Untertanen drastisch
ein. Von einer Stärkung der Rechte der Bauern gegenüber den Grundherren erwarteten sich die merkantilistischen Theoretiker eine Erhö-
hung der landwirtschaftlichen Produktivität und damit eine Steigerung
staatlicher Einnahmen. Die Hutweiden, ehemals Gemeindeland, wurden
aufgeteilt und kultiviert. Mit dem Verschwinden der alten Gemeinde-
rechte verloren die ländlichen Unterschichten ihre Lebensgrundlage
und waren auf, durch Verleger vermittelte, Heimarbeit angewiesen -
eine Vorstufe ihrer Proletarisierung, die in großem Maßstab aber erst
nach der Auflösung des grundherrschaftlichen Verbandes nach 1848
erfolgte.

Die Merkantilisten sahen in einem raschen Bevölkerungswachstum
die Voraussetzung wirtschaftlichen Reichtums nach der Formel "Je
mehr Menschen, desto mehr Reichtum". So wurden eine Reihe von
populationistischen Maßnahmen gesetzt: 1765 schuf man die verpflich-
tende Eingabe um herrschaftliche Heiratserlaubnis ab, später die bis
dahin gültigen Heiratsverbote für Taglöhner, Gesinde etc., bis schließlich 1783 mit dem Ehepatent Josefs II. die Ehe zum Gegenstand eines
bürgerlichen Vertrages wurde. Die staatliche Kontrolle über die Reproduktion zeigte sich auch darin, daß Abtreibung, Kindesweglegung
und Sterilisation strafrechtlich eine Gleichstellung mit Kindesmord
fanden. Alle diese Maßnahmen erfolgten, obwohl ihre unmittelbaren
Auswirkungen auf das Bevölkerungswachstum oft nur gering waren,
unter dem Aspekt der Sicherstellung der Arbeitskräfteproduktion.
Mehr Arbeitskräfte versuchte man nicht nur durch Bevölkerungspolitik
zu gewinnen, sondern auch durch die Einbeziehung neuer Personen-
kreise in den Arbeitsprozeß. So wurden besondere Vorkehrungen zur
Abstellung des "Müßiggangs" und des Bettlerwesens geschaffen. Maria
Theresia war es auch, die Spinn- und Arbeitshäuser errichten ließ -
quasi Besserungsanstalten mit Arbeitstherapie für "müßige Bettler,
trutzige Dienstboten, in specie aber für leichtfertige Weibspersonen
wie auch derselben Kupplerinnen". Sehr bald sollte sich der Zwangscharakter dieser Art der außerhäuslichen Lohnarbeit ändern - immer
mehr Menschen traten in Folge der alltäglichen Armut freiwillig in
die Arbeitshäuser und Manufakturen ein. Ehemalige Taglöhner, entlas-
sene Soldaten, deren Frauen und Kinder sowie entlaufene Dienstboten
stellten das Gros der frühen Fabriksarbeiterschaft.

Die Erziehung zu einer "industriellen" Arbeitsmoral erfolgte einerseits durch den Abbau vorindustrieller Arbeitsgewohnheiten wie Verminderung der Feiertage, Abschaffung des "Blauen Montag", Abbau verschiedener handwerklicher Brauchtumsformen, Verlängerung der Arbeitszeit und der Anpassung an eine methodische Lebensführung; andererseits durch die theresianisch-josefinische Schulpolitik, die in der Kinderarbeit nichts Verwerfliches sah, da die Heranziehung geeigneter Arbeitskräfte möglichst früh erfolgen sollte.

Im Zeitalter des Merkantilismus wurden damit die wesentlichen Voraussetzungen der Industrialisierung geschaffen: Es erfolgte die Vereinheitlichung und Zentralisierung der Verwaltung. Mit der Vereinheitlichung der regionalisierten und zersplitterten Wirtschaftsstrukturen schuf man den Rahmen für das Entstehen eines einheitlichen nationalen Wirtschaftsgebildes. Reformen befreiten die Industrie von zünftischen Bindungen, ermöglichten durch die Einschränkung der grundherrschaftlichen Rechte die Entstehung einer Klasse formal freier Lohnarbeitskräfte, einer disponiblen Überschußbevölkerung, die bereit war, entsprechend dem Bedarf der Industrie zu wandern. Die psychosoziale Anpassung an die industriellen Arbeitsbedingungen fand durch Normierung des Alltagslebens statt. Als kontraproduktiv sollten sich später die Beibehaltung der protektionistischen Schutzzollpolitik, welche die weitere Entfaltung der Produktivkräfte behinderte, sowie die strikte Ablehnung der Regelung der Arbeitsverhältnisse erweisen, was verheerende Auswirkungen auf die Reproduktion der Lohnarbeiter hatte.

Industrialisierung - Industrielle Revolution

Technische Revolution und Revolution der Produktionsorganisation zusammengenommen bezeichnet man als industrielle Revolution, die im englischen Baumwollgewerbe begann, aber sehr schnell auf andere Gewerbe und auf andere Länder übergriff. Seit dem Beginn des 19. Jahrhunderts waren die wesentlichsten Grundlagen für die industrielle Revolution in Österreich gelegt worden. In wenigen Jahrzehnten wurden Teile Niederösterreichs, Böhmens und Vorarlbergs zu Industrieregionen, wobei wie in England der Baumwollindustrie die führende Rolle zufiel. So schrieb 1835 der Topograph *Blumenbach* über das Viertel unter dem Wienerwald, es sei "zum Teil mit einer fast zusammenhängenden Reihe von Fabriken bedeckt, ungefähr so, wie man es in manchen Gegenden Englands findet".

Es darf freilich nicht vergessen werden, daß die frühen Industriegründungen hauptsächlich in besonders begünstigten Gebieten (Standortqualität, natürliche Ressourcen) stattfanden und nur Inseln inmitten eines weitgehend agrarischen Staates bildeten. 1816 waren von 28,4 Millionen Einwohnern der Gesamtmonarchie 1,2 Millionen in der Leinen-, 300.000 in der Woll-, 110.000 in der Seiden- und 100.000 in der Baumwollproduktion beschäftigt. 60.000 Menschen lebten unmittelbar vom Bergbau; mit den Familien und den metallverarbeitenden Gewerben wurde die Zahl der Beschäftigten auf eine halbe Million geschätzt. Auffällig an dieser Verteilung ist die relativ geringe Zahl der in der Baumwollproduktion beschäftigten Arbeitskräfte, umso mehr, als noch im ausgehenden 18. Jahrhundert gerade diese Branche sehr beschäftigungsintensiv war. So ergab sich in Niederösterreich eine Reduktion von 182.400 Beschäftigten 1790 auf 75.400 im Jahre 1811. Das hängt damit zusammen, daß in der Baumwollerzeugung bereits die Mechanisierung eingesetzt hatte, die in der Leinen- und Wolltucherzeugung wegen technischer Schwierigkeiten erst später vordrang.

An dieser Stelle soll exemplarisch auf die technologischen Veränderungen bei der Baumwollproduktion eingegangen werden. Ein wichtiger Auslöser für die Entwicklung der Mechanisierung in diesem Sektor war der Produktivitätsunterschied von Spinn- und Webverfahren. Alle seit dem Mittelalter gebräuchlichen Spinnverfahren hatten nicht erreicht, daß ein Spinner allein einen Weber mit Garn versorgen konnte. Wollte der Weber den ganzen Tag weben - in der Hausindustrie üblich und notwendig - brauchte er immer mehrere Spinner, um genügend Garn zur Verfügung zu haben. Je nach Spinnverfahren war das zahlenmäßige Verhältnis von Spinnern und Webern unterschiedlich. Etwa acht Handspindelspinnerinnen, neun Tretradspinnerinnen oder vier Radspinnerinnen konnten einen Weber versorgen, wenn alle ganztätig arbeiteten. In jedem Fall bestand ein Ungleichgewicht in der Produktivität von Spinn- und Webverfahren, die bei ansteigender Nachfrage zu prekären Situationen führte. Die Lage wurde noch problematischer, als 1733 in England nicht etwa das Spinnverfahren, sondern das Webverfahren durch Einführung des Schnellschützen verbessert und damit noch produktiver wurde. Die Weber konnten in der gleichen Zeit doppelt so viel weben wie bisher. In allen europäischen Ländern versuchte man dem Problem des gestiegenen Garnhungers auf unterschiedliche Weise beizukommen, aber es wurde immer deutlicher, daß nur die technische Weiterentwicklung des Spinnens der einzig erfolgversprechende Weg sein konnte. Im Baumwollgewerbe war der Garnbedarf besonders groß, die ständig steigende Gewebeproduktion machte deshalb die Weiterentwicklung des Spinnverfahrens in diesem Bereich dringlich.

Etwa 1764 hatte James Hargreaves einen Spinnapparat entwickelt, auf dem zu gleicher Zeit acht Fäden gesponnen werden konnten, die brühmte "Spinning Jenny", die erste funktionstüchtige Spinnmaschine. Bei dieser sitzen auf dem schräg in das Grundgestell eingebauten Rahmen Spulen mit Vorgarn. Von hier wird der Faserstrang zu den senkrecht im Grundgestell stehenden Spindeln geleitet. Der Antrieb der Spindeln erfolgte über ein Handrad. Die nächste Spinnmaschine mit durchschlagendem Erfolg war die sogenannte "Water-Frame" oder "Spinning-Throstle". Sie wurde 1769 für Richard Arkwright patentiert. Der Name der Spinnmaschine leitet sich daraus ab, daß sie für einen mechanischen Antrieb - etwa ein Wasserrad - gebaut wurde und daß ihre Spindeln beim Spinnen einen summenden Ton abgaben. Mit den beiden zuerst entwickelten Spinnmaschinen konnten keine feinen Garne gesponnen werden. Dieses Problem löste die sogenannte Mule - Maulesel/Kreuzung, in der Elemente der Jenny und der Water-Frame zu einem neuen, produktiven Mechanismus vereinigt sind. Sie war 1779 von Samuel Crompton einsatzbereit entwickelt worden.

Ende des 18. Jahrhunderts begann in England auch die Mechanisierung des Webverfahrens. Der erste mechanische Webstuhl wurde 1785 von Cartwright entwickelt, von 1789 an verwendete er eine Dampfmaschine als Antrieb. Aber erst ab etwa 1830 konnte sich der mechanische Webstuhl massenhaft durchsetzen, nachdem die Metallverarbeitung weit genug entwickelt war, um einen reibungslosen Betrieb der Maschinen zu ermöglichen.

England hütete bewußt den Vorsprung, den seine Industrie dank der Erfindungen auf dem Sektor der Spinnmaschinen gegenüber dem Kontinent gewonnen hatte. Um John Thornton aus Manchester, der die Geheimnisse der englischen Maschinenspinnerei nach Österreich brachte, bildete sich 1801 die "k.k.privilegirte Garnmanufakturgesellschaft", die ihren Betrieb in Pottendorf gründete, und damit die erste große Maschinenspinnerei des Kontinents. Der Erfolg des Pottendorfer Betriebs zog einen wahren Gründungsboom nach sich; 1828 bestanden in Niederösterreich 31, im Jahr 1848 schon 50 Baumwollfabriken - die überwiegende Mehrzahl im Viertel unter dem Wienerwald. 1815 waren 25 Millionen Gulden Kapital in die junge Baumwollindustrie investiert. In den Fabriken arbeiteten 1.050 Mules und 110 Water-Frames. Zählte man im ausgehenden 18. Jahrhundert (1790) noch rund 120.000 Spinner, so war deren Zahl im Jahr 1811 auf rund 15.000 gesunken.

Die folgende Übersicht zeigt anschaulich die Produktivitätsentwicklungen im Baumwollspinnverfahren bis 1900

Werkzeug	Berechnungsgrundlagen	Leistung g/Arb.-Std.	Index
1. Handspindel (bis 1800)	2300 Sp.-U./Min., 143 m Garn pro Stunde	4,2	1
2. Handrad (bis 1800)	3600 Sp.-U./Min., 276 m Garn pro Stunde	8,1	1,9
3. Tretrad mit Flügelspindel	1200 Sp.-U./Min., 115 m Garn pro Stunde	3,4	0,8
4. Hargreaves 1767	"Jenny-Spinnstuhl", 16 Spindeln, 1500 Sp.-U./Min., NE 42 %, 1½ Beschäftigte,	24	6
5. Arkwright 1769	"Drosselspinnstuhl", 16 Spindeln, 1100 Sp.-U./Min., NE 70 %, 1 1/3 Beschäftigte	34	8
6. Crompton 1779	"Mule-Jenny", 16 Spindeln, 1500 Sp.-U./Min., NE 50 %, 1½ Beschäftigte	32	7,6
7. Mule-Jenny 1800-1830	Heimindustrie, 216 Spindeln, Handbetrieb 1050 Sp.-U./Min., Vorwerk: Pferdegöpel, NE 70%, 4-5 Beschäftigte	420	28
8. Wagenspinner 1840	Halbselfaktor Mule-Jenny, Spinnerei Trumau, mit Wasserkraft, 1000 Sp., 20 Beschäftigte, 7.200 kg	360	86
9. Selfaktor Wagenspinner 1880	100 % Wasserkraft, nach Johannsen	650	155
10. Ringspinnmaschine m. elektr. Antrieb 1900	1000 Sp., 9 Beschäftigte, nach Johannsen, 36 Arbeitsminuten/kg	1670	395

Quelle: Bohnsack 1981

Mit dem Aufstieg der Baumwollindstrie konnten die übrigen Zweige der Textilindustrie nicht Schritt halten. Während die Mechanisierung der Baumwollspinnerei mit einem Schlag die Handspinnerei überflüssig machte, hielt sich das Verlagssystem in den anderen Sparten der Textilproduktion, besonders in der Leinenherstellung, wesentlich länger.

Die industrielle Revolution bedurfte neuer Rohstoffe. Um die Wende vom 18. zum 19. Jahrhundert machte sich bereits eine empfindliche Knappheit an Holz bemerkbar. Eisenwerke und Glashütten hatten von diesem Brennstoff hemmungslos Gebrauch gemacht, ohne daß entsprechende Aufforstungsmaßnahmen die Verluste ausgeglichen hätten. Es ging für die aufkommende Industrie zunächst darum, das Holz in bisher unzugänglichen Forsten zu verwerten. So erschloß Georg Huebmer die Urwälder des Schneeberg- und Raxgebiets sowie den Neuwald hinter Gippl und Göller; sein Lebenswerk krönte er mit dem Tunnelbau durch das Gscheidl (1822-1827). Dieser Stollen war der damals längste Tunnel Europas. Der Weiterbeförderung des von Huebmers Holzknechten geschlägerten Holzes diente der Wiener Neustädter Kanal, der 1797-1803 angelegt worden war. Ursprünglich als Teil eines großen Kanalnetzes geplant und bis zur Adria projektiert, blieb dieses Kanalfragment bis zum Einsetzen des Eisenbahnverkehrs einige Jahrzehnte der wichtigste Verkehrsweg für die Versorgung Wiens mit Massengütern vom Süden her. Ein Seitenkanal erschloß die Braunkohlevorkommen um Pöttsching und Neufeld.

Der nach kontinentaleuropäischem Maßstab sehr frühe Beginn des Eisenbahnbaus stand in enger Verbindung mit der Leistungsfähigkeit der Eisenindustrie. Die große Epoche des Baues von Staatsstraßen, die in der Barockzeit begonnen hatte, klang im Vormärz aus. 1837 begann man mit dem Bau der Nordbahn, deren Hauptanliegen die bessere Verbindung der mährischen Kohlengruben und Eisenhütten sowie der staatlichen Salzbergwerke Galiziens mit der Hauptstadt war. Der ökonomische Multiplikatoreffekt des Bahnbaus war enorm - erstmals wurden Kapitalien von bisher ungeheurem Ausmaß mobilisiert. Außerdem beschäftigten die Bahnen ein Heer von Taglöhnern aus allen Teilen der Monarchie (bei der Nordbahn durchschnittlich 10.000). Diese bildeten zusammen mit den Arbeitern der Textilfabriken den Stamm der österreichischen Arbeiterschaft. Die Semmeringstrecke wurde 1848 nicht zuletzt deshalb gebaut, um die große Zahl der als politisch gefährlich geltenden Arbeitslosen von Wien zu beschäftigen. Zusammen mit den Bahnlinien errichtete man Telegraphenverbindungen, die im Vormärz aber nur den Behörden und dem Militär zur Verfügung standen. Es gelang Österreich jedoch nicht, mit der Verkehrserschließung anderer westeuropäischer Länder, insbesondere Deutschlands, mitzuhalten. Ähnliche Erscheinungen waren bei der Entwicklung der Dampfkraft zu beobachten, die nur allmählich in Österreich Verbreitung fand, was auch mit der an den meisten Industriestandorten ausreichend verfügbaren Wasserkraft zusammenhing.

Mit der Eisenbahn als leistungsfähigem Transportmittel, vielleicht *das* Industrieprodukt des 19. Jahrhunderts, begannen Kohle und Eisen ihren Siegeslauf. Die erste Gründungswelle der Schwerindustrie in Form von Eisenverarbeitung und Maschinenbau setzte um 1840 ein. Zur gleichen Zeit kommt die Ausbreitung der Textilindustrie praktisch zum Stillstand, und in den nächsten 80 bis 100 Jahren werden die großen Linien der industriellen Entfaltung zuerst auf der Seite der Eisengewinnung und -verarbeitung, später der chemischen und Elektroindustrie zu suchen sein - den neuen Leitindustrien, welche die Textilindustrie, von der die industrielle Revolution ausging, in ihrer volkswirtschaftlichen Bedeutung weit überflügeln sollten.

Auf der wirtschaftspolitischen Ebene wurde die Industrieentwicklung besonders in den 20er Jahren des 19. Jahrhunderts durch eine Reihe protektionistischer Maßnahmen gefördert. Die Verschärfung der Zollmauern gehört genauso dazu wie das 1820 in Kraft getretene Privilegienrecht, der Vorläufer des Patentrechts, welches mit dazu beitrug, ausländisches Know-how nach Österreich zu bringen, da ein entsprechendes Gesetz in so manchen industriell besser entwickelten Ländern noch nicht existierte. Das 1821 installierte Aktienrecht sollte die zur Industrialisierung nötigen Kapitalmengen leichter verfügbar machen.

Das Wiener Becken als alter Industrieraum

Als wichtigste Gründung der Protoindustrialisierungs-Epoche entstand 1725/26 die in ihrer Art vorbildliche Baumwollmanufaktur von Schwechat, an deren Beispiel sowohl Entstehung, Bedeutung und Entwicklung der Baumwollbranche als auch die verlagsmäßige Organisation gezeigt werden soll.

Die Baumwollverarbeitung war hierzulande lange Zeit unbekannt und daher auch nicht zünftisch organisiert. Nach dem Frieden von Passarowitz (1718) wurde Wien, aufgrund eines Handels- und Schifffahrtsvertrags mit dem Osmanischen Reich, zum wichtigsten Baumwollmarkt für Deutschland und die Schweiz. Mit der dem Merkantilismus eigenen Zwiespältigkeit gab es für die Baumwollwarenerzeugung vorerst keine staatliche Förderung, da es den kameralistischen Theorien widersprach, einen Industriezweig zu unterstützen, der seinen Rohstoff aus dem Ausland bezog. Verstärkend kam noch hinzu, daß man befürchtete, die inländische Schafwoll- und Leinenerzeugung zu konkurrenzieren. Dennoch erhielt die 1719 wiedergegründete Orientalische Handelskompagnie nach Errichtung der Schwechater Kottonmanufaktur ein ausschließliches Privileg. Typisch für die Produktionsform war es, daß nur die Endfertigung - Bleichen, Appretieren, Färben und Bedrucken der Stoffe - in der Manufaktur selbst vorgenommen wurde. Über 400 Weber und rund 10.000 Spinner und Spinnerinnen arbeiteten im Verlagssystem in der näheren Umgebung und insbesondere im nördlichen Teil des Waldviertels für Schwechat.

Nach dem Erlöschen des ausschließlichen Privilegs für Schwechat (1761) folgte bald eine Reihe von einschlägigen Betriebsgründungen: die Manufakturen von Kettenhof, Ebreichsdorf und Himberg - im Wiener Becken - sowie Friedau bei Obergrafendorf und St. Pölten. Zusammen mit Schwechat gehörten sie zur Gruppe der sogenannten "sechs erbländischen Hauptkottonfabriken". Es sei hier angemerkt, daß die zeitgenössische Terminologie zwischen Manufaktur und Fabrik nicht unterschied. Noch im Vormärz war in der Sprache der Wirtschaft und des Rechts mit der Bezeichnung "Fabrik" nichts über den technologischen Standard oder die Größe des Unternehmens ausgesagt. Man verstand unter Fabrik "eine Anstalt, in welcher die wenn auch noch so verschiedenen, aber zur Hervorbringung desselben Industrieproduktes notwendigen Arbeiten unter demselben Herrn vereinigt werden". Es wurde zwischen "einfach fabriksmäßigen" und "förmlichen Landesfabriksbefugnissen" unterschieden. Erstere bedeuteten die Befreiung von den Verbindlichkeiten des Zunftwesens, letztere schlossen das Recht auf die Führung des k.k.Adlers als Fabrikszeichen, die beliebige Errichtung von Niederlagen und die Befreiung von Einquartierung ein. "Industrie" bedeutete in der Sprache der Zeit exportfähiges Gewerbe.

Die genannten sechs Hauptkottonfabriken waren die bedeutendste Unternehmensgruppe der theresianisch-josefinischen Zeit, und ihr Aufstieg machte die Textilindustrie zur Leitindustrie ihrer Zeit. Ein internationaler Vergleich zeigt, daß sich die Großbetriebe des Wiener Beckens ohne weiteres mit den größten Manufakturbetrieben des Zeitalters messen konnten. Mit dem Aufschwung der Baumwollfabriken ging die Förderung von Manufakturen zur Herstellung von Farbstoffen bzw. der Abbau von Färbepflanzen (Krapp, Indigo) einher. Zusätzlich zum Anbau der Krappwurzel im Waldviertel legte man im südlichen Wiener Becken Indigoplantagen an. Die Mechanisierung des Produktionsprozesses wurde um die Jahrhundertwende in der Pottendorfer

Baumwollspinnerei eingeleitet. In rascher Folge entstanden zahlreiche großangelegte Spinnfabriken - 1802 Schwadorf, 1803 Teesdorf, 1805 Liesing, 1811 Sollenau, Schönau, Neunkirchen und 1813 Ebergassing.

Aufgrund der Leitfunktion der Baumwollindustrie wurde das Wiener Becken, in dem die größten Betriebe angesiedelt waren, zu einer der führenden Industriezonen der Monarchie. Neben der Textilindustrie waren im Wiener Becken auch noch andere Produktionszweige wichtig, wie die Papier- und Metallwarenindustrie, die auf jahrhundertealte Verfahren zurückgriffen und sich erst allmählich aus ihren alten organisatorischen Formen zu lösen begannen. Nach der Rezession aufgrund der Aufhebung der Kontinentalsperre setzte ab 1820 eine neue Gründungswelle ein. So wurde die Papierproduktion von 1820 bis 1830 mit der Umstellung auf maschinelle Papiererzeugung bedeutend erweitert. Die erste maschinelle Papiererzeugung erfolgte durch den Franzosen Ludwig Peschier in Franzensthal. 1820 wurde eine kleine Papiermühle in Wiener Neustadt zu einer Maschinenpapierfabrik ausgebaut. 1839 gehörte die Kleinneusiedler Papierfabrik zu den größten des Kontinents. Mußte noch 1795 die Hälfte des Papierbedarfs der Monarchie importiert werden, betrug bereits 1840 die Ausfuhr das sechzehnfache der Einfuhr.

Die Metallindustrie faßte vor allem im Südwestteil des Viertels unter dem Wienerwald Fuß. Schon 1790 errichtete der Pionier der maschinellen Metallverarbeitung, der Engländer Rosthorn, in Fahrafeld an der Triesting ein Kupferwalzwerk. 1823 beginnt der Schweizer Mechanikus Brevellier mit der Herstellung von Schrauben in Neunkirchen; aus der ehemals kleinen Metalldrechslerei wurde rasch ein Großbetrieb. Die Wiener Neustädter Lokomotivfabrik war die größte Maschinenfabrik der Monarchie (1873: 2.800 Beschäftigte) und der größte Industriebetrieb des Wiener Beckens während der Hochgründerzeit. 1843 gründeten Krupp und Schoeller die Berndorfer Metallwarenfabrik, die sich zur größten Metallwarenerzeugung ihrer Zeit entwickeln sollte. Im selben Jahr entstand auch das Ternitzer Walzwerk, das 1866, nachdem Alexander Schöller den Betrieb übernommen hatte, die größte Bessemerhütte Kontinentaleuropas wurde. Die Steinkohle schuf man per Bahn aus dem Ostrauer Revier heran, das Roheisen kam von einer eigens in Schwechat errichteten Hochofenanlage.

Der Erfinder Johann Nepomuk Reithofer hatte bereits 1828 das Patent erhalten, Kautschuk in Fäden zu ziehen, also elastisches Gewebe herzustellen. 1832 übernahm Reithofer in Wimpassing eine ehemalige Mühle und stellte dort Mieder, Strumpfbänder und Gummischuhe her. Dieser Betrieb gilt als Vorläufer der heutigen Semperitwerke.

Abschließend kann festgestellt werden, daß das Wiener Becken in geradezu paradigmatischer Weise die Entwicklung der Industrialisierung in Österreich widerspiegelt, sowohl was die zeitliche Abfolge als auch die Branchenstruktur betrifft. Dies zeigt auch nachfolgende Aufstellung, die eine Übersicht über den Einsatz von Erfindungen gibt:

Erfindung	erste Anwendung bei:
1790 Metallwalzwerk (engl. Art)	M. Rosthorn - Fahrafeld/Tr.
1802 Spinnmaschinen	Spinnerei - Pottendorf
1808 Kattundruck mit Walzen	Fries'sche Kottonmanuf. Kettenhof
1819 Papiermaschine	Papierfabrik Peschier - Franzensthal
1826 Dampfmaschine	Metallwarenfabrik Sateri - Hirtenberg
1842 Lokomotivenbau	Günther & Armbruster - Wr. Neustadt
1854 Schienenwalzwerk	Theresienhütte - Ternitz
1856 Papier aus Holz	Stertz & Co. - Pitten
1859 Rübenzucker	Zuckerfabrik - Landegg
1865 Hoffmann'scher Ringofen	Wienerberger Ziegelfabriks AG.
1867 Bessemerstahl	Schoeller & Co. - Ternitz
1871 Koksofen	Innerberger Hptgew. - Schwechat
1881 Elektrische Beleuchtung	Metallwarenfabrik - Berndorf
1894 Portlandzement	Gebr. Leube - Mannersdorf/Leithageb.
1899 Automobilerzeugung	Austro-Daimler - Wr. Neustadt
1916 Flugzeugproduktion	ÖFFAG - Wr. Neustadt

Quelle: Schwarz 1964, S. 139 f.

5. DIE ZUKUNFT DES ENSEMBLES?

Das südliche Wiener Becken als alter Industrieraum ist heute in weiten Teilen von den tiefgreifenden Umstrukturierungsprozessen betroffen, die man als "Entindustrialisierung" bezeichnet. Besonders die sogenannten "Single-Factory-Towns", mit ihrer Ausrichtung und Konzentration auf nur einen Hauptbetrieb, sind vom Absterben traditioneller Wirtschaftssektoren bzw. firmenpolitischer Entscheidungen - wie Standortverlegungen etc. - existentiell bedroht. Die Ansiedlung neuer Betriebe wird angestrebt, deren Realisierungschancen sind jedoch gering. Obwohl die Ausstattung mit Infrastruktur zumeist recht gut ist, lassen sich die Standortvorteile zentralerer Orte und Regionen nicht aufholen. Zum einen wurde die Erzeugung vieler traditioneller Produkte (z.B. Textil) im Zuge der neuen internationalen Arbeitsteilung in Drittweltländer verlagert, zum anderen ist das Potential an innovativen Betriebsgründungen relativ klein und von vielen Ländern und Gemeinden mit hohen Subventionen umworben. Alte Industrieregionen stehen so in einem harten Wettbewerb mit Agglomerationen und Niedriglohngebieten; auch bei "Zuschlag" sind die Impulse meist gering, da es sich oft um Zweiggründungen von außengesteuerten Betrieben handelt, die für regionale Firmenverflechtungen kaum Ansätze bieten.

Die von uns näher untersuchten Gemeinden spiegeln die Tendenzen zur Entindustrialisierung wider. Zum Teil wurde die Produktion völlig stillgelegt, die Fabriken stehen heute leer. In anderen Fällen kam es nach Umstrukturierungen und Besitzerwechsel zur Wiederaufnahme der Erzeugung. Betriebe mit hohem Innovationspotential sind an diesen Standorten kaum zu finden. Die alten Ensembles lösen sich allmählich auf. Bislang werden Fabriken, Arbeiterwohnanlagen und andere bauliche Zeugen der Industriegeschichte in den Orten nicht als erhaltenswerte Kulturgüter betrachtet, sondern stehen als Teil einer zu "verdrängenden" Geschichte, als Räume der Ausgrenzung, die dem Selbstbild nicht länger entsprechen. Dies wird dort offenkundig, wo Fabriken ihren Betrieb einstellen, Werkswohnungen ihre ursprüngliche Funktion verlieren, Bauwerke also beständig an den wirtschaftlichen Bedeutungsverlust, an die Entindustrialisierung erinnern.

Nur in ganz wenigen Fällen begegnet man dieser Entwicklung durch einen bewußten Umgang mit dem architektonisch wie auch sozialgeschichtlich bedeutsamen Gebäudebestand; im allgemeinen ging man eher den Weg einer "selbsttätigen Spurenlöschung", sei es durch unbehinderten Verfall, Abbruch oder durch "identitätszerstörende

Sanierungsmaßnahmen". Daß die industriekulturell bedeutsame Bausubstanz im südlichen Wiener Becken oft noch erhalten ist, erklärt sich eher aus dem fehlenden Erneuerungsdruck als aus einer gezielten Revitalisierungspolitik. So gesehen trug sogar der Mangel an wirtschaftlicher Prosperität und finanziellen Ressourcen lange Zeit zur "Konservierung" dieser spezifischen Sozial- und Bauensembles bei. Wenn investiert wurde, hatte die Erhaltung und Modernisierung der Fabrik Vorrang. Der andere Teil des Ensembles - die Werkssiedlung - ist in der Regel durch jahrzehntelange Desinvestition gekennzeichnet. Der Erhalt eigener Wohnungen stellte vor allem ab den siebziger Jahren für viele Firmen nur mehr einen Passivposten dar. Die Unternehmen überließen den Werkswohnungsbestand häufig den Gemeinden, die vor der Aufgabe standen, die dringlichsten und längst überfälligen Erhaltungsarbeiten durchzuführen.

"Saniertes" Objekt in Felixdorf   spekulativer Ausbau in Leobersdorf

Der Werkswohnungsbau bildet ein Reservoir vergleichsweise billigen Wohnraumes. Im Unterschied etwa zur Situation des Ruhrgebietes, wo die Wohnsiedlungen mehr oder weniger in einem urbanisierten Großraum mit hoher Standortqualität liegen, was den Veränderungsdruck in Richtung einer wirtschaftlichen Neunutzung verstärkt, befinden sich die Schwerpunkte firmeneigenen bzw. werksbezogenen Wohnungsbestandes in Österreich überwiegend in wirtschaftlichen Krisenregionen, die über eine vergleichsweise geringe Standortdynamik verfügen. Allgemein kann davon ausgegangen werden, daß aufgrund der Verhältnisse am Arbeitsmarkt die Nachfrage nach billigem Wohnraum (Dualismus von Wohn- und Arbeitsmarkt) künftig steigen wird. In den gestreuten Industriesiedlungen bestimmen sich Weiterbestand und Revitalisierungschancen wesentlich von den regionalen Beschäftigungsmöglichkeiten. Sollten die bisher wirksamen Entwicklungsmuster ungemindert bestehen bleiben, ist zu befürchten, daß die Werkswohnungsanlagen entkoppelt von der Beschäftigung zu geschlossenen und funktionslosen Reservaten sozial Deklassierter werden. Erneuerungsmaßnahmen wären vor diesem Hintergrund als nur oberflächlich wirksame Intervention zu werten. Vereinzelt wurde auch in Österreich der Weg einer Privatisierung des Werkswohnungsbestandes eingeschlagen. Dies erfolgte im Verkauf ganzer Gebäudekomplexe - ähnlich einem städtischen Miethaus - bzw. einzelner Wohnungen. In Niederösterreich sind verschiedene Objekte zu Startwohnungen umgebaut worden, wobei die bauhistorische Qualität der Anlagen meist wenig Berücksichtigung fand.

Stärker als städtische Lebensbereiche kennzeichnet Industrieansiedlungen vom Typus der "Single-Factory-Town" die Unausweichlichkeit der lokalen Situation. Das Faktum der ökonomischen Bindung der Bewohner an die Siedlung mit ihrem Angebot an billigem Wohnraum läßt einschneidende Veränderungen problematisch erscheinen. Erneuerungsmaßnahmen mit einer ausgeprägten Anhebung des Wohnungsstandards und damit hohen Belastungen haben ambivalenten Charakter: Einerseits wird damit wohl eine baulich-räumliche Struktur verbessert, die selbst Ausdruck sozialer Benachteiligung ist, andererseits bewirken derartige Sanierungen aufgrund ihres Verdrängungseffektes Verschiebungen in der Bewohnerstruktur und dem kulturellen Klima. Auch wenn das, was man gemeinhin als "Milieu" bezeichnet, nicht der Freiheit der Wahl zuzuschreiben ist, sondern ökonomischen Realitäten - die nicht "impressionistisch" verklärt werden dürfen, bieten solche Räume nur schwer ersetzbare Orientierungssysteme in der Alltagsbewältigung der dort Lebenden. Behutsam durchzuführende Sanierungsmaßnahmen hätten die baulich-soziale Identität des Ensembles zu wahren - der "Ort" soll in seiner Geschichtlichkeit lesbar bleiben und nicht beliebig verändert werden.

Über die primäre Bestimmung als produktive Investition, Arbeitskräftereservoir, Disziplinierungsinstrument etc. hinaus kann also Werkssiedlungen ein spezifischer Gebrauchswert, eine ihnen eigene Wohnqualität zugeschrieben werden. Hier wären vor allem das engggeknüpfte Netz sozialer Beziehungen, die Wohnform Siedlung selbst und die im Vergleich zum städtischen Wohnen größeren Möglichkeiten individueller Aneignung und Gestaltung - Gärten, Höfe - zu nennen. Auch sind die Bewohner den jeweils herrschenden (mittelständischen) Wohnleitbildern und dem sozialen Druck, diesen zu entsprechen, weniger ausgesetzt als in anderen Siedlungsformen.

Neben dem Gebrauchswert im engeren Sinne haben derartige Anlagen in der Regel eine hervorragende lokal-, sozial- und bauhistorische Bedeutung, da sie als "Zeitzeugen" auf die Anfänge der modernen Industriegesellschaft verweisen. Vor diesem Hintergrund haben sich in den letzten Jahren Initiativen gebildet, die auf die Erhaltung und Revitalisierung derartiger Anlagen abzielen. So entstanden z.B. in der Bundesrepublik Deutschland bereits Ende der sechziger Jahre Kulturinitiativen, die sich gegen den Abbruch alter Werkssiedlungen (z.B. Bergarbeitersiedlung Eisenheim im Ruhrgebiet) wandten. Die alten Arbeitersiedlungen sind heute neben städtischen Sanierungsgebieten und alternativen Wohnprojekten ein Arbeitsfeld für Selbsthilfegruppen und ein Versuchsmodell des genossenschaftlichen Wohnens geworden (*Novy* 1985). Eines der bekanntesten Beispiele ist die Rheinpreussen-Siedlung in Duisburg, die von ihren Bewohnern auf genossenschaftlicher Basis übernommen und in Selbsthilfe erneuert wird.

Ein Modellprojekt erfolgreicher Selbsthilfe bei abgewohnten Arbeiterhäusern ist in Großbritannien im Erneuerungsgebiet Black Road in Macclesfield (Cheshire) realisiert worden. Hier konnten individuelle Wohnansprüche befriedigt werden, ohne daß man das historische Ensemble zerstört hat. Einige Bewohner, die zwölf Monate fulltime auf der Baustelle arbeiteten, erbrachten fast 100% der Kosten in Selbsthilfe; andere - besonders ältere - beschränkten ihre Selbsthilfe auf Schönheitsreparaturen und überließen die anderen Arbeiten in Selbsthilfe Freunden, Verwandten oder Bauarbeitern. So konnten schließlich Häuser, die vor 160 Jahren als ärmliche Arbeiterhäuser gebaut worden waren, für weitere 100 Jahre hergerichtet werden. In einer Zeitspanne von nur vier Jahren seit Beginn der Erhaltungskampagne stabilisierte sich die Bewohnergemeinschaft; die Bewohner erwarben Fähigkeiten, die ihnen in Zukunft bei der Instandhaltung ihrer Häuser nützlich sein werden; und schließlich entstanden dem Staat nur halb so hohe Kosten wie bei Abbruch und anschließender Neubebauung.

In Österreich, wo erst jetzt die Aufarbeitung industrieller Baukultur beginnt, gibt es keine damit vergleichbaren Projekte. Sanierungsmaßnahmen wie in Marienthal, Felixdorf, Pottendorf und der Nadelburg bei Wiener Neustadt wurden zum Teil von den Gemeinden ausgeführt. Als Beispiel für ein in den regional-kulturellen Kontext eingebundenes Projekt steht Vordernberg in der Steiermark. In Zusammenhang mit dem Ausbau der alten Eisenstraße zu einem Lehrpfad österreichischer Montangeschichte ist die Revitalisierung des sogenannten "Kastenhauses", einem ursprünglich als Lager und später als Wohngebäude benutzten Objekts, das die letzten Jahre leerstand, zu nennen. Im südlichen Wiener Becken entsteht derzeit ein ähnliches Projekt. Eine "Industriestraße" soll auf mehreren Routen wichtige Standorte verbinden. Zentrum und Ausgangspunkt dieser Straße ist die ehemalige Walzengravuranstalt in Guntramsdorf - mit ihren seit 1911 unverändert gebliebenen Einrichtungen -, die nun als Verwaltungsgebäude für den entstandenen Trägerverein umgenutzt werden soll. Die Finanzierung erfolgt aus Mitteln der Regionalförderung.

Mit der Aktion 8000 soll in Weigelsdorf ein Museum für Arbeits- und Alltagskultur eingerichtet werden, das die industrielle Entwicklung seit Ende des 18. Jahrhunderts dokumentiert. Neben der Ausstellungstätigkeit selbst werden Kurse für langzeitarbeitslose Jugendliche abgehalten, die der Weiterbildung zu denkmalgerechtem Renovieren sowie die Reintegration von Randgruppen des Arbeitsmarktes zum Ziel hat.

Die Umnutzung von Gebäuden zu anderen Zwecken als dies bei ihrer Erbauung vorgesehen war, ist in geplanter oder "selbsttätiger" Form ein lange bekanntes Phänomen der Funktionsanpassung. Aus Klöstern und Schlössern wurden Manufakturen und Fabriken; Wohngebäude nutzte man zu Büros um, in aufgelassenen Kasernen entstanden Wohnungen. Heute sind es vor allem alte Industrie- und Zweckbauten, die ihre ursprüngliche Funktion verloren haben und einer Neunutzung offen stehen.

Die Möglichkeit für eine erhaltende Erneuerung von Industrieobjekten stellt sich für den städtischen Raum strukturell anders gelagert dar, als dies für die ländlich-dörfliche Situation anzusetzen ist. Im dicht bebauten Stadtgebiet mit hoher Standortqualität wird die bauliche Umnutzung von Fabriksobjekten aufgrund des Konkurrenzdruckes um das verwertbare Geschoßflächenpotential nur in Ausnahmefällen - z.B. bei Objekten des Denkmalschutzes - gelingen. Für weiter von den Kernzonen abgerückte Standorte, z.B. die ehemaligen Vororte, die für große Betriebsnutzungen ihre Voraussetzungen verloren haben (Infrastrukturausstattung, Flächenreserven etc.), könnte - bei den gegebenen Nachfrageverhältnissen in den Städten - die bauliche Umnutzung eine durchaus praktikable Vorgangsweise in der objektbezogenen Erneuerung sein. Weit weniger Interesse wird bisher den "Single-Factory-Towns" entgegengebracht. Der "Nutzungsdruck" auf leerstehende Industrieobjekte oder Flächen zu Wohn- und anderen Zwecken hält sich dort aufgrund der Bevölkerungsentwicklung und der Baulandreserven in engen Grenzen. In den meisten Fällen wird nach wie vor dem Siedlungsneubau vor einer Umnutzung für Wohnzwecke der Vorrang gegeben. Dazu kommt, daß die Einbindung von Fabriken und Werkswohnungssiedlungen in die Strategie der Dorferneuerung und Ortsbilderhaltung bisher kaum erfolgt ist. Obwohl die alten Industrieensembles Geschichte und Kultur dieser Orte maßgeblich bestimmt haben, werden sie traditionell kaum mit dem "Dorf" identifiziert.

Die Vorteile einer Strategie der Umnutzung gegenüber dem Neubau lassen sich im wesentlichen in vier Aspekten zusammenfassen (*Boeminghaus* 1985):

Bauökonomie:
- Umnutzung und Umbau alter Bausubstanz bieten in der Regel eine Kostenersparnis gegenüber einem vergleichbaren Neubauvolumen.
- Umbau und Adaptierung weisen günstige Beschäftigungseffekte auf, die auch Klein- und Mittelbetrieben im Sinne einer Strukturförderung zugute kommen können; förderbar sind Eigenleistungen und Selbsthilfe im Sinne einer Wirtschaft des autonomen Sektors.

Bauökologie:
- Bei der Umnutzung werden vorhandene Ressourcen genutzt, d.h. es wird im weitesten Sinne Energie gespart und damit die Umweltbelastung gering gehalten; alte, wertvolle Materialien, die man z.T. heute nicht mehr herstellen könnte, werden nicht zerstört, sondern sinnvoll wiederverwertet.
- Die traditionellen Baustoffe alter Bauwerke weisen als Vorbedingung in der Regel günstige baubiologische Eigenschaften auf, sodaß mit der Umnutzung ohne wesentlichen Aufwand ein günstiges Raumklima für die Nutzer zu erzielen ist.

Nutzungsqualität:
- Alte Gebäude haben ein vergleichsweise großes Raumangebot, was den Vorteil zu vielfältiger und gemischter Nutzung bietet; zudem kann mit Nutzungsreserven eine mittel- bis längerfristig mögliche Anpassung an die sich wandelnden Erfordernisse geleistet werden; die meist großen und hohen Räumlichkeiten lassen Konzepte mit einer anspruchsvollen Raumgliederung zu.
- Die bestehenden Gebäude können zweckmäßig zur anschaulichen Planung - "gebautes Modell" - im Sinne einer Nutzerbeteiligung verwendet werden.

Gestaltungsqualität:
- Die erhaltende Erneuerung sichert die Qualitäten historischer Bauwerke und läßt diese in einen neuen Gestaltkontext einbinden; die Umnutzung stellt eine Sicherung baulicher Kulturgüter im Sinne des Denkmalschutzes dar.
- Die auf die Vorgaben des Materials und spezifischer Details orientierbaren Baumaßnahmen könnten zur Wiederbelebung handwerklicher und künstlerischer Tätigkeiten führen.

- Alte Bauobjekte weisen ein "gewachsenes" Umfeld auf, das im Zuge der Umnutzung erhalten bleiben kann (z.B. Baumbestand, Einfassungsmauern, Zierbauten etc.).

Das Spektrum der Umnutzung umfaßt heute bereits alle wesentlichen Typen von Industrie- und Zweckbauten: Hafenanlagen (z.B. Londoner Docks), Speichergebäude, Bahnhöfe (z.B. Paris), Produktionshallen u.ä.m. Im städtischen Bereich kristallierte sich die Umnutzung alter Fabriksobjekte zu Wohnungen, Ateliers und Kultureinrichtungen schon seit geraumer Zeit heraus; wichtige Vorbilder hierfür waren beispielsweise die in den sechziger Jahren in Amerika von Künstlern umgenutzten Etagen aufgelassener Fabriken zu "lofts" und die "Künstlerfabriken" in Europa. Für die von der Entindustrialisierung betroffenen Regionen und Orte wird zur Sicherung der Beschäftigungsmöglichkeiten künftig die betriebliche Umnutzung eine vorrangige Bedeutung innehaben: Förderung der Reindustrialisierung, Umstrukturierung der Wirtschaftssubstanz. Aber auch die Wiederverwendung alter Industrieobjekte zu Kultur-, Versammlungs- und Ausstellungszwecken z.B. zur Dokumentation von regionaler Industrie- und Arbeiterkultur, wie für Wohnstätten - Verhinderung der Zersiedelung, Ersparnis von Aufschließungs- und Baulandkosten - könnte einen wichtigen Entwicklungsanreiz bieten. Bei größeren und untergenutzten Industrieflächen ist ein "Rückbau" vorstellbar, der zur Verbesserung der lokalen Umweltverhältnisse und beispielsweise des Freiflächen- und Sportflächenangebots beitragen würde.

In verschiedenen Kernzonen historischer Industrieansiedlung in Europa führt man bereits Umnutzungs- und Rückbauprojekte mit Förderung der öffentlichen Hand durch. So vergibt beispielsweise das Bundesland Nordrhein-Westfalen seit 1983 Förderungsmittel für Fabriksumbauten. In Österreich kann seit 1984 auf Basis des Wohnhaussanierungsgesetzes der Umbau von Fabriksstätten zu Wohnungen gefördert werden.

Folgende Beispiele zeigen das Spektrum der Umnutzungsmöglichkeiten alter Industrieobjekte:

Umbau einer Separatorenfabrik in Helsinki zu einem Verwaltungsgebäude:
Bei diesem 1982 fertiggestellten Vorhaben wurde bei Wahrung des äußeren Erscheinungsbildes der Innenraum einer ehemaligen Fabrik zu einem Hauptverwaltungsgebäude umgestaltet. Dabei gelang es, eine

Vielfalt von offenen und geschlossenen, auf verschiedenen Ebenen organisierten Räumen zu schaffen; die Büroräumlichkeiten sind mit öffentlichen Einrichtungen wie Cafeterias etc. ergänzt. Der ehemalige Eisenbahntunnel durch den südlichen Teil des Gebäudes, der zu den Fertigungsabteilungen führte, wurde in einen Freizeitraum umgewandelt, der mit der Haupthalle verbunden ist.

Wohngemeinschaft in einer ehemaligen Gießerei in Dänemark:
Unter Erhaltung der Stein- und Betonkonstruktion der Fabrikshalle wurden in diese in einer Art Haus-im-Haus-Konstruktion Gemeinschaftseinrichtungen wie Küche, Spielräume etc. eingebaut. In den niedrigen Shedbauten, die an die Fabrikshalle anschließen, konnten zweckmäßig die Wohnungen (z.T. in 2 Etagen) untergebracht werden. Zusätzlichen Raum für Wohnzwecke schuf man durch einen flachen Anbau.

Wohngebiet auf dem Gelände der Rotterdamer Wasserfabrik:
Auf Initiative des Vereins "Utopia", einem Zusammenschluß von Künstlern, Architekten und Studenten, konnte der Weiterbestand der umfangreichen Fabriks- und Versorgungseinrichtungen gesichert werden. Die Neunutzung der inzwischen unter Denkmalschutz gestellten Wasserwerksanlage umfaßt faktisch den gesamten Komplex: Im ehemaligen Direktorenwohnhaus sind eine Kindertagesstätte und ein Quartierszentrum untergebracht, die ehemalige Pumpstation wurde als zentraler Begegnungsort der gesamten Anlage konzipiert, die Bedienungs- und Absperrschiebehäuschen als Ateliers, Ausstellungs- und Lagerhallen vermietet; der Wasserturm dient künstlerisch-handwerklichen Tätigkeiten und kulturellen Aktivitäten. In den Schnellfilterhallen baute man seit 1981 Wohnungen ein. Die Aufschließung der Wohnungen erfolgt über die in den Hallen geschaffenen Galerien.

Stadtbücherei in einer Fabrik:
Die Stadtbücherei von Herford wurde in einem viergeschossigen Fabriksbau aus der zweiten Hälfte des 19. Jahrhunderts angelegt. Die Adaptierung konnte ohne einschneidende Veränderungen in der Konstruktion und dem Erscheinungsbild des denkmalpflegerisch wertvollen Objektes durchgeführt werden. Durch eine neue Dachkonstruktion ist die Nutzung des 3. Obergeschosses für Verwaltungszwecke erweitert.

Wohnungen, Geschäfte und Industriemuseum in einer ehemaligen Zwirnerei:
Die Gemeinde Engelskirchen in der BRD unterzog den Komplex einer Wollspinnerei und Zwirnerei einer umfassenden Revitalisierung: In die ehemalige Wollspinnerei baute man das Rathaus, die Zwirnerei dient in der Neunutzung Wohnungen und Geschäften sowie einem Industriemuseum; durch die Einbeziehung des Gesamtkomplexes in die vielfältige Neunutzung konnte die Gemeinde ein gestaltetes Umfeld im Ortsgebiet schaffen. Dieses Projekt wurde nicht zuletzt wegen der Kostenvorteile gegenüber einem Neubau realisiert.

Gewerbehof in einer Fabrik:
In einer ehemaligen Kurzwarenfabrik in Wuppertal wurde das 1910 erbaute und denkmalwerte Fabriksgebäude zu einem Gewerbehof umgewandelt. Zahlreiche kleinere Handwerks- und Gewerbebetriebe aus dem benachbarten Sanierungsgebiet fanden hier einen neuen und attraktiven Standort. Durch die Maßnahme der Umnutzung konnten die Baukosten und Infrastrukturaufwendungen gesenkt und die kleinräumige Funktionsmischung von Arbeiten und Wohnen in einem Stadtteil erhalten bleiben.

In Wien geht eine "Umnutzungsinitiative" auf die *Arena*-Bewegung des Jahres 1976 zurück, die längere Zeit den aufgelassenen Schlachthof der Stadt vor der Neubebauung (Modezentrum) als Kultur- und Veranstaltungszentrum "besetzt" hielt. Diese Initiative ist heute in einem anderen Schlachthof untergebracht. Die wohl bedeutendste Umnutzung in ein Kulturzentrum stellt das Projekt *WUK* im ehemaligen Technologischen Gewerbemuseum in der Währinger Straße dar. Das Werkstätten- und Kulturhaus wird von einem Verein in Selbstverwaltung geführt und bietet verschiedenen Initiativgruppen die Möglichkeit, Ausstellungen und Veranstaltungen durchzuführen. Als Negativbeispiel steht die Umnutzung des 1911 errichteten Getreidespeichers am Wiener Handelskai zu einem Hotel. Durch den Umbau wurde der charakteristische Fassadenaufbau zerstört. Das Gebäude läßt heute kaum mehr etwas von seiner ursprünglichen Funktion ahnen. In Steyr erfolgte der Umbau einer ehemaligen Fabrik zu einem Industrie- und Arbeiterkulturmuseum, das mit der Landesausstellung 1987 eröffnet wurde. Industriearchäologische Initiativen und Umnutzungsvorhaben finden weiters im Rahmen des Projekts Eisenstraße eine Berücksichtigung. In Niederösterreich wird die Landesausstellung 1989 zum Thema Industriekultur in einem umgebauten Fabriksobjekt in Pottenstein abgehalten. Eine ständige Ausstellungseinrichtung für Industrie- und

Arbeiterkultur ist für Wiener Neustadt in Planung. Über die Regional-betreuung des Bundes wurde im südlichen Niederösterreich die Revita-lisierung alter Industriebauten für Betriebszwecke initiiert. Ein kon-kretes Programm existierte für die ehemalige Papierfabrik in Schlögl-mühl, wo unter Zuhilfenahme von Arbeitsmarktmitteln die alten Pro-duktionshallen notdürftig saniert wurden. Weitere Beispiele für Um-nutzungen: Tabakfabrik in Krems (Hochschulinstitut bereits realisiert), Gasometer in Wien (in einem Objekt findet derzeit eine Ausstellung statt), Salinenmuseum in Hallein (Projekt), Textilmuseum in Weitra (Planung), Objekte im Zuge der Sanierung des Steyrer Wehrgrabens.

6. ENSEMBLES ZUM BEISPIEL

Das südliche Wiener Becken umfaßt eine Fülle von industriekulturell bedeutsamen Ensembles. In unserer Erhebung haben wir uns auf kleine Orte abseits der Städte konzentriert, die dem Typus der "Single Factory Town" entsprechen. Davon wählten wir hervorragende Beispiele zu einer ausführlicheren Darstellung von Architektur-, Lokal- und Lebensgeschichte aus. Diese Orte stellen jeweils einen "Brennpunkt" für die Betrachtung der Region dar. Im Hinblick auf die industriekulturelle Topografie des Raumes werden ferner Verweise auf weitere, heute noch vorhandene Fabriks- und Arbeiterwohnstätten gegeben. Die Zusammenstellung erhebt keinen Anspruch auf Vollständigkeit, sondern möchte Anregungen zur Auseinandersetzung mit der Industriekultur im Wiener Becken bieten. Unsere "Ausstellung" haben wir in folgende "Räume" gegliedert: den Bereich östlich von Baden, den Raum nördlich von Wiener Neustadt und das Gebiet südwestlich von Neunkirchen. Zur Besichtigung sind Routenvorschläge beigegeben, die verschiedene "Ansichten" dieser Industrielandschaft eröffnen sollen.

6.1 Der Raum östlich von Baden

Route 1:   Schwechat - Himberg - Schwadorf - Wiener Herberg - Ebergassing - Gramatneusiedl - Moosbrunn - Münchendorf - Guntramsdorf - Mödling/Südautobahn

Route 2:   Südautobahn/Baden - Traiskirchen/Möllersdorf - Trumau - Oberwaltersdorf - Ebreichsdorf - Weigelsdorf - Pottendorf - Tattendorf/Teesdorf/Günselsdorf - Bad Vöslau/Südautobahn

Radtour 1: entlang des Wiener Neustädter Kanals von Laxenburg nach Kottingbrunn - Teesdorf/Tattendorf/Günselsdorf - Oberwaltersdorf - Trumau - Münchendorf - der Triesting entlang nach Himberg - Radweg nach Wien

Radtour 2: Lanzendorf - Himberg - Schwadorf - Wiener Herberg - Ebergassing - Gramatneusiedl - Moosbrunn - Ebreichsdorf - Trumau - Traiskirchen/Möllersdorf - Wiener Neustädter Kanal von Guntramsdorf nach Laxenburg

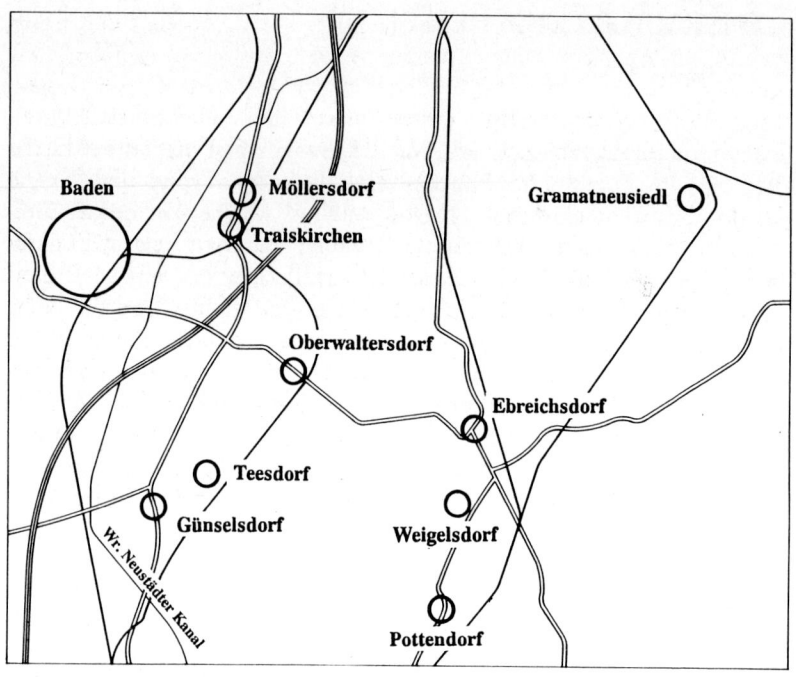

Kartenausschnitt Raum 1

Beispiel für eine "tote" Single Factory Town: Pottendorf

Die Pottendorfer Baumwollspinnerei verdankt ihre Entstehung der
Initiative zweier Oberdirektoren der Commerzial-Leih- und Wechsel-
bank in Wien. Die Fürsten Colloredo-Mansfeld und Schwarzenberg
wollten, angeregt durch die englische Baumwollspinnerei und die dort
erzielten hohen Gewinne, ein derartiges Unternehmen auch in Österreich aufbauen. Da die Geldmittel der Bank allein nicht ausreichend
waren, gründete man unter Beteiligung des Fürsten Esterházy und
anderer die k.k. priv. Garnmanufakturgesellschaft. Als Standort wurde
der Markt Pottendorf ausgewählt, für den die Wasserkraft der Leitha,
die günstige Absatz- und Verkehrslage nahe der Wiener Neustädter
Pforte und eine gewerblich einschlägig vorgebildete Bevölkerung
sprachen. Da man in Österreich nur wenig Erfahrung mit der mechanischen Spinnerei hatte, warb man den englischen Mechaniker John
Thornton als Betriebsleiter, Planer und Konstrukteur der Maschinen
an.

110

Während die Produktion provisorisch im von Esterházy zur Verfügung gestellten Schloß aufgenommen wurde, baute man zwischen 1802 und 1804 die Fabriksanlage auf. Als erstes wurde ein nahezu 6 km langer Werkskanal angelegt, in einer zweiten Phase Werkstätten und Ziegelöfen errichtet, dann erst mit dem Bau der eigentlichen Faktoreigebäude begonnen. 1804 stand die fünfstöckige Elisabethfaktorei, in der die Mule-Jenny-Maschinen aufgestellt wurden, daneben lag die Watertwistfaktorei mit drei Etagen. Eine Erweiterung folgte bereits im Jahre 1808 mit der Errichtung der sechsstöckigen Josefifaktorei. Dem Fabrikskomplex war ein 1805 erbautes "Institut für Knaben und Mädchen" angegliedert, das 1811 für 200 Kinder vergrößert wurde. Im Erdgeschoß des rechten Gebäudeflügels fanden sich das Schulzimmer und die Speisesäle, im ersten Stock ein Schlafsaal für 100 Knaben. Der linke Flügel enthielt die Schlafsäle für 100 Mädchen. Im Mitteltrakt waren die "Kinderväter", das Dienstpersonal, Küche und Vorratskammer sowie im ersten Stock Krankenzimmer mit 40 Betten untergebracht.

"Die Arbeitszeit dauerte von 4 Uhr Früh bis 8 Uhr Abends. Von 7 bis halb 8 Uhr Früh darf das Frühstück, jedoch nur in der Fabrik genossen werden. Von 12 bis 1 Uhr ist Mittagsstunde: die Fabrik wird durch diese Zeit gesperrt und jeder Arbeiter muss sein Mittagsmahl in seinem Quartier geniessen. Zwischen 4 bis halb 5 Uhr Abends Rast, um eine Jause zu sich zu nehmen. Kinder sind von 11 bis 1 Uhr frei. Somit beträgt die Zeit ihrer täglichen Beschäftigung 12 1/2 Stunden." (Knolz 1843)

Durch die Gründung der Maschinenspinnerei vergrößerte sich der Ort um ca. 2000 Bewohner; für diese errichtete man eine Kolonie mit 72 Häusern. Fabrik und Arbeitersiedlung waren von einer Staketenmauer umgeben und vom Markt Pottendorf abgesondert.

"Groß und ausgedehnt ist diese Anlage, aber sie scheint überall nur auf dem Hauptzweck hinzuarbeiten, nicht Symetrie, Bequemlichkeit und andere derley Nebenrücksichten vereinbaren zu wollen." (zit. nach Firnberg et al. 1957)

1835 war Pottendorf die größte Baumwollspinnmanufaktur der Monarchie und eines der bedeutendsten Unternehmen dieser Art in Europa. 1600 Menschen waren beschäftigt, sämtliche der überwiegend aus Holz gearbeiteten Maschinen wurden in der Fabrik selbst erzeugt. Zwischen 1841 und 1846 unterzog man den Betrieb einer gründlichen Reorganisation. 1856 erwarb die Gesellschaft die benachbarte Flachsspinnerei und errichtete darin im darauffolgenden Jahr eine mechanische Weberei mit ca. 300 Webstühlen. 1871 wurde die Bahnlinie Wien - Pottendorf - Wiener Neustadt eröffnet und damit die Fabrik an die Südbahn angeschlossen. Nach Umwandlung in eine Aktiengesellschaft erweiterte sich das Unternehmen: 1888 Ankauf des Werks Rohrbach, 1912 Eingliederung der Felixdorfer Weberei.

Zur Jahrhundertwende bestanden an Folgeeinrichtungen: 7 Wohnhäuser mit 211 Wohnungen, 113 Arbeitergärten, Badeanstalt, Kinderbewahranstalt, Kindergarten und Notspital.

Das Fabriksareal zur Jahrhundertwende

Nach zwei verheerenden Brandkatastrophen mußten große Teile der Anlage 1894/95 neu aufgebaut werden. Schweren Zerstörungen im Zweiten Weltkrieg zufolge ist nur noch ein kleiner Teil des Gebäudekomplexes erhalten, in dem noch bis 1977 weiterproduziert wurde. Heute dient das Objekt als Lager.

Charakteristisch für die dreigeschossige Fabrik ist deren durch große Fensteröffnungen gegliederte Rohziegelfassade mit Betonung der Eckbaukörper. Die Decken ruhen auf Eisenstützen, um die Spinnsäle "offen" anlegen zu können, die Dächer sind als Flachdächer ausgebildet. Für das Fabriksgebäude und das weitläufige Areal wäre ein Konzept zur Umnutzung zu erstellen; die Erhaltung ist aus industriearchäologischer Sicht jedenfalls anzustreben. Neben dem Gebäude selbst ist noch der alte Werkskanal von wesentlicher Bedeutung. Der direkt an der Bahn liegenden Fabrik vorgelagert ist die Arbeitersiedlung, die in ihrer Anlage gleichsam einen eigenen Ort bildet. Vom Ortskern führt auf die Fabrik eine Straße zu, die zu einer Art "Aufbauachse" mit Allee und Straßenplatz gestaltet wurde. Den Straßenplatz bilden jeweils zwei in einem offenen Winkel stehende dreiflügelige Gebäude, die den Angestellten zu Wohnzwecken dienten. Sie sind durch mittig gelegte Stiegenhäuser mit Gängen aufgeschlossen und

bilden einen begrünten Innenhof. In diesen Objekten wurden Startwohnungen von der Gemeinde ausgebaut. Von der "Achse" abgesetzt
stehen die Wohnungsbauten der Arbeiter. Es sind zwei größere langgestreckte Komplexe: das sogenannte "lange" Haus, ein zweigeschossiges
Laubenganghaus, mit einem im Erdgeschoß durchlaufenden gedeckten
Arkadengang und das sogenannte "graue" Haus (nach der Putzfärbung)
mit innenliegenden Gängen. Auf der Hinterseite beider Anlagen befinden sich entlang eines Hofes kleine Schuppen und Kleingärten. In den
Arbeiterwohnhäusern wurden in den letzten Jahren Sanierungsmaßnahmen wie Dacheindeckung, Fenster, Verputz etc. gesetzt, die aber kein
Gesamtkonzept erkennen lassen und in keiner Weise der bauhistori-
schen Bedeutung dieser Anlagen entsprechen.

Pottendorf könnte eines jener Beispiele industriekultureller Be-
standssicherung darstellen, wo mit Fabrik und Arbeiterwohnbauten ein
Gesamtensemble zu revitalisieren und Ortsbildpflege über die traditionellen Bezüge zu entwickeln wäre. Fabrik und Fabriksareal würden
eine Um- und Wiedernutzung sowohl für Betriebe als auch andere
soziale und kulturelle Infrastruktureinrichtungen zulassen. In der
Gemeinde selbst bestehen dazu keine Zielsetzungen.

Das Fabriksgebäude heute

Das "lange" Haus

Gespräch mit einem ehemaligen Betriebsleiter

Frage: *Hätte es noch eine Chance gegeben, weiter zu produzieren?*

Antwort: *Wir hatten damals noch einige Produktionszweige, die ganz gut gegangen sind. Vom Markt her hat es durchaus eine Nachfrage gegeben, Aufträge waren genug vorhanden. Aber ich denke, das war von der Konzernführung her eine beschlossene Sache. Man wollte die ganzen Textilbetriebe abstoßen. Es ist kein Kunststück, einen Betrieb in die roten Zahlen zu bringen, ich muß die Kosten nur so verteilen, daß er nicht mehr rauskommt, dann kann ich zusperren.*

Frage: *Ihrer Meinung nach wäre der Betrieb also noch zu halten gewesen?*

Antwort: *Wenn ich das Geld gehabt hätte, würde ich den Betrieb damals gekauft haben, da wär schon noch etwas drin gewesen. Mit unseren Angestellten hätten wir das Werkl schon schupfen können, wir hätten keinen Vorstand gebraucht - oft haben wir noch darüber gesprochen. Außerdem sind noch ein Jahr vor der Schließung große Investitionen - ca. 45 Millionen Schilling - vorgenommen worden. 4 neue Spinnmaschinen wurden angeschafft, die nie mehr richtig zum Laufen gekommen sind und dann verkauft worden sind.*

114

Beispiel für ein intaktes Industrieensemble: Teesdorf/Steinfelden

Teesdorf bildet heute zusammen mit Günselsdorf und Tattendorf die Gemeinde Steinfelden. Auf dem heutigen Gemeindegebiet gilt die historisch erste Erwähnung eines Fabriksunternehmens der Indigofabrik zu Neuriß bei Günselsdorf. Sie scheint erstmals 1789 auf, Besitzer ist ein Graf von Rumpf. In der Fabrik waren damals 232 Personen beschäftigt. Trotz der Absatzorientierung an der nahen Textilerzeugungszone und der günstigen Verkehrslage dürfte der Betrieb bereits vor 1820 aufgelöst worden sein. Das Unternehmen bestand aus einer Färberei, einem Wasserwerk und etwa 30 Kesseln.

Wohngebäude mit Innenhof

Im Ortsteil Teesdorf selbst errichtete im Jahre 1803 der Wiener Großhändler Johann Baptist Freiherr von Puthon eine Baumwollspinnerei. Die Spinnerei wurde als viergeschossiges Gebäude erbaut. In den untersten Stockwerken waren die Putz- und Grobspinnmaschinen untergebracht, in den oberen die Feinspinnmaschinen. Das technische Know-how wurde durch den Südtiroler Mechaniker Giovanni Girardoni eingebracht, der die erste Spinnmaschine konstruierte und als Werkführer fungierte. 1811 erwarb Puthon zusammen mit seinem Bruder Carl die Herrschaft Teesdorf, die bis dahin im Besitz des Stiftes Melk stand. Die Spinnerei hatte durch die Nähe zur Triesterstraße eine ausgezeichnete Verkehrslage und nutzte die Wasserkraft der Triesting.

Sie zählte zu den ersten österreichischen Unternehmen, die Dampf-kraft zum Betrieb der mechanisierten Spindeln einsetzten. 1813 wurde die Spinnerei erstmals erweitert, dabei schuf man Werkswohnungen und Folgeeinrichtungen wie eine Krankenstation und eine eigene Fabriksschule. Zwischen 1840 und 1842 erfolgte der Ausbau des Werkskanales, der heute noch besteht. 1843 beschäftigte der Betrieb 810 Arbeiter/innen, davon 210 Kinder. Der Großteil der Arbeitskräfte kam aus Ungarn. In einer zeitgenössischen Quelle wird eine tägliche Arbeitszeit von 4 Uhr früh bis 7 Uhr abends angegeben. Kinder von 12 bis 16 Jahren erhielten täglich von 7 - 8 Uhr morgens Unterricht.

Pawlatschenhof

1856 entstand in Teesdorf der erste Arbeiterkonsumverein Österreichs, der "Wechselseitige Unterstützungsverein der Fabriksarbeiter zu Teesdorf". Zu schweren Auseinandersetzungen mit der Direktion, die in einen mehrwöchigen Streik mündeten, kam es 1906 (siehe Kapitel 2). Im gleichen Jahr mußte die Firma Puthon den Konkurs anmelden, das Unternehmen wurde in eine Aktiengesellschaft umgewandelt. Die Direktion übernahm der Schriftsteller Hermann Broch; unter seiner Leitung wurden auch Neubau und Erweiterung von Teilen der Fabrik ausgeführt. Die Spinnerei mit Nebengebäuden, das Kessel- und Ma-schinenhaus wurden zwischen 1908 und 1910 nach den Plänen des Architekten Bruno Bauer errichtet. An das Wirken der Familie Broch in Teesdorf erinnert ein kleines Museum im Gemeindeamt. In den dreißiger Jahren kam es zu einem erneuten Besitzerwechsel, heute steht das Werk im Eigentum der Firma Huber Trikot.

Spinnereigebäude

Das Fabriksensemble setzt sich aus folgenden Elementen zusammen:
- Arbeiterwohnhäuser, die dem Fabriksareal fächerförmig zur Wiener Neustädter Straße vorgelagert sind; es bestehen Einzelhäuser für Werksmeister, Angestellte etc. und in Zeilen- oder U-Form angelegte Arbeiterunterkünfte, sie erinnern in ihrer Erscheinung zum Teil an Gutshofgebäude, ihre Erschließung erfolgt zumeist über offen an der Fassade geführte Gänge; die Wohnungen sind klein und von Gastarbeitern belegt, die sanitäre Ausstattung ist schlecht (Substandard); es bestehen rund 100 derartige Wohnungen;
- das Herrenhaus, ursprünglich der alten Spinnerei achsial zugeordnet mit einem Park zur Triesting; hier wohnte der Firmeninhaber, heute dient das Gebäude der Verwaltung und Geschäftsleitung;
- das alte Gebäude einer in der Zwischenkriegszeit betriebenen Bleistiftfabrik, das im Verfallen begriffen ist;
- der 1908 bis 1910 neu erbaute, mehrgeschossige Spinnereikomplex mit dem von Ferne her sichtbaren Entstaubungsturm, die Gebäude sind in Stahlbetonweise errichtet und wurden 1980 zur Gänze renoviert (v.a. Fassaden);
- langgestreckte Nebengebäude wie die Schlosserei (ehemalige Stallungen).

Ursprünglich war der Fabrik zur Wiener Neustädter Straße ein Park vorgelagert, der offensichtlich bereits in der zweiten Hälfte des 19. Jahrhunderts parzelliert und für Werkswohnungsbauten genutzt wurde.

Hermann Broch in der Spinnerei

Ehemaliges Haus des Direktors

Im Fabriksensemble läßt sich heute noch die firmengeschichtliche Entwicklung ablesen; es ist damit ein hervorragendes baugeschichtliches Zeugnis einer Epoche der Industrialisierung und der damit begründeten Lebenszusammenhänge an einem Ort. An eine Wieder- oder Umnutzung des im Verfall begriffenen Gebäudes der ehemaligen Bleistiftfabrik ist aufgrund der fortgeschrittenen Bauschäden nicht mehr zu denken. Ansonsten sind die Gebäude durchwegs zu Produktions-, Lager- und Verwaltungszwecken genutzt; die heute noch als Werkswohnungen fungierenden Gebäude wären dringend sanierungsbedürftig, allerdings hat die betreibende Firma kein Interesse daran, und denkt, diese längerfristig der Gemeinde anzubieten.

Wohnobjekt Teesdorf

Werkswohnungen Günselsdorf

Im zusammengelegten Gemeindegebiet von Steinfelden besteht in *Günselsdorf* ein weiteres altes Spinnereigebäude mit angeschlossenen Werkswohnungsbauten. Das Fabriksgebäude, das heute einem elektrotechnischen Betrieb (Fa. Feller Ges.m.b.H.) dient, ist viergeschossig mit einem mittig angebauten Turm entwickelt. Richtung der Verbindungsstraße nach Leobersdorf vorgelagert sind die Werkswohnungsbauten: zwei zeilenartige Gebäude, die Hausgärten und einen Hof umschließen. In *Tattendorf* bestand bis zum Ende des Zweiten Weltkrieges eine 1827 errichtete Baumwollspinnerei.

Aus einem Gesprächsprotokoll:

Wir haben hier im Haus auch einen Bierkeller gehabt, vom Konsum aus. Jeweils zwei Familien, alles Konsummitglieder, haben den Ausschank ein Jahr lang betreut. Meine Eltern zum Beispiel waren im 29er Jahr dran. Jeden Tag, zu Mittag und am Abend, ist aufgesperrt worden, am Samstag länger und auch Sonntag vormittags. Bier hat es gegeben und Kleinigkeiten zum Essen, aber nur Kaltes. Jetzt ist der Keller ganz versaut, aber damals wars schön. Da sind die Leute runtergegangen, haben sich zusammengesetzt und getratscht, die Männer haben Karten gespielt. Im Sommer haben wir die Bänke dann in den Hof rausgestellt und sind im Freien gesessen. Schöne Feste hat's auch gegeben. Wenn die Radlfahrer einen Ausflug gemacht haben, dann sind sie alle hergekommen, überhaupt haben sich die Sportvereine im Bierkeller getroffen und wenn Kirtag war, dann haben sie den ganzen Tag offen gehabt, da war ein richtiges Fest mit Musik und Tanz. In den dreißiger Jahren ist dann plötzlich die Konzession verschwunden und der Bierkeller hat zusperren müssen; das ist bis heute eine mysteriöse Geschichte. Schad wars jedenfalls.

Konsumverein

Bierkeller

Beschreibung der Spinnfabriken in Pottendorf und Teesdorf aus dem Jahre 1809

In Pottendorf und Testorf besahen wir (30. May) zwey große Spinnfabriken, die erst seit wenigen Jahren entstanden, sich zu einer Vervollkommnung empor geschwungen haben, die sie zum Gegenstande der Bewunderung macht. Die erste gehört einer Gesellschaft, von welcher die Schwarzembergische Leihbank der vorzüglichste Theilnehmer ist, die andere dem Handelshause Puthon. Die eine hat den Engländer Thornton, die andere den Franzosen Hermite zum Werkführer. Beyde, so nahe Nachbarinnen, wetteifern in der Größe der überwundenen Schwierigkeiten, im Aufwande der Gebäude, im Raffinement der Maschinen.

An Fabriksgebäuden stehen zwey, mit fünf Stockwerken in der Höhe, für Mule- eines mit zwey Stockwerken für Watertwist-Maschinen. Die ersten halten 128, die letztern 60 Maschinen. Sie erzeugen die Woche 55, des Jahres beyläufig 2860 Centner Garn. Es ist äußerst merkwürdig, den Gang der Maschinen zu verfolgen, durch welche die Wolle bearbeitet wird, bis ihre zartesten Fasern aufgelockert in ordentlichere Lagen gebracht, zur Länge von Fäden gezogen, und zu Garne gedreht worden sind.

Durch die Handarbeiten des Schlagens und Zupfens wird die Wolle von den gröbsten Unreinigkeiten geschieden, auf den Kratzmaschinen unter Streichledern, welche mit Höckchen vom feinsten Eisendraht gefüttert sind, zerarbeitet, auf den Streck- oder Zugmaschinen zu einen festeren Bande, endlich unter der Wurzel(dreh)Maschine zu einem groben lockern Faden gewoben, welcher erst auf den eigentlichen Spinnmaschinen zum Garne zubereitet wird.

Diese theilen sich wieder, in Verspinn- und Feinspinnmaschinen, auf ersteren werden 90, auf letzteren 180 Fäden mit einem Mahle gesponnen. Die doppelte Verrichtung des Ziehens und Drehens wird hier durch einen sinnreichen Mechanismus vereinigt. Die Faden drängen sich durch 3 Paar aneinander gereihte bewegliche Walzen durch, und winden sich jeder an einen eisernen Spindel auf, diese laufen mit einem Rädergestell von den Walzen zurück, und dehnen dadurch den Faden etwas in die Länge, zugleich drehen sie sich aber mit einer Schnelligkeit um ihre Achse, welche in dem Augenblicke, wo der Wagen still hält, sich verdoppelt, und dadurch die festere Drehung des ausgesponnenen Fadens bewirkt.

Die oberen Walzen können mittels Gewichten stärker oder schwächer gegen die unteren gepreßt, die Schnelligkeit ihres Umlaufens kann vermehrt, oder vermindert werden, und davon hängt vorzüglich der Grad der Feinheit der Gespinnste ab.

Die Water-Twist welche gewöhnlich zur Kette dienen, unterscheiden sich durch den mindergezogenen und stärker gedrehten Faden, daher die Spulen, woran er sich abdreht, in einem gleichförmigen noch weit schnellerem Kreislaufe erhalten werden.

Noch bedient man sich hier einer eigenen Maschine, der Teufel oder Reisser genannt, um die bey der Fabrikation sich häufig ergebenden Abfälle zu Guten zu bringen. Sie werden zwischen zwey großen, mit Schnelligkeit umlaufenden Walzen mit eisernen Hacken durchgerissen, wo die leichtere und reine Wolle hinausfliegt, die fremdartigen Theile aber zu Boden fallen.

Hundert achtzig Spulen, so wie sie von der Feinspinnmaschine kommen, werden als eine Post in das Magazin abgeliefert, von diesem an die

Hasplerinnen abgegeben, zum Theil auch auf Maschinen, wo 12 bis 14 Spulen auf ein Mahl abgewunden werden, zu Strehnen oder Schnellern gehaspelt ...

Die Schneller werden nach der Reduktion zu englischem Gewichte sortirt, dann nach Verschiedenheit der Feine in Päckchen zu 5 oder 10 Pfund eingemacht. Man hat hierzu eine eigene Art von Pressen, deren Boden zwischen einer Einfassung mit stählernen Leisten durch eine Kurbel gehoben wird ...

Beyde Fabriken scheinen um so mehr die Aufmerksamkeit der Staatsverwaltung zu verdienen, als dieser ganze Zweig der Industrie erst seit kurzem dem Monopol der Ausländer abgenommen wurde, und durch seine schnellen Fortschritte zu noch höhern Erwartungen berechtigt.

Quelle: "Vaterländische Blätter aus dem österr. Kaiserstaat 1809/10"
zit. nach Firnberg H., Otruba G., Rutschka S., 1957

Objekte im Umgebungsbereich

Bad Vöslau

1833 Gründung der Kammgarnspinnerei Geymüller und Co. 1841 erweitert, seit 1978 stillgelegt.
Erhaltene Gebäude:
Teile der ehemaligen Fabrik sowie Häuser der Arbeitersiedlung, weiters interessant am Ortsende Siedlung *Gainfarn*.

Ebergassing/Franzensthal

Der Reformator der österreichischen Artillerie, Fürst Wenzel von Liechtenstein, errichtete auf seiner Herrschaft Ebergassing eine Kanonenbohrerei. Das Gründungsjahr läßt sich nicht genau eruieren; die Angaben schwanken zwischen 1745 und 1767. Das Material für das Unternehmen wurde von einer Stückgießerei in Wien und teils vom Gußwerk Mariazell geliefert. Die erforderlichen Eisenwerkzeuge wurden in der Ramsau vorgefertigt und in einer Ebergassinger Schmiede fertiggestellt. 1819 brannte die Kanonenbohrerei ab und wurde nach Wien-Landstraße verlegt.

1767 erwirbt Johann Trattner eine Mühle und baut sie zu einer Papiermühle nach französischem und holländischem Vorbild um. Zu diesem Zweck wurden eigens Familien aus Belgien nach Ebergassing geholt. Die Papiermühle entstand aus dem Bedarf der Buchdruckerei

Trattner (Trattnerhof in Wien). Schon 1785 kauft Trattner eine zweite Mahlmühle und wandelt diese in eine Papiermühle um.

1817 erwirbt Ludwig Peschier die erstgenannte Papiermühle und baut sie aus; er bezeichnet sie zu Ehren von Franz I. als "Franzensthal". Peschier konstruierte eine Papiermaschine, die erste in Österreich, welche das langwierige Schöpfen, Pressen und Trocknen in einem Arbeitsvorgang vereinigte und nach dem Rotationsprinzip arbeitend ein endloses Papierband erzeugte. Fabrik nach Brand 1825 neu errichtet, 1889 von Neusiedler AG übernommen und 1930 stillgelegt.

Die zweite Trattnersche Papiermühle wird 1816 von der k.k. priv. Ebergassinger Baumwollmanufakturgesellschaft gekauft und in eine Spinnerei umgewandelt.

1851 wurde die Ebergassinger Spinnerei von Phillip Haas & Söhne übernommen (Teppichfabrik); es folgt der Bau von Werkswohnungen. Erhaltene Gebäude:

Spinnerei (Fa. Durmont-Eybl), Arbeiterwohnhäuser und Fabrik Franzensthaler Straße: Fa. Denso Chemie, Futtermittelfabrik Königshofer.

Ebreichsdorf

Die Gemeinde Ebreichsdorf repräsentiert historisch den klassischen Typ eines alten Textilindustriestandorts. Bereits 1754 gründete Josef Pollak eine Tuchmanufaktur auf der Grundherrschaft des Freiherrn von Bartenstein, eines einflußreichen Ministers von Kaiserin Maria Theresia; das Grundstück wurde Pollak kostenlos zur Verfügung gestellt - ein Beispiel früher Unternehmensförderung von staatlicher Seite. 1773 wurden die Baulichkeiten aus der Verlassenschaft Pollaks von dem Wiener Versatzamtsschätzmeister Franz Xaver Lang erworben, der in den Baulichkeiten eine Zitz- und Kattunfabrik einrichtete. Lang, einer der Pioniere des Baumwollmanufakturwesens in Österreich, führte den Betrieb bis 1832 persönlich und wurde wegen seiner Verdienste - sein Betrieb gehörte zu den sechs größten Zitz- und Kattunfabriken der Zeit - von Franz II. in den Freiherrnstand erhoben. Zur Gewinnung der benötigten Farbstoffe und Appreturmittel erweiterte Lang 1791 den Betrieb, erwarb einen alten Eisenhammer an der Piesting, den er zu einer Krappmühle umbaute. 1802 wurde nach dem Vorbild der Pottendorfer Spinnerei und der Kettenhofer Zitz- und Kattunfabrik eine Maschinenspinnerei nach englischer Art errichtet. Seit 1819 - nach Aufhebung der Kontinentalsperre - befand sich der Langsche Betrieb in einer schweren Krise und mußte 1832 stillgelegt werden. Aus Urkunden geht hervor, daß bereits im ausgehenden 18.

Jahrhundert in der Langschen Manufaktur über 2.000 Beschäftigte arbeiteten. Die Manufaktur besaß ein eigenes Spital und auch eine kleine Apotheke.

Verarbeitet wurden Endprodukte von Spinnern und Webern, die man teilweise im Waldviertel, hauptsächlich jedoch in Böhmen und Mähren verlegte. Schließt man diesen Personenkreis mit ein, so wurden insgesamt über 10.000 Personen beschäftigt. Die Langsche Manufaktur war wegen des großen Anteils an Kinderarbeit berüchtigt. 1837 übernimmt der Schweizer Jules Montandon die Langschen Gebäude und führt die Baumwollspinnerei bis 1871 weiter. Im selben Jahr entstand, nach einer baulichen Umgestaltung, die Filzhutfabrik S. & J. Fraenkl und die Börtel- und Litzenfabrik Saglitzer & Schlesinger. Letztere mußte 1927 den Konkurs anmelden und wurde von der Firma Fraenkl übernommen, die bis 1971 unter Ebreichsdorfer Filzhut AG firmierte. Auch in dem heute zur Gemeinde Ebreichsdorf gehörenden Ortsteil Unterwaltersdorf, einer ehemals eigenständigen Gemeinde, wurde bereits um 1805 eine Papiermühle betrieben. Das genaue Gründungsdatum ist nicht bekannt. Als Inhaber werden Mathes und Jäger genannt, die damals auch die Papiermühlen von Franzensthal und Ebergassing besaßen. 1814 gelangte der Betrieb in den Besitz von Anton Strausz, einem angesehenen Wiener Buchdrucker und Schriftsetzer. Als Standort diente ein altes aufgelassenes Mühlengebäude an der Fischa. John Thornton, ein Nachkomme des berühmten Pottendorfer Werkmeisters, betrieb 1835 die Baumwollspinnerei zu Unterwaltersdorf. Nach englischem Vorbild lagen Spinnerei und Unternehmervilla in einem Park, während die Arbeiterwohnhäuser im Ort errichtet worden waren. Die Spinnerei wurde um 1930 aufgelassen. In den 50er Jahren siedelten sich in den Baulichkeiten einige kleinere Betriebe, darunter auch eine Textilfabrik an.

In dem heute ebenfalls Ebreichsdorf eingemeindeten Weigelsdorf gab es seit 1841 eine Baumwollspinnerei, bzw. Baumwoll- und Flachsspinnerei im Ort, die Spinnereien wurden 1945 und 1981 stillgelegt.

Weberei

Arbeiterwohnhaus

Erhaltene Gebäude:

Ebreichsdorf: Baumwollmanufaktur adaptiert zu Wohnungen, Börtel- und Litzenfabrik (1902), Arbeiterwohnhäuser an der Ortsdurchfahrt; *Unterwaltersdorf:* Fabrik, Villa, Arbeiterhäuser; *Weigelsdorf:* Fabrik, Werkssiedlung, Wohngebäude.

Himberg

1770 erbaute Anton Fromwald, ein Wiener Weißgerbermeister, eine Weißgerberwalk, eine Tuchmacherwalk und eine Knoppernmühle in Himberg. Es kam zu einem oftmaligen Besitzerwechsel, wobei das Werk zu einer Krapp- und Farbmaterialmühle umgewandelt wurde. Diese bestand als Farbenfabrik bis 1886 und belieferte die umliegenden Textilbetriebe mit den nötigen Farben. Das Unternehmen umfaßte zwei größere und sechs kleinere Gebäude in der unmittelbaren Nähe des herrschaftlichen Schlosses.

1782 erhielt der Wiener Handelsmann Matthias Sieber, ein ehemaliger Direktor der Kettenhofer Kottonmanufaktur, die Befugnis, in Himberg eine Zitz- und Kottonfabrik zu errichten. 1787 war die Fabrik in den Besitz des Jean Bouvard übergegangen. Er hatte im Wiener Wirtschaftsleben der damaligen Zeit eine bedeutende Stellung eingenommen und betrieb am Alsergrund eine weitere Manufaktur. 1804 war der Betrieb im Besitz der k.k. priv. Himberger Zitz- und Kottonfabriksgesellschaft, deren Hauptteilhaber Graf Friesz und das Bankhaus Arnstein und Eskeles waren. 1829 gelangte die Fabrik in den Besitz von Theodosius Blumauer, der eine Baumwollwarendruckerei betrieb, die bis 1898 bestand.

1808 errichtete der Leinwanddrucker Matthias Steyrer, dessen Familie seit 1754 in Himberg nachgewiesen ist, trotz der Proteste der Zitz- und Kottonmanufaktur eine Kottondruckerei. Diese bestand bis etwa 1845.

Erhaltene Gebäude:

Fabriksgebäude der Hutterer & Lechner KG, Arbeiterwohnhäuser.

Marienthal-Gramatneusiedl

1826 wurde von Franz Wurm und Johann Pausinger in Marienthal bei Gramatneusiedl eine Flachsspinnerei gegründet, die ihr Unternehmen auf selbstkonstruierten Spinnmaschinen betrieben und vielleicht auch deshalb bereits 1827 wieder zugrunde gingen. Im selben Jahr wurde

Wurm wegen Banknotenfälschung zum Tode verurteilt, vom Kaiser allerdings als genialer Erfinder wieder begnadigt.

Das Bauwerk, die ehemalige Theresienmühle, wurde 1844 vom Baumwollspinnfabrikanten Hermann Todesco in ein Arbeiterwohnhaus umgewandelt. 1830 gründete der Großhändler Todesco eine Spinnerei im ehemaligen Werk von Wurm und Pausinger. Die Spinnerei wurde in einem neuerbauten Gebäude untergebracht. 1845/46 baute man einen Verbindungskanal zwischen der Fischa und der Piesting. Im gleichen Jahr wurde auch eine weitere Arbeiterkolonie, beiderseits der Straße nach Gramatneusiedl, angelegt. Fabriksgebäude und Wohnsiedlung bildeten ein eigenes Fabriksviertel, das den Namen "Marienthal" führt. 1845 waren 140 Arbeiter, davon 22 Kinder beschäftigt. Bereits 1833 war für die Fabrikskinder eine eigene Fabriksschule sowie etwa 10 Jahre später ein Kindergarten errichtet worden. Die Spinnerei bestand bis 1930. Berühmt wurde Marienthal durch die Studie von *Jahoda/Lazarsfeld*. In den 50er Jahren des 20. Jahrhunderts waren in den ehemaligen Spinnereigebäuden drei kleinere Firmen untergebracht.

Erhaltene Gebäude:

Additive Wohneinheiten in zweigeschossigen Wohnblocks, hofseitig ist im Obergeschoß ein Pawlatschengang angeordnet; die Anlage wird derzeit renoviert.

Hofseite mit Pawlatschen

125

Straße nach Gramatneusiedl   Werkskanal

Die Arbeitslosen von Marienthal

... Und der Mittelpunkt dieses lebendigen Ortes war die Fabrik. Sie war nicht bloß Arbeitsstätte, sie war das Zentrum des sozialen Lebens.
... Alles das ist verschwunden. In der Fabrik ist es still geworden. Irgendwo hört man über die leeren Höfe hin einen klingenden Hammer alte Ziegeln aus der Mauer schlagen. Das ist die letzte Arbeit, die die Fabrik zu vergeben hat.

Gegenüber der Fabrik liegt der große, einstmals herrschaftliche Park. Auf ihn waren die Marienthaler sehr stolz. Am Sonntag waren sie auf den Bänken in der Allee mit den sorgfältig geschnittenen Sträuchern gesessen, waren auf den gepflegten Wegen spazieren gegangen. Jetzt ist der Park verwildert: Unkraut wuchert auf den Wegen, die Rasenflächen sind zerstört. Obwohl fast jeder Marienthaler Zeit dafür hätte, kümmert sich niemand um den Park...

Losgelöst von ihrer Arbeit und ohne Kontakt mit der Außenwelt, haben die Arbeiter die materiellen und moralischen Möglichkeiten eingebüßt, die Zeit zu verwenden. Sie, die sich nicht mehr beeilen müssen, beginnen auch nichts mehr und gleiten allmählich ab aus einer geregelten Existenz ins Ungebundene und Leere. Wenn sie Rückschau halten über einen Abschnitt dieser freien Zeit, dann will ihnen nichts einfallen, was der Mühe wert wäre, erzählt zu werden.

Viele Stunden stehen die Männer auf der Straße herum, einzeln oder in kleinen Gruppen; sie lehnen an der Hauswand, am Brückengeländer. Wenn ein Wagen durch den Ort fährt, drehen sie den Kopf ein wenig; mancher raucht eine Pfeife. Langsame Gespräche werden geführt, für die man unbegrenzte Zeit hat. Nichts mehr muß schnell geschehen, die Menschen haben verlernt, sich zu beeilen...

Die ungebrochenen und die gebrochenen Existenzen scheinen zurückzutreten gegenüber dem Eindruck einer als Ganzes resignierten Gemeinschaft, die zwar die Ordnung der Gegenwart aufrechterhält, aber die Beziehung zur Zukunft verloren hat.

Quelle: Jahoda M., Lazarsfeld P., Zeisel H., Die Arbeitslosen von Marienthal. Ein soziographischer Versuch, Frankfurt/Main 1978 (1933).

Mödling

Seit den siebziger Jahren des 18. Jahrhunderts Standort der Seiden- und Baumwollverarbeitung, später verschiedenste Industriezweige, u.a. Druckwaren, Leder, Isoliermaterial.
Erhaltene Gebäude:
Ehemalige Korksteinfabrik (1884), Siedlung "Kolonie" (ehemalige Schusterhäuser, wo in Heimarbeit einer Schuhfabrik zugearbeitet wurde), Lagerhaus der Fa. Möbel Leiner; in der Nähe interessant *Guntramsdorfs* ehemalige Walzengravuranstalt, Schleusenanlagen.

Moosbrunn

Seit 1835 Abbau von Torf, die Torfziegel wurden in der 1869 gegründeten Glashütte verfeuert.
Erhaltene Gebäude: Fabrik und Arbeitersiedlung.

Münchendorf

1814 Baumwollspinnerei C. Thornton, 1872 AG der Baumwollspinnerei zu Theresienthal und Münchendorf, 1956 stillgelegt.
Erhaltene Gebäude: Arbeiterwohnhäuser.

Oberwaltersdorf

1819 Baumwollspinnerei der Gebrüder Gradner, 1895 Neubau des Fabriksgebäudes - dreigeschossig mit Weberei und Kesselhaus; Spinnerei und Weberei standen bis 1941 in Betrieb.
Erhaltene Gebäude:
Leerstehendes Fabriksobjekt, sanierungsbedürftig - wäre für Umnutzungszwecke geeignet, zugeordnete Werkswohnungen entlang der Fabriksstraße noch bewohnt, weitere interessante Wohnobjekte bei der Bettwarenfabrik in der Tattendorferstraße.

Leerstehendes Fabriksobjekt

Wohngebäude in der Tattendorferstraße

Arbeiterwohnungen in der Fabriksstraße

Schwadorf

Am 23.1.1802 suchten die Wiener Großhändler Friesz und Gontard beim Kreisamt Traiskirchen um die Errichtungserlaubnis für eine Spinnereifabrik an. Am selben Tag noch wurde ein Kontrakt mit zwei englischen Mechanikern geschlossen, wobei sich die beiden verpflichteten, eine Baumwollspinnerei nach englischem Muster zu errichten. Für sie erbaute man das sogenannte "Englische Haus" als Wohngebäude. 1804 wurde das Unternehmen als k.k. priv. Spinnfabriks-Societät eingetragen.

Die Fabrik wurde zum größten Teil neu errichtet. Zusätzlich wurden noch das Dominikalbrauhaus in Schwadorf, ein Meierhof und der sogenannte Schäferhof erworben. 1811 erweiterte man den Besitz noch um zwei an der Fischa liegende Mühlen samt den dazugehörigen Wasserrechten. Die Schwadorfer Spinnerei entstand zur Versorgung der Kettenhofer Zitz- und Kottonfabrik mit den nötigen Garnen. Die Spinnerei verarbeitete zuerst mazedonische, levantinische und zyprische Baumwolle; später auch indische und amerikanische. 1829 erwarb Wilhelm Brevillier den Betrieb. 1843 zählte das Unternehmen 27.000 Spindeln und etwa 580 Beschäftigte. Für die in der Fabrik beschäftigten Arbeiter wurden eigene Wohnhäuser errichtet. Das Unternehmen besteht heute noch.

Erhaltene Gebäude:
Fabriksanlage, Kanal, Englisches Haus, Arbeiterhäuser.

Schwechat

Die Schwechater Zitz- und Kottonfabrik war die erste ihrer Art im Viertel unter dem Wienerwald. Bereits 1667 erhielt die orientalische Kompagnie, die den Handel von österreichischen Erzeugnissen in den Orient vermitteln sollte, die Konzession für eine Tuchfärberei und erwarb zu diesem Zweck ein altes Wirtshaus im heutigen Gemeindegebiet von Schwechat. 1683 ging das Unternehmen wieder in Konkurs. 1725 wird von der wiedergegründeten Orient-Kompagnie in Schwechat eine Baumwollmanufaktur errichtet, die mit einem ausschließlichen Privileg auf die Baumwollwarenerzeugung ausgestattet war:

"... von nun an alle einfuhr derer auswärtig verfertigten rohen, gebleicht-, gefärbt oder gedruckten ganz und halben cottonen, auch alle sorten parchent, es mögen solche bereits gebräuchlich sein oder als neue inventiones respectu der qualität, zurichtung und facon künftighin allererst erdacht, erfunden und aufgebracht werden, gänzlich verboten und abgestellet..." (Privilegium Privativum 1726, zit. nach Firnberg H. et al. 1957)

Die Arbeit wurde im Verlagssystem durchgeführt und die Manufakturgebäude dienten vor allem der Vollendung der rohen Baumwollwaren, während die Herstellung der rohen Waren meist außerhalb der Manufaktur erfolgte. Die Spinner und Weber der Schwechater Manufaktur waren hauptsächlich im Waldviertel ansässig; zu den Zuarbeitern zählten aber auch die Insassen des Wiener Armenhauses sowie einige Spitäler. Die Vermittlung zwischen der Manufaktur und den Spinnereien und Webereien wurde durch sogenannte "Faktoren" (Verleger) aufrecht erhalten. 1820 stellte der Betrieb seine Tätigkeit ein.

1765 wird in Kettenhof bei Schwechat eine weitere Kattunmanufaktur gegründet, die an eine ehemalige Bleiche am Kalten Gang anschloß. Für die in der Manufaktur beschäftigten Arbeiter wird 1777-1778 der Ort Neukettenhof gegründet. Die Kettenhofer Manufaktur arbeitete wie die Schwechater im Verlagssystem. Die Webergesellen, für welche der Ort Neukettenhof angelegt worden war, wanderten zuerst aus dem Waldviertel, später aus Böhmen und Schlesien zu. Das Unternehmen bestand bis 1974. Um die Kettenhofer Manufaktur mit den notwendigen Farben zu beliefern, gründet man in Neukettenhof 1810 eine chemische Produkterzeugung.

1811 wird in Kettenhof eine Essigfabrik und Schnapsbrennerei errichtet, die bis 1829 bestand. Vom 19. Jahrhundert an entwickelte

sich Schwechat zu einem typischen Industrieort mit einer hohen Branchenvielfalt: z.B. Lebensmittelindustrie, Chemiebetriebe, Raffinerie, lange Tradition hat die Bierbrauerei (seit dem 17. Jahrhundert). Interessante Gebäude u.a.:
Kattunfabrik Thornmühle, Kettenhof; Altbestand in der Brauerei; AGA-Werke, AMF-Tyrolia (Verwaltung), Kabelwerke; Arbeiterhäuser überwiegend im Eigentum der Gemeinde, z.B. in der Sendnergasse, Kelleranlage Rechhüttenstraße;
Rannersdorf: Antonshof, Schloß Rothmühle, Gutshof Wallhof, Fa. Rohr-Mertl (ehemaliges Wiener Stadtbrauhaus), Fa. Credo-Knochenverwertung; Beamtensiedlung der städtischen Brauerei (1921), Unternehmerwohnhaus der Baumwollspinnerei Schwarzmühle.

Trumau

Seit 1839 Baumwollspinnerei AG, 1869 bestehen 300 Arbeiterwohnungen (zinsfrei), Fabrikserweiterung 1877, 1889 AG der Baumwoll-Spinnereien, Webereien, Bleiche, Appretur, Färberei und Druckerei zu Trumau und Marienthal, bis 1929 in Betrieb.
Erhaltene Objekte:
Arbeiterwohnhäuser.

Traiskirchen

Seit 1776 Seidenverarbeitung bis in das 19. Jahrhundert hinein, 1896 wird auf dem Gelände der ehemaligen Seidenflorfabrik ein Werk von J. Miskolczy errichtet, das Vollgummireifen für Fiaker und Landauer erzeugte und 1906 den Namen "Semperit"-Gummiwerke annahm.
1910 erfolgte zwischen der Österreichisch-Amerikanischen Gummifabrik AG, der Ungarischen Gummiwarenfabrik und der Semperit Gummiwerke Ges.m.b.H. die Gründung einer Interessengemeinschaft unter Führung des Wiener Bankvereins. Durch Fusionierung entstand 1912 die Semperit Österreichisch-Amerikanische Gummiwerke AG. In der Folge wurde noch eine Reihe kleinerer Betriebe zugekauft, sodaß sich schließlich das Unternehmen zum stärksten Gummiwarenerzeuger der Monarchie entwickeln konnte. In Traiskirchen selbst blieb die Reifenerzeugung konzentriert.
Im Ortsteil *Möllersdorf* Gründung einer Baumwollspinnerei 1826 durch J. Mohr, der später die Felixdorfer Spinnerei besaß; 1875 Gründung der Metallwerke Möllersdorf, 1890 Neubau einer Spinnerei durch

die Vöslauer Kammgarn (in Betrieb bis 1976), Ende des 19. Jahrhunderts Ziegeleien der Wienerberger AG.
Erhaltene Gebäude:
Fabrikskomplex der Semperit-Werke, ehemalige Textilfärberei;
Möllersdorf: aufgelassene Fabrik der Vöslauer Kammgarn, Arbeitersiedlungsgebäude aus verschiedenen Phasen (bis 1920).

Ehemaliger Spinnsaal in Möllersdorf

Fabriksruine

Werkswohnungen in Möllersdorf um 1920

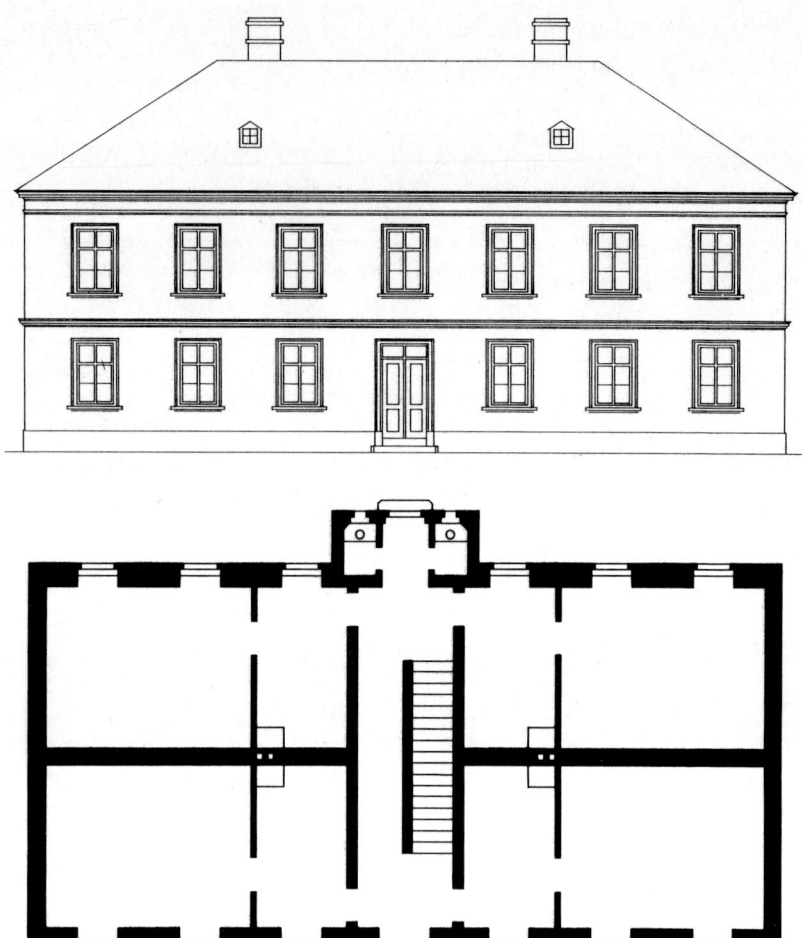

Werkswohnungen bei der Spinnerei Möllersdorf (1890)

6.2 Der Raum nördlich von Wiener Neustadt

Route 1: Südautobahn Wiener Neustadt - Steinabrückl/Wöllersdorf - Berndorf (über Hernstein) - Pottenstein (zurück nach) - Hirtenberg - Enzesfeld - Leobersdorf

Route 2: Südautobahn Wiener Neustadt - Lichtenwörth/Nadelburg - Ebenfurth - Felixdorf - Sollenau - Blumau/Neurißhof - Teesdorf/Günselsdorf

Radtour 1: Kottingbrunn - Leobersdorf - Sollenau - Felixdorf (entweder) - Blumau/Neurißhof - Teesdorf (zurück nach Kottingbrunn (oder) - Zillingdorf - Ebenfurt - Lichtenwörth/Nadelburg - Wiener Neustadt

Radtour 2: Wiener Neustadt - Steinabrückl/Wöllersdorf - Lindabrunn - Enzesfeld - Hirtenberg - Berndorf - Pottenstein (zurück über Gainfarn) - Bad Vöslau

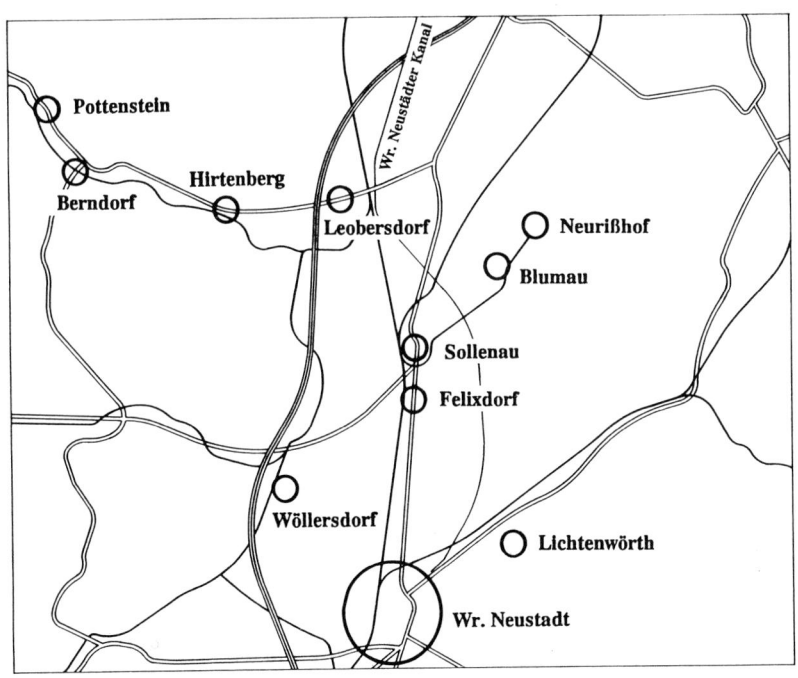

Kartenausschnitt Raum 2

133

Felixdorf gilt als ein typisches Beispiel für einen Fabriksort auf dem flachen Land. Die Geschichte dieses Ortes ist die seiner Industrie. Denn vor dem Jahr 1818 bestand auf dem von der Piesting durchflossenen Gelände nur ein einziges Haus - eine Mühle. Nach Parzellierung und Veräußerung des zur Gemeinde Wiener Neustadt gehörenden Heidegrundes errichtete der Knopffabrikant Kepplhofer im heutigen Ortsgebiet von Felixdorf eine Knopffabrik, die 1825 an den Wiener Großhändler Franz Odersky übergeht und von diesem zu einer Baumwollgespinsterzeugung umgewandelt wird. 1831/32 erwirbt der Wiener Neustädter Seidenfabrikant C. F. Bräunlich (Andrä & Bräunlich) das Gelände zwischen Knopffabrik und Mühle und richtet dort eine Baumwollspinnerei ein, die jedoch nach einem Brand (1833) neu aufgebaut werden muß. 1844 entsteht ein zweigeschossiges Arbeiterwohnhaus.

Noch im Jahr 1838 zählt Felixdorf nur 26 Häuser, zwei Spinnfabriken und eine Mahlmühle. Im selben Jahr scheint Josef Mohr, der die Möllersdorfer und später (1840) auch die Rohrbacher Spinnerei besitzt, als Eigentümer der Oderskyschen Baumwollspinnerei auf, die unter seiner Leitung weiter ausgebaut wird. *Knolz* schildert in seiner 1843 veröffentlichten Untersuchung über die niederösterreichische Baumwollindustrie die Felixdorfer "Verhältnisse":

"Das Fabriksgebäude ist 2 Stockwerke hoch, hat eine sehr gesunde Lage, sämtliche Spinnsäle sind geräumig, 12 Schuh hoch, mit Winterfenstern versehen und mittelst Meissner'schen Öfen heizbar. In den Wollreinigungs-Localitäten sind Staubventilatoren angebracht. Sämtliche Maschinen werden durch Wasser betrieben. - Die Ubicationen für Kinder sind durchgehends geräumig, rein, mit guten Betten eingerichtet, und werden durch einen verheiratheten Fabriksvorgesetzten überwacht. Die Schlaf- und Aufenthaltszimmer für ledige erwachsene Arbeiterinnen, deren sittlicher Zustand durch strenge Aufseherinnen überwacht wird, sind abgesondert von jenen der Männer... Die Arbeitszeit ist von 4 Uhr Morgens bis 8 Uhr Abends, nur an Vortagen von Sonn- und Feiertagen bis zur Dämmerung. Ruhestunden von 12-1 Uhr zum Mittagessen; zwischen 9 - 10 Uhr Vor- und zwischen 4 - 5 Uhr Nachmittags ist ihnen gegönnt, jedoch ohne Unterbrechung der Spinnerei, Frühstück und Jause zu sich zu nehmen. Kinder sind Mittags von halb 12 Uhr bis 1 Uhr frei. Somit beträgt die Beschäftigungszeit täglich 13 Stunden... Die Kinder sind an Sonn- und Feiertagen unabhängig von der Fabrik und wohnen bei ihren Älteren und Angehörigen, und sind an diesen Tagen in Beziehung auf Wiederholung und Christenlehre ihrem Herrn Seelsorger und der hiesigen Schulaufsicht unterworfen, von welcher sie auch durch ihre Älteren und Angehörigen zum Unterrichtsbesuche angehalten werden. Den Unterricht ertheilt Ferdinand Wanko, Gemeindelehrer, den geistlichen Carl Grössmann, Dechant in Theresienfeld. Ersterer erhält daher jährlich 125 fl.W.W. und 2 Klafter Holz Beitrag von Seite der Fabrik. ... Bei den Fabriksarbeitern kommen verhältnissmässig nicht mehr und nicht andere Krankheiten vor. Für heizbare, luftige Krankenzimmer gute Betten, Wartung und Pflege ist bestens gesorgt. Seit mehreren Jahren besteht in dieser Fabrik ein Krankenverein nach dessen Statuten jeder Arbeiter ohne Ausnahme von seinem wöchentlich Verdienst von jedem Gulden 1kr. erlegt, u. jenen Familienmitgliedern, welche nicht in Arbeit stehen, steht es frei, gegen wöchentliche Einlage von 3 kr. dem Verein beizutreten, hingegen erhält jeder Erkrankte unentgeldliche ärztliche Hilfe und freie Verabreichung der Medikamente..." (Knolz 1843, S. 82 ff.)

Nach dem Tod Mohrs geht das inzwischen schwer verschuldete Unternehmen an ein Gläubigerkonsortium über. 1872 ersteigert der Hauptgläubiger - die einige Jahre zuvor gegründete Felixdorfer Weberei- und Appreturanstalt - die Objekte. Der Besitzer der zweiten Felixdorfer Spinnerei Bräunlich hatte sich bereits 1869 mit einer Gruppe von Kaufleuten und Industriellen zu einer Aktiengesellschaft zusammengeschlossen, darunter u.a. Hainisch - Eigentümer der Nadelburg - und die Fa. Brevillier. Sie planten, in Felixdorf eine auf Großproduktion ausgerichtete Weberei- und Appreturanstalt aufzubauen. Aufgrund einer schweren Krise der Textilverarbeitung und -erzeugung - vor allem die Baumwollspinnereien erlitten schwere Verluste, nachdem die USA (Sezessionskrieg 1861-65) als Rohstofflieferant ausfielen - sollte durch Produktionsumstellungen (Weberei, Appretur) der einseitigen Orientierung der Textilindustrie entgegengewirkt werden. In den siebziger und achtziger Jahren erleben die Felixdorfer Betriebe einen Aufschwung: Fabriksgebäude, Beamten- und Arbeiterwohnhäuser werden errichtet. 1883 folgt der Bau eines Kindergartens, einer Direktionsvilla und eines Badehauses für die Werksangehörigen. 1885 erfährt das Unternehmen durch die Beteiligung Mauthner von Markhofs an der Aktiengesellschaft eine Kapitalaufstockung. 1912 fusionieren die Felixdorfer Fabriken mit der Pottendorfer Spinnerei. Der Mauthner-Konzern erwirbt 1922 das gesamte Aktienkapital. In den zwanziger Jahren kommt es zum neuerlichen Ausbau der Anlage - die Errichtung des Felixhofes, eines noch heute erhaltenen Wohngebäudes, fällt in diese Zeit. Nach Zerstörungen im Zweiten Weltkrieg werden die Betriebsobjekte wiederaufgebaut und modernisiert.

1976/77 erfolgt die Ausgliederung der Pottendorfer Textil AG aus dem CA-Konzern: das Pottendorfer Werk wird stillgelegt, Spinnerei und Weberei in Felixdorf getrennt und einzeln verkauft. Die Gebäude der ehemaligen Baumwollspinnerei nutzt heute die halbstaatliche Linz-Textil; die Weberei, die unter dem Namen Pottendorfer Textilwerke weiterläuft, befindet sich im Besitz eines ausländischen Unternehmers.

Es bestehen heute zwei betrieblich genutzte Hallenkomplexe der "Pottendorfer Textilwerke", einer davon 1948 nach Kriegszerstörungen neu erbaut, zwischen denen die Schleppgleise führen und die wegen der Belichtung (Oberlicht) nach Norden orientiert sind. Die aus dem 19. Jahrhundert stammende, in Rohziegel errichtete Anlage zeigt eine symmetrische Gliederung mit einem durch Pfeiler akzentuierten Mittelteil bzw. entsprechenden "Ecksituationen". Die aus versetzten

Fabrik (Pottendorfer Textilwerke)

Ziegelscharen sichtbar gebildeten Gesimse ziehen sich über Fabrik, Wohnbauten und Direktionsvilla als bezeichnendes Element des Ensembles. Das ältere ehemalige Webereigebäude steht leer, bzw. wurde es in Abschnitten zu Werkswohnungen adaptiert und ist in einem baulich schlechten Zustand. Im Osten des Hallenkomplexes finden sich noch alte, baufällige Magazingebäude, die zur Mühle gehört hatten.

Die im Westen dieses Areals gelegene Spinnerei (heute "Linz-Textil") ist wesentlich kleiner und besteht aus einem eingeschossigen Hallengebäude mit zweigeschossigen Anbauten und Nebengebäuden. Vorgelagert sind diesem Fabriksteil zeilenartige Nebengebäude, die wie das Baumwollager noch aus der Gründungszeit (1832) stammen. Um die Fabrik gruppieren sich die Arbeiter- und Beamtenwohnungen der Fabrik, fast zur Gänze auch aus der ersten Hälfte des 19. Jahrhunderts stammend. Der in Felixdorf gegebene Bestand an Arbeiterwohnungen umfaßt faktisch einen Zeitraum von 100 Jahren, reicht also von der frühindustriellen Phase bis in die zwanziger Jahre unseres Jahrhunderts. Die ältesten Häuser sind um die Mohrstraße bzw. in Verlängerung der Bräunlichstraße zu finden. Diese zum Teil mit offenen Laubengängen ausgestatteten, überwiegend zwei- und dreigeschossigen Objekte weisen einen relativ schlechten Erhaltungszustand auf (v.a. Feuchtigkeitsschäden). In ihrer Erscheinungsform erinnern sie eher an Gutshöfe und Wirtschaftsgebäude als an Werkswohnungs-

Direktorenvilla

bauten. An einigen Objekten finden sich interessante Putzornamente im Stile des Biedermeiers. Heute sind diese Wohnungen nahezu ausschließlich von Gastarbeitern belegt; der Werkswohnungsbestand (also jene Wohnungen, die noch nicht in das Gemeindeeigentum übergeführt sind) beträgt etwa 100 Wohnungen. Die zweifellos vom städtebaulichen Ensemble und der Typologie her interessanteste Anlage ist der sogenannte "Tschechenring" (aufgrund der historischen Zuwanderung der Textilarbeiter im 19. Jahrhundert) zwischen Bahnstraße-Fabriksgasse-Kirchhofgasse. Nach Plänen des bekannten Ringstraßenarchitekten C. Tietz 1869 erbaut, gruppieren sich die Wohnhäuser in U-Form (daher "Ring" genannt) um einen Gartenhof oder Anger und bilden damit ein geschlossenes Ensemble. Verwendet wurde dabei ein in verschiedenen Additionen variierter Typus mit einem zentral gelegenen Stiegenhaus, wovon jeweils 4 Zimmer-Küche-Wohnungen aufgeschlossen sind.

Die Rohziegelhäuser weisen jeweils einen dreigeschossigen Mittelteil mit einem Giebel (Giebelfeld verputzt) und zweigeschossigen Seitentrakten (Giebel quergestellt) auf. Zwischen den additiv zusammengesetzten Baukörpern sind Schuppen angeordnet. An der geschlossenen Schmalseite des Grundstücks steht in gleicher Gestaltung ein "Kopfgebäude", das ehemals die Versorgungseinrichtungen der Anlage beinhaltete. Der gesamte, etwa 70 Wohnungen umfassende Komplex steht heute im Eigentum der Gemeinde Felixdorf und ist durchwegs

137

bewohnt. 1978 wurden erhaltende Sanierungsarbeiten durchgeführt. Neben dieser, das Ortsbild prägenden Anlage findet sich eine große Anzahl von Arbeiterwohnobjekten.

Häuser "Tschechenring"

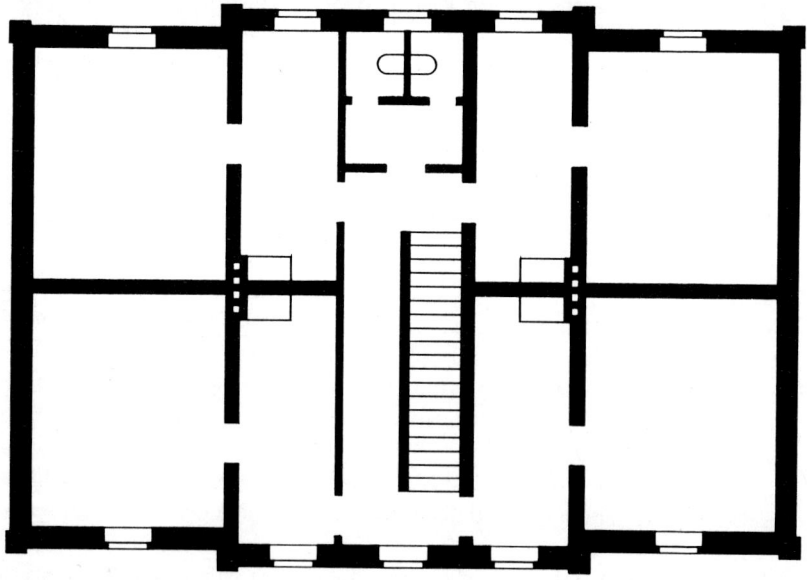

Grundtypus der Häuser "Tschechenring"

Einige Beispiele: Die 1890 von Stadtbaumeister J. Pfleger erbauten "Schweizerhäuser", ein zeilenartiger Bau, der im Westen direkt an den "Tschechenring" anschließt. Hier wurde ein Typus verwendet, der von einem Stiegenhaus jeweils 4 Zimmer-Küche-Wohnungen aufschließt; außen, von einem Podest zugänglich, liegen die Gemeinschaftsaborte. Zwei- oder dreimal aneinandergereiht, mit einem Satteldach versehen, bilden die zweigeschossigen Häuser einen linearen Abschluß zur Arbeitergasse. Die vor kurzer Zeit durchgeführten Sanierungsmaßnahmen wie Dacheindeckung mit Welleneternit und Verputz der Rohziegelhäuser sind nicht adäquat der Bausubstanz entwickelt.

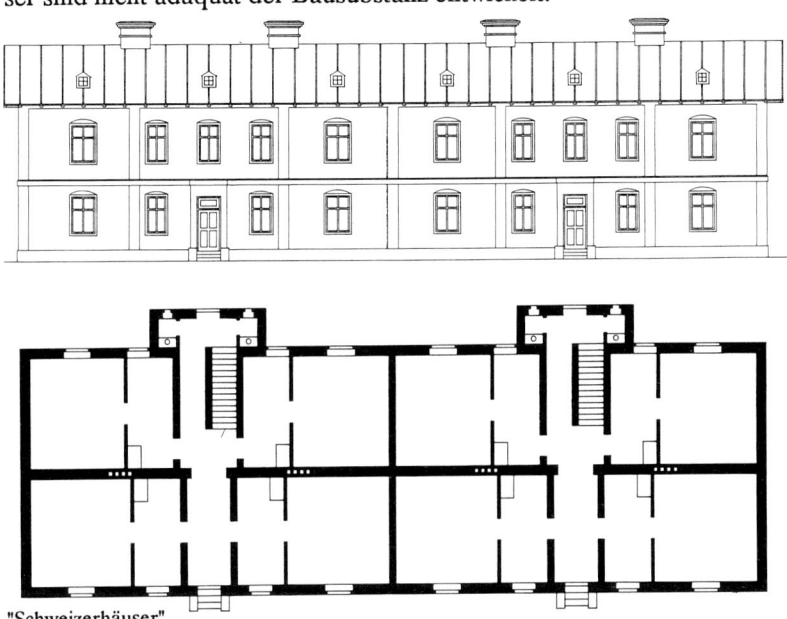

"Schweizerhäuser"

Auf dem Nachbargrundstück befindet sich an der Ecke Gutensteiner Straße/Bräunlichstraße ein geschlossener Arbeiterwohnhof, mit zum Teil offen geführten Stiegen- und Ganganlagen, der sonst in Felixdorf nicht vorkommt. Vor einer Sanierung steht der dahinter liegende, 1927 errichtete "Felixhof", ein Objekt, das in seiner Architektur an Gemeinde- bzw. Siedlungsbauten der Zwischenkriegszeit im Roten Wien erinnert. Im durch einen kleinen Turm akzentuierten Mittelteil ist das Gebäude dreigeschossig entwickelt, die Seitenflügel sind zweigeschossig. Zum Teil ist das Walmdach ausgebaut, an der Hofseite liegen über den erdgeschossigen Zugängen Loggien. Die Wohnungstypen sind mit Zimmer-Küche und Zimmer-Küche-Kabinett gegeben.

Arbeitsmigration

Wie die Arbeiter in die Fabrik kamen, kann für die Felixdorfer Weberei und Appretur anhand der Volkszählungsergebnisse von 1869 und 1880 skizziert werden. In diesem Zeitraum erhöhte sich, bedingt durch die Fabrikszuwanderung, die Einwohnerschaft von 899 auf 1727 Personen. Die Arbeitsverhältnisse im zentralisierten Großbetrieb hatten eine nach Qualifikation/Geschlecht/Alter weitgefächerte Nachfrage an Arbeitskräften zur Folge. Dabei ist es typisch, daß jeweils mehrere Familienmitglieder Beschäftigung im selben Betrieb fanden. In der Textilindustrie herrschte damit noch lange eine "familienorientierte Produktionsweise". Wohnen und Arbeiten waren eng miteinander verbunden, worauf der Werkswohnungsbau in diesem Sektor verweist. Es sind vor allem billige, zumeist ungelernte Arbeitskräfte, die systematisch - oft als ganze Familien - angeworben werden. Arbeitsmigration ist im Falle der Textilerzeugung mit Familienwanderung gleichzusetzen. In Felixdorf kamen mehr als 60% der Belegschaft aus Böhmen und Mähren, rund ein Viertel aus Niederösterreich (1880). Zwei Formen der Wanderungsbewegung sind charakteristisch: der Zuzug aus einer anderen Region bzw. einem anderen Land oder das Wandern in der Region. Bei letzterer handelt es sich um Familien, die im Wiener Becken ansässig oder vor längerer Zeit zugezogen waren. Auf der Suche nach besseren Arbeits- und Lebensbedingungen wandern sie von Fabrik zu Fabrik. Die einzelnen Stationen zeigen die Geburtsorte der Kinder.

Beispiel für Zuwanderung (bei der Volkszählung 1880 wurden in einer Wohnung der Felixdorfer Weberei folgende Personen erfaßt):

Haushaltsvorstand: Josef Krcil, geb. am 13.3.1831 in Senoschat, Böhmen, Weber in der Felixdorfer Weberei

Ehefrau: Maria, geb. am 11.5.1830 in Tremlitz, Böhmen, häusliche Arbeit

Vater von Maria Krcil: Anton Swoboda, geb. 1810 in Tremles, Böhmen

Tochter: Anastasia, geb. am 25.2.1863 in Tremlitz, Böhmen, Zettlerin in der Felixdorfer Weberei

Tochter: Johanna, geb. am 25.12.1864 in Tremlitz, Böhmen, Weberin in der Felixdorfer Weberei

Sohn: Josef, geb. am 29.1.1867 in Tremlitz, Böhmen, Weber in der Felixdorfer Weberei

Tochter: Maria, geb. am 5.12.1868 in Tremlitz, Böhmen, Schülerin

Tochter: Theresia, geb. am 15.7.1874 in Tremlitz, Böhmen

Sohn: Alois, geb. am 21.6.1876 in Tremlitz, Böhmen

Tochter: Franziska, geb. am 5.3.1878 in Felixdorf

Beispiel für Wanderung in der Region (ebenso Volkszählung 1880)

Haushaltsvorstand: Mathias Pollansky, geb. am 17.4.1928 in Pisek, Böhmen, Bleicher in der Felixdorfer Weberei
Ehefrau: Maria Pollansky, geb. am 10.3.1834 in Kansenitz, Böhmen, besorgt den Haushalt
Tochter: Leopoldine, geb. am 25.9.1861 in Ebergassing, Einzieherin in der Felixdorfer Weberei
Sohn: Alois, geb. am 27.7.1868 in Marienthal, geht in die Schule
Tochter: Rosalia, geb. am 20.2.1876 in Sollenau
Tochter: Maria, geb. am 10.9.1878 in Petrifeld-Theresienfeld
im Haushalt mitlebende fremde Person (Bettgeherin): Elise Hrubi, geb. 1840? - weiß nichts anzugeben - in Mischenitz, Böhmen, Hasplerin in der Felixdorfer Weberei

Quelle: Hahn S., Sprengnagel G., Datenbank Wiener Neustadt im Industriezeitalter

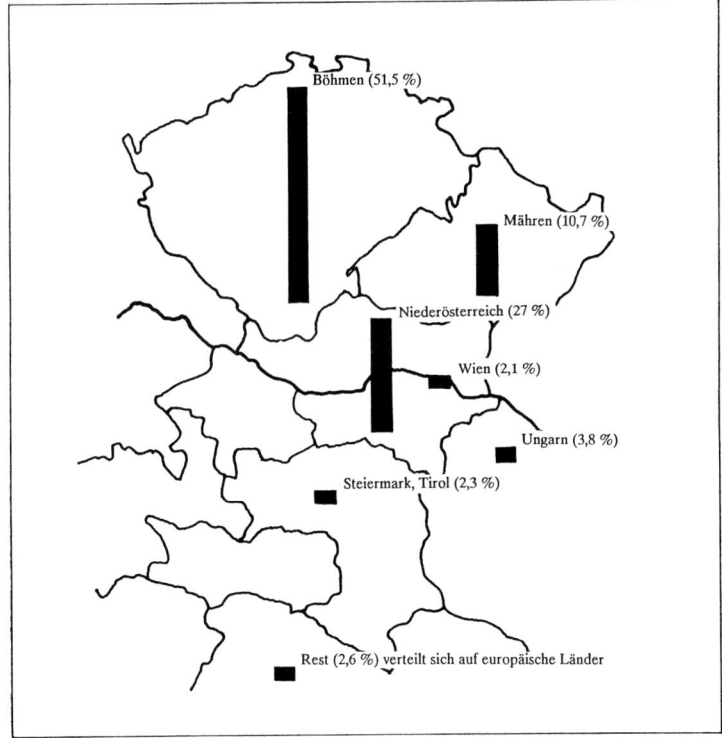

Herkunft der Fabriksarbeiter in Felixdorf 1880

Weitere interessante Objekte aus der lokalen Geschichte des Werkswohnungsbaues: das winkelförmige Gebäude in der Bahnstraße 12, das ältere Haus in der Mohrstraße 29; in der Mühlstraße wurde ein einzeln stehendes Arbeiterwohnobjekt 1984/85 zu Startwohnungen durch private Initiative derart umgebaut, daß seine "Identität" verloren ging (Fensterteilungen zerstört, künstliche Dachform für den Ausbau erzeugt, Verputz). Es ist dies ein Beispiel dafür, wie eine erhaltende Erneuerung und Revitalisierung nicht durchzuführen ist.

Ältere Wohnobjekte

Zu einem Großteil wurden die ehemaligen Werkswohnungen der Textilwerke in den letzten zwei Jahrzehnten sukzessive in das Gemeindeeigentum überführt und unterstehen damit den Bestimmungen des Mietengesetzes. In Gesprächen mit den verantwortlichen Gemeindepolitikern zeigte sich ein relativ großes Interesse am Erhalt des Wohnungsbestandes bzw. durchaus auch eine Sensibilität für diesen Teil einer gebauten Ortsgeschichte. Leider war es bisher nicht möglich, eine der sozial- und baugeschichtlichen Problemdimension entsprechende Sanierung durchzuführen.

Aus einem Gesprächsprotokoll:

Hier in Felixdorf hat es im Krieg ein großes Judenlager gegeben, unten in der Engelsmühle. Da draußen ist heute der Judenfriedhof, denn ein Großteil ist zugrund gegangen, ich glaub', so an die 2.000 Leut sind dort begraben. Das waren ungarische Juden, die im letzten Kriegsjahr hergebracht worden sind zum Ausbau von Befestigungsanlagen. Die sind dann hier einquartiert worden. Dann ist eine Typhusepidemie ausgebrochen, die sind elend zugrund gegangen, verhungert, erfroren und dann noch der Typhus. Wenn einer gestorben ist, haben sie ihn sofort komplett ausgezogen und selber das G'wand angezogen. Die Toten haben sie auf Lastwägen weggeführt. Dann haben's da draußen eine Grube ausgehoben und da haben sie die Toten reingehaut wie Holzscheiteln. Da haben nach dem 45er Jahr die neuen Gemeindevertreter alles erst richtig zuschütten müssen, das Massengrab. Heute ist dort ein gepflegter Friedhof, allerdings nur eine Grünfläche und ein Gedenkstein. Gewußt haben wir es alle, wir haben doch die Lastwagen mit den Toten drauf gesehen, die sind ja durch den ganzen Ort durchgefahren, da kann keiner sagen, wir haben von nichts gewußt."

Der erste Transport erreichte das Lager am 5. Jänner 1945. In den drei Monaten bis zur Befreiung am 2. April 1945 starben dort über 1800 Menschen.

Nur mehr in Spuren: Steinabrückl/Wöllersdorf

1803 errichteten die Brüder Johann und Wilhelm Clotti und ihr Schwager Wilhelm Glanz eine Zitz- und Kattunfabrik in Steinabrückl. Das neugegründete Unternehmen stellte eine Verlagerung ihres Meidlinger Kleinstbetriebes auf das Land dar. Zu diesem Zweck bauten sie eine Mühle in eine Kattunfabrik um. Ein Wasserwerk, eine Mang, eine Walk und eine Bleiche wurden neuerrichtet. Bereits 1820 wandelten sie die Kattunfabrik in eine Baumwollspinnerei um. 1841 beschäftigten sie in der fünfstöckigen Fabrik 304 Personen. Die Spinnerei bestand bis zum Ende des Zweiten Weltkrieges.

In Wöllersdorf existierte ab 1788 ein Kupferhammer, dem später ein Blechwalzwerk angeschlossen wurde. Ende des 18. Jahrhunderts entstand hier noch eine Nähnadelfabrik. Von Bedeutung war weiters der Steinbruch; den weißen Kalkstein verwendete man zur Befestigung von Straßen, aber auch als Baumaterial für Gebäude (z.B. für die Votivkirche in Wien).

1814 gab Franz I. den Befehl zur Errichtung einer Raketenanstalt bei Wiener Neustadt. Zu diesem Zwecke stellte der Wiener Neustädter Magistrat 100 Joch Heidegrund in unentgeltlicher Pacht zur Verfügung. Generalmajor Vinzenz Augustin erhielt den Auftrag, nach dänischem Vorbild eine österreichische Raketenwaffe aufzubauen. Er wurde nach Dänemark gesandt, wo er die Raketenherstellung kennenlernte und das erworbene Wissen in Wöllersdorf einsetzte und in kürzester Zeit 2400 Raketen produzieren ließ. Durch Verbesserungen erreichte man schließlich Schußweiten von über einem Kilometer. Die sogenannten Congrevschen Raketen wurden in Italien und Ungarn eingesetzt.

Mit der Entwicklung der Artillerietechnik verloren die Raketen an Bedeutung, das Raketenkorps wurde aufgelöst. Das Gelände in Wöllersdorf/Steinabrückl diente weiterhin artilleristischen Zwecken, vermutlich erzeugte man dort auch Munition. Offiziell entstand die Munitionsfabrik erst um 1895, genau läßt sich die Gründung nicht datieren. Bis zum Ersten Weltkrieg schwankte der Beschäftigtenstand zwischen 1000 und 3500 Personen. Danach kam es zu einem rasanten Anstieg, so sollen schließlich bis zu 40.000 Menschen in der Munitionsfabrik gearbeitet haben. Es wurden enorme Mengen an Infanterie- und Artilleriemunition erzeugt (pro Tag produzierte Schußzahl z.B. 1915: 1.100.000 Infanteriemunition und 13.330 Artilleriemunition), aber auch Handgranaten, Wurf- und Flatterminen, Schrapnelle, Leuchtmunition und "besondere Kampfmittel".

Ausschnitt aus dem Gesamtkomplex

Entsprechend diesen Anforderungen mußte die Fabrik laufend erweitert werden. In der Vorkriegszeit bestanden 121 Objekte, dazu kamen bis 1918 weitere 753. Das Areal war durch 40 km Straßen, 38 km Vollbahnen und 75 km Kleinbahnen erschlossen. Zur Unterbringung der zu einem großen Teil aus Ungarn und Nordböhmen stammenden Arbeitskräfte erbaute man in fünf Lagern über 180 Wohnbaracken. Für Offiziere wurde 1915 auf einem Hang oberhalb der Munitionsfabrik eine Villenkolonie mit 14 einstöckigen Gebäuden und Gärten errichtet, die 1,6 Mill. Kronen kostete.

144

Villenkolonie der Offiziere

Zeichnung des Anhaltelagers

Siedlungshäuser aus der NS-Zeit

Nach 1918 versuchte man mit sozialisierten Betrieben die Produktionsstätten zu erhalten. 1922 wurden die Wöllersdorfer Werke in eine Aktiengesellschaft umgewandelt, in welche die AEG Berlin eingebunden war. Nach nur einem Jahr löste die Regierung den Vertrag mit der AEG auf. Bis 1927 bestanden in Wöllersdorf verschiedene Unternehmen, so eine Glasfabrik, eine Fabrik für Textilmaschinen und eine Aluminiumerzeugungsanlage. Im Jahre 1933 erließ die Regierung eine Notverordnung, nach der politische Gegner ohne Gerichtsurteil und Berufungsmöglichkeit festgehalten werden konnten. Noch im selben Jahr begann man Wöllersdorf zu einem "Anhaltelager" auszubauen. Schon vor den Februarkämpfen 1934 befanden sich dort politische Gefangene. Im Oktober 1934 waren - auf verschiedene Objekte aufgeteilt - über 4.200 Personen inhaftiert. Das Lager bestand bis 1938. Danach verwendete die deutsche Wehrmacht das Areal als Luftpark. Ein Großteil der Gebäude wurde 1944/45 durch Bomben zerstört.

Erhaltene Objekte:

Arbeiterwohnhäuser in *Steinabrückl*, alte Löffelfabrik in *Wöllersdorf*, Villenkolonie der Munitionsfabrik, einzelne Siedlungshäuser aus der Nazizeit um das ehemalige Werksgelände. Von der in viele Einzelkomplexe gegliederten Gesamtanlage der Munitionsfabrik blieb faktisch nur die ehemalige Elektroschalt- und Verteilerhalle (1914-16 erbaut) erhalten, die heute von einer Betonfirma als Verwaltungsgebäude genutzt wird. Charakteristisch für das vom Otto-Wagner-Schüler L. Müller entworfene Gebäude ist die Grundrißfiguration: es besteht aus einer zentralen Halle mit Seitenflügeln und einem halbkreisförmigen Hintergebäude, welches diese "gangförmig" verbindet. In dieser Form drückt sich gleichsam die zentrale Schalt- und die davon weiterleitende Verteilerfunktion aus. Von der Straßenseite erinnert das zweigeschossige, streng symmetrisch gegliederte Bauwerk an eine verfremdete oder zitierte Schloßarchitektur. Das Gebäude ist in Stahlbeton bzw. die Wände und Ausfachungen in Ziegel errichtet.

Ehemalige Elektroschalt- und Verteilerhalle

Explosionen - Katastrophen in der Munitionsfabrik

Die erste schwere Explosion ereignete sich 1912, wonach große Teile der Fabrik neu errichtet werden mußten. Zu weiteren Explosionen kam es 1913, 1916, 1917 und schließlich 1918 zur großen Brandkatastrophe. Josef Popp, Hauptvertrauensmann der Wöllersdorfer Munitionsarbeiterschaft, schildert die Folgen einer Explosion im Jahre 1917:

"Plötzlich in der Nacht ein furchtbarer Krach, ein greller Lichtschein und wieder ein Krach und noch einer und immer wieder ein Krach, ein Krachen, ein furchtbares Donnern, sich immer rascher wiederholend, bis zum vollendeten, nervenzermürbenden Trommelfeuer. Die Erde bebt, der Luftdruck zertrümmert Fensterscheiben, wirft Menschen zu Boden. In den Baracken, wo Frauen und Mädchen, eng aneinander gereiht, in primitiven Betten liegen, oft zwei in einem Bett, entsteht eine Panik.

Die von Entsetzen gepackten, von Schrecken geschüttelten Menschen flüchteten bis in die weiteste Umgebung, in den Wäldern Schutz suchend. Hunderte von Frauen und Mädchen waren bis nach Wien geflüchtet und wollten in ihre Heimat, in die Gegend von Karlsbad, Aussig, Graslitz, Reichenberg, Rumburg usw., mit der Bahn gelangen. Die Bahnhofkassen waren von den geängstigten Frauen dicht umlagert. Die Polizei wurde aufmerksam, verständigte das Kriegsministerium und von dort kam der Befehl, die Arbeiterinnen unter allen Umständen nach Wöllersdorf zurückzubringen.

Den Arbeiterinnen wurde von Polizeibeamten gütlich zugeredet, es wurde ihnen versprochen, sie würden mittels eines Separatzuges bis nach Prag befördert werden, von wo sie sich dann nach ihren Heimatsorten begeben werden können. Die Arbeiterinnen ließen sich beruhigen, wurden bei der Polizei mit Brot und schwarzem Kaffee gelabt und warteten auf ihren Abtransport in die Heimat.

Im Franz-Josefs-Bahnhof wurde tatsächlich ein Separatzug zusammengestellt. Die Arbeiterinnen wurden einwaggoniert.

- Dann wurden noch einige Waggons mit Militär dem Separatzug angehängt. Der Separatzug dampfte scheinbar in der Richtung nach Böhmen ab, dann aber wurde er über die im Kriege gebaute Verbindungsbahn nach Sollenau und auf dem Gleise der Militärschleppbahn über Felixdorf zurück nach Wöllersdorf geführt..."

Quelle: Popp A., 1930, S. 106

Die furchtbarste Katastrophe ereignete sich am 18. September 1918, knapp vor der Mittagszeit im Objekt Nr. 143. Hier waren mehr als 500 Frauen und Mädchen mit dem Füllen von Geschoßhüllen beschäftigt. Das Objekt hatte keine Fenster, die Türen wurden ab 1/2 12 Uhr versperrt oder bewacht. Damit sollte verhindert werden, daß die Arbeiterinnen frühzeitig in die Mittagspause gingen. Eine Überlebende berichtet:

"... Die Abteilungen waren durch sehr starke Gitter, wie bei Zäunen, abgeteilt, alles war mit Munitionsverschlägen verstellt. Um 1/2 12 Uhr setzte sich, wie üblich, bei der einzigen offenen Tür ein Unteroffizier aufs Stockerl und paßte auf, daß niemand früher wegging. Da ich eine ölige Arbeit hatte, begab ich mich eben zu dieser Zeit in den Waschraum, der ganz in der Nähe der offenen Tür war, in der bereits der Unteroffizier als Aufpasser saß. Da hörte ich im Saal plötzlich ein schreckliches Zischen und Poltern, ich voll dunkler Ahnung machte ein paar Schritte dem Ausgang zu, das weitere besorgte der ungeheure Luftdruck, der mich durch die offene Tür über die Verladerampe auf einen Sandhaufen schleuderte. Ich war vor Schreck wie gelähmt, daß ich mich vorerst nicht fassen konnte. Was sich da abspielte, kann ich nicht schildern, es war zu schrecklich... Wir Überlebenden mußten dann die verkohlten Leichen, die in einigen Baracken auf etwas Stroh lagen, agnoszieren. Ich hatte bei meinem Dienst im Kriegsspital schon manches gesehen, aber das hier überstieg alles. Manche Leichen hatten noch ein Stückchen Kleiderfetzen am Körper, damit man die Toten daran vielleicht noch erkennt. Man konnte ja nicht einmal das Geschlecht unterscheiden, so verbrannt waren sie. Ich konnte nur eine einzige Tote erkennen, aber nur an einem Stückchen ihrer Bluse, an der eine schöne Brosche mit einem Frauenkopf dran war. Ich erinnere mich, daß ich erstaunt war, daß die Brosche so schön erhalten geblieben ist. Es handelte sich bei der Toten um eine hübsche junge Tschechin, die knapp vorher mit einem Transport böhmischer Arbeiterinnen angekommen war und gar nicht bleiben wollte, weil man nicht eingehalten hat, was man ihr zuhaus bezüglich der Arbeit in Wöllersdorf versprochen hatte. Es dauerte Monate, bis ich diesen Schock überwunden hatte..."

Quelle: Flanner K., o.J.

Berndorf

1843 erfolgte die Gründung einer "Fabrik mit Wasserkraft, um Platten aus Packfong oder anderen Metallen zum Verkauf oder für Lohn zu walzen und Löffeln und Gabeln aus Packfong zu erzeugen". Die Eigentümer waren Hermann Krupp, der die Besteckmaschinen aus Essen beibrachte, und Alexander Schoeller. In den ersten Jahren seines Bestehens hatte das Unternehmen mit wirtschaftlichen Schwierigkeiten zu kämpfen, so weitete man die Produktion auch auf andere Zweige, wie die Erzeugung von Säbeln und Bajonetten aus. Die erste Bilanz mit Gewinn wurde 1856 erzielt. 1852 führte das Unternehmen die galvanische Versilberung ein. Die unter der Markenbezeichnung "Alpaccasilber" erzeugten Bestecke und Geschirre fanden aufgrund der relativ niedrigen Preise eine breite Abnehmerschicht. Das Unternehmen verschaffte sich damit einen internationalen Ruf und eine marktbeherrschende Stellung. Ab den sechziger Jahren ist die Entwicklung durch eine beständige Expansion gekennzeichnet, die sich auch im Wachstum des Ortes niederschlägt: vor der Fabriksgründung 1830-200, 1860-1000, 1897-4000 Einwohner. 1886 wird Berndorf zur Marktgemeinde und 1900 zur Stadt erhoben. Wie kaum an einem anderen Beispiel schreibt sich hier die "patriarchalische Handschrift" eines Unternehmers in den Stadtplan und die Architektur ein. Dies fällt vor allem in die Ära von Artur Krupp, der nach dem Tode seines Vaters ab 1879 die Firmenleitung innehatte; ab 1890 ist er der alleinige Eigentümer der Berndorfer Metallwerke. Krupp berief 1888 den Architekten Ludwig Baumann zum "artistischen Leiter" der Fabrik und übertrug ihm gleichzeitig die Stadtplanung von Berndorf. Unter seiner Leitung entstanden in der Folge die Stadtteile Wiedenbrunn, Griesfeld und Margareten. Die Kolonie Wiedenbrunn zeigt noch eine rasterförmige Aufschließung mit additiv verwendeten Einzel- und Doppelhäusern. In der Anlage des Griesfeldes vermittelt sich bereits ein "malerischer" Städtebau, der an die Erscheinungsform einer Gartenstadt erinnert. Kernstück von Margareten ist eine Achse mit Kirche, Schulbauten, Konsumanstalt, Restauration etc., die auf die heute nicht mehr bestehende Villa Krupps "Am Brand" wies.

Die Mittelachse der Stadt wurde auf Wunsch Krupps so angelegt, daß er von seiner Villa aus bei geöffnetem Portal die Bronzestatue der heiligen Margarete auf dem Hochaltar, welche die idealisierten Züge seiner Frau trägt, sehen konnte.

In der um die Kirche gruppierten Schule ist jedes Klassenzimmer in einem anderen historischen Stil gehalten. Krupp wollte damit erreichen, daß die Kinder ein "Stilgefühl" erwerben, welches später in der Fabrik von Nutzen sein sollte. Die Wohngebiete der Arbeiter sind in Berndorf von der Fabrik abgesetzt.

"Produktions- und Reproduktionssphäre sind getrennt, die Fabrik ist so situiert, daß die Wohnqualität nicht beeinträchtigt wird. Mit der ästhetischen Überhöhung der Fabriksstadt wird Fabrik und Wohnen zu einer Einheit, soll sie als die eigentliche Heimat des Arbeiters empfunden werden." (Haiko/Stekl 1980, S. 312)

Ähnlich wie beim Vorbild der Kruppschen Anlagen in Essen findet sich in Berndorf ein breiter Katalog von Arbeiterwohnungstypen. Für alleinstehende Arbeiter wurden Kasernen errichtet. Arbeiterhäuser sind als Mehrfamilienhäuser, Hausgruppen und Doppelhäuser bzw. als Einzelhäuser (v.a. für Beamte und qualifizierte Arbeiter) realisiert worden. Bereits ab 1883 wurden mit langfristigen Krediten die ersten Eigenheime erbaut. Die später errichteten Häuser erforderten ein Eigenkapital von 500 K, den Rest lieh die Fabrik zu 3%. Aus drei Haustypen konnte ausgewählt werden:

Häuser im Ortsteil Wiedenbrunn

Kolonie Griesfeld

Sechshauserstraße

"Von den drei Typen kostet die erste 10.000 K, mit einer wöchentlichen Abzahlung von 8 K, die zweite Type 12.000 K mit einer wöchentlichen Abzahlungsrate von 10 K, die dritte Type 11.000 K. Außerdem gibt es noch kleinere Häuschen im Betrage von 6000 - 8000 K, so daß jeder Arbeiterkategorie der Besitz eigener Wohnhäuser ermöglicht wird und es ist zu hoffen, daß die Arbeiter von dieser Möglichkeit Gebrauch machen. Die Anzahl der Räume in den einzelnen Häusern hängt natürlich von den Baukosten ab. Jedes aber hat seinen kleinen Garten, in welchem der Arbeiter sein eigenes Gemüse ziehen und Geflügel halten kann." (ABZ, 1912)

Durch den Ersten Weltkrieg kam es zu einer weitgehenden Einschränkung der Bautätigkeit; bis zum Kriegsende wurde als wichtigstes Gebäude noch ein Lagerhaus mit Schlachthof, Wurstfabrik und Eisfabrik, sowie ein Wasserturm vollendet. Das Gebäude ist als "Ruine" heute noch im Stadtteil "Krautgarten" (Richtung Pottenstein) zu sehen.

Im Fabrikskomplex an der Triesting sind heute unter anderem die Vereinigten Edelstahlwerke untergebracht. Die Wohngebäude und öffentlichen Einrichtungen, die Krupp errichten ließ, sind durchwegs in einem guten Erhaltungszustand.

Wohlfahrtseinrichtungen - öffentliche Gebäude:

1847 Arbeiterkrankenkasse
1854 Fabriksschule
1965 Einrichtung eines Arbeiterspeisesaales
1878 Schulgebäude
1881 Kirche
1884 Friedhof, Mausoleum der Familie Krupp
1886 Voll- und Schwimmbad
1889 Konsumanstalt
1890 Speisesaal mit Küche für 1000 Personen
1896 Schule
1898 Kaiser Franz Josef-Jubiläumstheater
1910-17   Ensemble Margaretenplatz

Arbeiterspeisesaal 1890

Karl Kraus zur Eröffnung des Arbeitertheaters in Berndorf

55 Vertreter der Wiener Tagespresse haben kürzlich am Tische des Herrn Krupp in Berndorf gratis folgende Quantitäten verzehrt:

Suppe (Königssuppe)	8 Liter
Lachse (mit Sauce tartare)	6 Stück
Hummermajonaisen	10 Stück
Rehrücken	5 "
Steirische Kapauner (mit Salat und Compot)	20 "
Gemischter Käse	6 Kilo
Eiscrêmetorten	8 Stück
Feines Obst	16 Kilo
Kugler-Bonbons	2 Kisten
Verschiedene Schnäpse	11 Liter
Bier	49 "
Verschiedene Weine	53 Flaschen
Champagner	47 "
Kaffee	61 Tassen

Havannah-Cigarren, verraucht 119
Havannah-Cigarren, mitgenommen <u>581</u>

700 Stück

Egyptische Cigaretten, verraucht circa 300 "
Egyptische Cigaretten, mitgenommen alles übrige.

Diese Angaben machen keineswegs auf Vollständigkeit Anspruch; ich zog bloß Schlüsse aus dem Enthusiasmus, den die Zeitungsberichte an den Tag legen, die über die Eröffnung des Arbeitertheaters in Berndorf vorliegen. Die Herren, die schon angesichts der dramatischen Production des Herrn Haas die kritische Feder mit einem Zahnstocher verwechselt haben, halten wieder einmal Siesta. Sie sind im Gratisblitzzug nach Wien befördert worden und satter in ihren Redactionen angekommen, als selbst nach ihren Hymnen auf den väterlich sorgenden Unternehmer die Berndorfer Arbeiter zu sein scheinen. Es ist ja möglich, dass Herr Krupp die sociale Frage für Berndorf gelöst zu haben glaubt, wenn er seinen Arbeitern neben elenden Wohnungen ein festliches Theater hinbaute. Sicher aber ist, dass der Herr seine Sache gut versteht. Er hat einst mit dem Staat ein Nickelgeschäft abgeschlossen, und der Staat ist, wie man weiß, dabei nicht aufs beste gefahren; vorsichtigerweise hatte Herr Krupp das schlechtere Nickel auch zu Schweiggeldern für die Wiener Journalistik verwendet...

Quelle: Die Fackel, Band 18, Wien 1899, S. 17 f.

1890 kauft die k.u.k. Heeresverwaltung das Gut Neurißhof, das in unmittelbarer Nähe zum "Schießversuchs- und Munitionsdepot" Groß-Mittel liegt. Für den Standort spricht u.a. auch seine zentrale Lage, zu den Landesgrenzen der Monarchie ist es etwa gleich weit. Im selben Jahr wird bereits mit dem Bau einer Schleppbahn von Felixdorf nach Blumau und der Errichtung der ersten Objekte begonnen. Eine der modernsten Pulverfabriken der Monarchie sollte hier entstehen. Neuerungen in der Kriegstechnologie - Einführung kleinkalibriger Repetiergewehre - machen die Errichtung einer Anlage zur Herstellung rauchschwächerer Pulver notwendig. Nach nur einem Jahr stehen auf dem Areal bereits 36 Einzelobjekte, darunter neben der eigentlichen Pulverfabrik auch eine Anlage zur Nitrozellulose- und Nitroglyzerinerzeugung sowie Wohn- und Verwaltungsgebäude. Bis zum und während des Ersten Weltkrieges wird die Anlage ständig erweitert. Die Fabrikshallen stehen zwischen Betonwänden und hohen Erdwällen, um Explosionsdruckwellen - Brände und Explosionen kommen fast täglich vor - abzumildern. Viele kleine Löschteiche und Wasserbecken sind über das ganze Gelände verstreut. Praktisch alle Grundstoffe werden in werkseigenen Betrieben hergestellt, das Unternehmen ist weitgehend autark. Die weitläufigen Wohnanlagen stellen einen abseits von den Produktionsstätten gelegenen eigenen Bereich dar, mit Badehäusern, Offizierskasinos, einem Spital etc. Im Ersten Weltkrieg erlebt das Unternehmen seine "Glanzzeit", repräsentiert im Bau eines neuen Verwaltungsgebäudes mit prunkvoller Portalanlage. Bis zu 30.000 Arbeitskräfte sind im Werk beschäftigt, Notquartiere müssen errichtet werden. Nach Kriegsende produziert eine stark reduzierte Belegschaft (nur 150 Arbeiter) in einem Teil der Anlage weiter, andere Objekte werden privatisiert und an verschiedenste Kleinunternehmen verkauft oder verpachtet, manche Gebäude wiederum abgetragen. In den 30er Jahren adaptiert man verschiedene Objekte zu Kasernen. Zwischen 1938 und 1945 kommt es zu einem neuerlichen Aufschwung. 1945 erfolgt die endgültige Stillegung, nach Beschlagnahmung des beweglichen Maschinenparks werden die Betriebsobjekte zum Großteil gesprengt.

Bestehen blieb die monumentale Portalanlage mit Teilen des ehemaligen Verwaltungsgebäudes, das nach Plänen des bekannten Industriebauarchitekten Bruno Bauer errichtet wurde. Weiters aus industriearchäologischer Sicht interessant: der Wasserturm aus Stahlbeton und eine devastierte Fabrikshalle. Die zahlreichen Arbeiterwohngebäude im Ortsteil Blumau werden noch heute vom österreichischen Bundesheer genützt und sind in einem guten Erhaltungszustand.

Erhaltenes Portalgebäude

Einweihung der Kaserne

Leerstehende Fabrik

Arbeiterhäuser

Ende des 18. Jahrhunderts Erwähnung einer Tuch- und Kotzenwalke, 1827 errichteten die Gebrüder Thornton in einer ehemaligen Panthier und Pulverstampfe eine Baumwollspinnerei. 1839 wurde direkt an der Leitha eine Papierfabrik - als Zweigniederlassung der Wiener Neustädter Papierfabrik - angelegt. Für die Fabriksarbeiter errichtete man eine eigene Wohnsiedlung - Neuebenfurth. 1854 baute A. v. Schöller eine alte Gutsmühle zu einer Dampfmühle um, der größten des ganzen Zollvereins. Die günstige Lage des Ortes, nahe der ungarischen Grenze und in unmittelbarer Nähe zu den Braunkohlerevieren Neufeld und Zillingdorf, begünstigte die Verarbeitung der ungarischen Weizenüberschüsse. Die inzwischen aufgelassene Spinnerei wurde 1871 ebenfalls von Schöller aufgekauft und zu einer Dampfmühle umgewandelt. Um die Getreidezufuhr zu sichern, ließ Schöller 1864 die Wiener Neustädter-Gramatneusiedler Lokalbahn errichten, die eine Verbindung zwischen Süd- und Ostbahn herstellte, weitere Verbindungsbahnen folgten. 1916 legte man die Ebenfurther Dampfmühlen still und konzentrierte die Mehlproduktion in Schwechat. In der Papierfabrik war bereits 1899 der Betrieb eingestellt worden.

Erhaltene Gebäude:
Arbeiterhäuser in der Wiener Neustädterstraße, ehemalige Papierfabrik, Umspannwerk der Wiener Stadtwerke, Bierbrauerei Heldenplatz, Mühle Hauptstraße, Mühlgasse, Direktionsgebäude der ehemaligen Schoellermühle.

Hirtenberg/Enzesfeld

Das Triestingtal war schon in vorindustrieller Zeit ein Zentrum der Metallerzeugung. Die Nutzung der Wasserkraft und die günstige Verkehrslage führten zur Errichtung zahlreicher Hammerwerke, die Waffen und Werkzeuge erzeugten. Für Hirtenberg ist schon im Jahr 1560 ein Eisenhammer nachgewiesen. 1746 arbeitete der Hammer für Ärar und Münze. Ab der Mitte des 18. Jahrhunderts kam es zu einer Expansion in der Metallerzeugung: 1771 nahm die staatliche k.k. Bergwerksproduktendirektion einen Kupferhammer am Rande des damaligen Ortsgebietes in Betrieb. Bereits um 1800 entstand eines der größten Unternehmen, Saloris k.k. priv. Neu Hirtenberger Fabrik metallener Maschinen.

Salori stellte für die großen Kattundruckereien Druckzylinder her: die Mechanisierung der Baumwollproduktion hatte zu einer steigenden

Nachfrage nach Maschinenteilen geführt. 1810 errichtete der Industrielle Cornides, der in Mannersdorf am Leithagebirge bereits ein derartiges Unternehmen betrieb, ein Kupferwalzwerk, dem 1833 eine Messingblech- und Drahtwerkstätte angeschlossen wurde. Um die Jahrhundertmitte übernahm die Fabrik der westfälische Großindustrielle Gustav Neufeld, der sie weiter ausbaute. Kurzfristig investierte der Besitzer der Leobersdorfer Maschinenfabrik Josef Berger, der auch Baumwollspinnereien betrieb, in einen Kupferhammer und baute ihn zu einem Walzwerk aus. Neben der Metallwarenerzeugung etablierte sich in Hirtenberg die Baumwollindustrie, erlangte jedoch keine große Bedeutung. Vom Staat wurde ein ehemaliges Hammerhaus gekauft und 1815 den aus Frankreich stammenden Brüdern Girard zur Verfügung gestellt. Die Brüder Girard hatten sich an den Kaiser gewandt und ihm die Erprobung einer eben erfundenen Flachsspinnmaschine angeboten. Trotz staatlicher Finanzhilfen ging das Unternehmen zu Grunde, die Brüder flüchteten nach Warschau und hinterließen einen Schuldenberg. In den vierziger Jahren versuchte sich der schon erwähnte Berger in der Baumwollspinnerei, blieb jedoch ebenfalls ohne größeren Erfolg. 1881 wurde ein neuerlicher Versuch unternommen und eine Appretur-(Baumwollveredelungs-)anstalt eingerichtet. Die Leitindustrie stellte jedoch die Metallverarbeitung dar. 1861 erfolgte die Gründung der Hirtenberger Patronen-, Zündhütchen- und Metallwarenfabrik Seraphin Keller, die 1887 mit der Wiener Jagdhülsen, Patronen und Zündhütchenfabrik des Ludwig Mandel assoziiert wurde.

Mandel war als Haferlieferant für die Pferde des k.k. Militärs reich geworden und hatte sein Geld in die Waffenproduktion investiert. Er baute die Anlage aus; das Unternehmen exportierte Ende des 19. Jahrhunderts Kriegsmunition nach Spanien, Rumänien und Chile. Auch die anderen Metallwerke erlebten einen Aufschwung. Das Triestingtal entwickelte sich zu einem Zentrum der altösterreichischen Metallindustrie. Weitere Fabriken - etwa in Enzesfeld - entstanden.

Im Zweiten Weltkrieg wurden die Unternehmen "arisiert" bzw. von deutschen Konzernen übernommen, nach 1945 zum Teil abgetragen und als USIA-Betriebe weitergeführt. Die Hirtenberger Patronenfabrik gelangte wieder in den Besitz der Familie Mandel. Heute gehören die Betriebe überwiegend zur verstaatlichten Industrie.

In den genannten Orten sind Fabriksgebäude und Wohnobjekte vorhanden, u.a.

Enzesfeld: Caro-Metallwerke AG, Arbeitersiedlung;

Hirtenberg: Fa. Kromag AG-Metallindustrie, Hirtenberger Patronenfabrik, Fa. Keim Färberei, Arbeiterhäuser;

St. Veit/Triesting: Walzlagerfabrik FAG, Arbeiterhäuser.

Arbeiterhäuser in Hirtenberg   Kolonie in Leobersdorf

Leobersdorf

Der Begründer der Leobersdorfer Maschinenfabrik war Josef Berger, gewesener Gußmeister der Brückschen Eisenwarenfabrik in Fünfkirchen. Im Jahre 1852 errichtete er die ersten Anlagen des zunächst kleinen Unternehmens. Im Jahr 1853 übernahm seine Witwe gemeinsam mit ihrem Schwager Josef Hurtz die Fabriksleitung. Der Geschäftsgang des Unternehmens war gut, weil die umliegenden Maschinenfabriken damals noch keine eigenen Gießereien hatten, bzw. das nahegelegene Wien als Absatzmarkt diente. In den Betriebsjahren 1856-57 erfolgte die erste Erweiterung. Die Fabrik erzeugte außer Rohguß auch verschiedene Maschinenteile, Pressen, Dampfkessel, Einrichtungen für den Bahnbetrieb und Geschosse für das Kriegsärar. 1872 zerstörte ein Brand die mechanischen Werkstätten der inzwischen von Jakob Neumann erworbenen Firma. Nach wechselvollen Jahren wurde die Fabrik 1880 von der Firma Julius Hock aufgekauft. Die Erzeugung der "Hock'schen Heissluftmotoren" brachte eine Belebung der Geschäftstätigkeit. Im Jahre 1882 ging die Fabrik in das Eigentum des Financiers Jakob Rappaport über. Mit der Herstellung einer Hartguß-Panzerkuppel, die sich den ausländischen Produkten überlegen zeigte, gelang dem Unternehmen ein großer Geschäftserfolg. Es soll dies auch ein Anstoß für den Aufbau einer vom Ausland unabhängigen Kriegsmaterialerzeugung gewesen sein. 1887 erwarb die Firma Ganz & Co. aus Budapest, die sich mit der Herstellung von Eisenbahn-Schalengußrädern befaßte, die Leobersdorfer Maschinenfabrik. In den darauffolgenden Jahren wurden große Bau- und Investitionsmaßnahmen getätigt. Nach dem Ausbau der Produktionsstätten folgten in den neunziger Jahren Arbeiter- und Beamtenwohnstätten sowie verschiedene Folgeeinrichtungen (z.B. die als Gebäude noch bestehende Fabriksrestauration). Schon 1896/97 kam es zur nächsten Werksvergrößerung. Der Gesamtkomplex umfaßte damit: Licht- und Kraftzentrale, Graugießerei, Modelltischlerei, Sandaufbereitung, Hartgießerei, Eisenbahnräder-Appreturwerkstätten, zwei Fallwerke, mechanische Werkstätten, Montage- und Konstruktionswerkstätten, Schmiede, Werkzeugmacherei, Walzenschleiferei und verschiedene Nebeneinrichtungen.

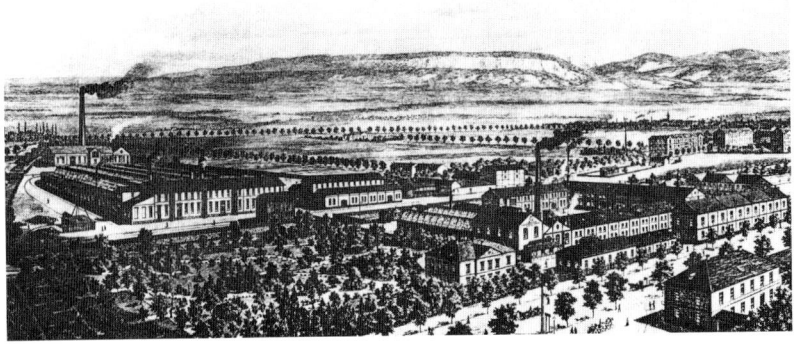

Das Fabriksareal zur Jahrhundertwende

In die Ära der Firma Ganz fallen auch die wesentlichen Investitionen in Arbeiterwohnhäuser und Wohlfahrtseinrichtungen. Zunächst baute man neue Abortanlagen.

"Um gesundes Trinkwasser zu erhalten, wurden alle Brunnen entsprechend vertieft und die Anordnung getroffen, dass in der heissen Jahreszeit das Trinkwasser versetzt mit Cognac oder Weinessig an die Arbeiter zur Verabreichung kommt. Diese Verfügung hat sich als sehr wohlthätig erwiesen." (Die Großindustrie, S. 74, 1898)

An Folgeeinrichtungen gab es: Fabriksambulatorium, Spital, Kindergarten, Fabriksrestaurant, Arbeiter-Speisesaal, Arbeiterbibliothek. In der Arbeiterkolonie wurden an die 200 Wohnungen ausgebaut. Die Wohnungen bestanden zumeist aus Zimmer und Küche mit knapp über 30 m² Nutzfläche und hatten eigene Gärten. Zur Ausgestaltung und Pflege dieser Gärten verlegte die Fabrik sogar eine Broschüre und vergab öfters Prämien für die beste Instandhaltung. In unmittelbarer Nähe der Arbeiterkolonie lagen eingebettet in einen Park die Wohnhäuser für die Beamten (Angestellte). Insgesamt wohnten in den Arbeiter- und Beamtenhäusern über 1000 Personen.

Große Teile des Fabriks- und Wohnkomplexes mit den Gärten sind noch erhalten. Das Fabriksgelände ist betrieblich genutzt, die Wohngebäude wurden durch Umbaumaßnahmen zum Teil erheblich in ihrer Identität zerstört; sie stehen nicht mehr im Eigentum der Leobersdorfer Maschinen AG.

Fabriksrestauration

Lichtenwörth/Nadelburg

Die Bischöfe von Wiener Neustadt haben 1683 an der Stelle der in den Türkenkriegen zerstörten Festung Lichtenwörth die sogenannte Winkelmühle, eine Mahl- und Sägemühle, gebaut. An diesem Bau und einem ehemaligen Kupferhammer schloß die 1747 von Christian Zug, dem Besitzer des Kupferhammers, errichtete Nadelburg an. Er plante ein Unternehmen großen Umfangs, das, worauf schon der Name hinweist, Nadeln erzeugte. Der Bau wurde infolge Geldmangels nicht fertiggestellt und mußte 1751 an das k.k. Münz- und Bergwerksdirektorium verkauft werden, das das Gebäude fertigstellte. Für die Arbeiter, die zum Teil aus dem süddeutschen Raum und England kamen, wurde 1756 eine eigene Siedlung errichtet. Die etwa 35 m² großen Wohnungen hatten jeweils für zwei Wohnparteien eine Gemeinschaftsküche. Die Siedlung erhielt eine eigene Schule und Kirche (1759) und war vom übrigen Ort durch eine Umfriedungsmauer getrennt. Neben der Nadelproduktion wurde auch eine Messingwarenerzeugung aufgenommen. Dennoch war dem Unternehmen lange Zeit kein Erfolg beschieden, so daß es 1767 an den Grafen Batthyány verkauft werden mußte. 1815 übernahm der Großhändler Anton Hainisch die Messingwarenfabrik und richtete 1830 in der Nadelburg zusätzlich eine Spinnerei ein. Die Metallwarenfabrik verarbeitete zum Großteil ungarisches Kupfer und englisches Zinn zu Aufzugrädern, Bügeleisen, verschiedenen Drahtsorten, Instrumentensaiten, Glocken, Kochpfannen und Lampen. Im Jahre 1850 wurde ein neues Walzwerk in der Fabrik gebaut und später immer wieder modernisiert. 1930 erfolgte die Fabriksstillegung, die einzelnen Gebäude verkaufte man an verschiedene Firmen.

In ihrer Substanz geht die Siedlung noch auf das 18. Jahrhundert zurück; sie wurde vor kurzem zum Teil restauriert.

Adler-Tor in Lichtenwörth

Ehemalige Spinnerei in Pottenstein

Pottenstein

In diesem Ort haben vor allem zwei Branchen Tradition: die Metallwarenerzeugung und die Baumwollspinnerei. 1764 erfolgte die Gründung einer Klingenfabrik, für 1766 wird eine Schleierfabrik genannt. 1788 bestand hier ein Kupferhammer, dem später ein Blechwalzwerk angegliedert wurde. 1841 gründete Katarina Schick in Anschluß an die Klingenerzeugung eine landesbefugte Metallwarenfabrik. Vorher bestand an diesem Standort noch eine Schmoltefabrikation. 1854 scheint die Baumwollspinnerei von Goith's Sohn auf, 1910 Pottensteiner Baumwollspinn AG.
Erhaltene Gebäude:
Spinnerei zum Teil für die Landesausstellung 1989 adaptiert, Unternehmervilla.

Sollenau

Für 1647 läßt sich in Sollenau ein Kupferhammer nachweisen; vor 1755 errichtete Christof von Metzberg eine Klingenfabrik, die an den Kupferhammer anschließt. Zweck des Unternehmens war es, die Klingen im Inland herzustellen, um ein Abströmen des Geldes ins Ausland zu verhindern. Metzberg unternahm eine Reise in die Pfalz und nach Solingen, um Meister für die Manufaktur zu gewinnen. Er wird bei seiner Produktion vom Staat mit Vorschüssen unterstützt. 1763 übernimmt den Betrieb Melchior Steiner, nachdem Metzberg in Konkurs gegangen ist. Steiner schließt die Fabrik in Sollenau und transferiert das Unternehmen nach Pottenstein. 1787 befinden sich der Kupferhammer und die Reste der Säbelklingenerzeugung im Besitz des Kupferhammerherrn Franz Höfling. Er beschäftigte damals 25 Leute. Die Herrschaft Schönau wird 1796 von dem Freiherrn Peter von Braun erworben, der 1811 den Kupferhammer mit der dazugehörigen Säbelklingenerzeugung kauft und in den Gebäuden eine Baumwollspinnerei einrichtet.

Peter von Braun war einer der erfolgreichsten Finanzleute seiner Zeit, nachdem er den Staatsdienst quittiert hatte. 1841 - inzwischen war die Spinnerei in den Besitz von Johann Pacher von Theinburg übergegangen - wurden 394 Personen beschäftigt. Für die in der Fabrik arbeitenden Kinder waren eigene Schlafsäle errichtet worden. 1873 erfolgte die Umwandlung der k.k. priv. Baumwollmanufaktur zur "Schönauer und Sollenauer Garnmanufaktur AG". 1910 und 1912 wechselten die Eigentümer; 1928, zur Zeit der Weltwirtschaftskrise, wurde der Betrieb stillgelegt. Als Reaktion auf die große Nachfrage nach Artilleriemunition im Russisch-Japanischen Krieg von 1904/05 richteten die Böhlerwerke in kürzester Zeit in Sollenau eine Munitionsfabrik ein. Die Firma expandierte bis zum Ersten Weltkrieg beständig. Es entstanden Wohnhäuser, ein Konsumgebäude, Gasthof und Kindergarten. Der Betrieb beschäftigte während des Krieges mehr als 2.000 Personen und stand unter militärischer Aufsicht; viele der Arbeitskräfte stammten aus dem Sudentenland. Nach dem Ersten Weltkrieg erzeugte man in stark reduziertem Umfang Preßluftwerkzeuge und Zündschnüre. 1923 wurde der Betrieb zum Stammwerk Kapfenberg verlegt. Außerdem bestand in Sollenau noch ein Filialbetrieb der k.k. Munitionsfabrik Blumau, der Benzol erzeugte.
Erhaltene Gebäude:
entlang Blumauer Straße Fabriksgebäude (Fa. Almeta), Wohnobjekte - z.B. der "Auhof", Reste der "Böhlerkolonie", Villa, verschiedene Nebengebäude, die heute z.T. betrieblich genutzt sind.

"Auhof"

Betriebsobjekt

Wiener Neustadt

Schon sehr früh findet sich in Wiener Neustadt eine relativ differenzierte Branchenstruktur. Neben Pulvermagazinen und Schwefelstampfen gab es Textil- und Seidenerzeugung, eine Papierfabrik, Brauereien, eine Kolonialzuckerraffinerie, eine Steingut- und Fayencenerzeugung und zahlreiche kleinere handwerksmäßig betriebene Unternehmen der Metallverarbeitung. Als Anlage größeren Stils war die 1656 gegründete Niederländische Armaturenmeisterschaft geplant, die ein typisches Beispiel merkantilistischer Wirtschaftspolitik darstellt: Waffen wurden bis zum 17. Jahrhundert größtenteils im Ausland eingekauft. Um den Devisenabfluß einzudämmen, initiiert die merkantilistische Staatsverwaltung eine Waffenproduktion im Inland. 1656 gelingt es, drei niederländische Armaturenmeister anzuwerben und zur Gründung der niederländischen Armaturenmeisterschaft zu bewegen. Mit 17 Gesellen lassen sich die Waffenschmiede in Wiener Neustadt nieder. Zuvor wurden vom Ärar zwei Freihöfe zur Unterbringung der "Gastarbeiter" erworben. Für die Standortwahl sprach die zentrale Lage Wiener Neustadts auf dem halben Weg zwischen dem Wiener Zeughaus als Abnehmer und der steirischen Eisenwurzen als Rohstofflieferanten. Zudem bestanden dort bereits mehrere kleine Hammerwerke, Schleifmühlen etc., man konnte also an eine gewisse Tradition in der Metallverarbeitung anknüpfen. Von der Armaturenmeisterschaft wurden Drahtharnische, Musketen, Gewehre, Schwertklingen u.a. hergestellt. Trotz staatlicher Unterstützung hatte das Unternehmen mit beträchtlichen Anfangsschwierigkeiten zu kämpfen und stellte 1780 nach einer kurzen "Hochkonjunktur" seine Produktion ein.

1787 wurde auf Entschluß Josefs II. dem protestantischen Handelsmann Christoph Andrä, Inhaber einer Samt- und Seidenwarenfabrik in Mühlheim am Rhein, das im Zuge seiner Reformpolitik aufgelassene

163

Karmeliterkloster Wiener Neustadt kostenlos zur Verfügung gestellt. Zusammen mit seinem Landsmann Bräunlich richtete Andrä dort eine Seidenmanufaktur ein. Ihnen und ihren mitgebrachten Arbeitern wurde die freie Ausübung der protestantischen Religion zugesagt. Im selben Jahr nimmt auch im Paulanerkloster eine Seidenbänder- und Seidenfloreterzeugung die Produktion auf, dieses Unternehmen wird später von Andrä übernommen. 1808 trennen sich Bräunlich und Andrä, Bräunlich arbeitet im Karmeliterkloster weiter, Andrä scheint als alleiniger Besitzer des Paulanerhofes auf. Während Bräunlich 1840 die Landesfabriksbefugnis zurücklegt, existiert das Unternehmen Andräs noch bis ca. 1880. Von beiden Betrieben gingen wesentliche Impulse zur Entwicklung der lokalen Wirtschaftsstruktur des Wiener Neustädter Raums aus.

1842 wird auf dem Gelände einer ehemaligen Gewehrschleiferei mit der Konstruktion von Dampfmaschinen und Lokomotiven begonnen. Zusammen mit anderen Gesellschaftern versucht ein Ingenieur der Eisenbahngesellschaft Wien-Raab Lokomotiven nachzubauen, wobei als Vorbild amerikanische Modelle angeschafft wurden. 1861 übernahm der bedeutendste Maschinenfabrikant der Monarchie, Georg Sigl, den Betrieb. Sigl stellte bereits seit einigen Jahren im Technologischen Gewerbemuseum in Wien Dampfmaschinen und Lokomotiven her. Unter seiner Leitung expandierte die Wiener Neustädter Lokomotivfabrik zur größten Österreichs. Im Zuge des Niedergangs der Maschinenindustrie in den späten zwanziger Jahren des 20. Jahrhunderts wurde die Fabrik mit der Wiener LOFAG (Floridsdorf) fusioniert, 1930 jedoch stillgelegt. Erst im Jahr 1938, nach Übernahme des Werksgeländes durch den reichsdeutschen Industriellen Henschel, wird in den Hallen wieder produziert. 1942 läuft das Unternehmen unter dem Namen Raxwerke, neue Produktionshallen (Serbenhalle) entstehen. Neben Tendern - Fahrzeugen, die an Lokomotiven angehängt wurden, um Kohle und Wasser mitzuführen - beginnt man ab dem Jahr 1943 mit der Produktion von Raketen. Nach dem Ende des Zweiten Weltkrieges gehören die "Überreste" der ehemaligen Lokomotivfabrik zu den USIA-Betrieben. Die Serbenhalle ist heute noch immer betrieblich genutzt.

Neben der Lokomotivenfabrikation konnte sich zu Beginn unseres Jahrhunderts an der Fischa eine bedeutende Auto- und Flugzeugindustrie etablieren. Bereits 1899 wird von der Austro-Daimler AG mit der serienmäßigen Herstellung von Kraftwagen begonnen. 1903 übernimmt Paul Daimler das Werk, Ferdinand Porsche, damals noch unbekannter Konstrukteur, ist technischer Direktor. Und der spätere Staatspräsident Jugoslawiens, Josip Broz Tito, engagiert sich kurz vor dem Ersten Weltkrieg als sozialistischer Vertrauensmann und Gewerkschafter bei Austro-Daimler Wiener Neustadt. In den dreißiger Jahren fallen die Daimler-Werke der Weltwirtschaftskrise zum Opfer und erleben erst wieder während des Zweiten Weltkrieges einen kurzen Aufschwung. Neben Kraftfahrzeugen baute Daimler auch leichte Flugmotoren, 1916 nimmt die ÖFFAG, eine Tochter des Skoda-Konzerns, als erstes und einziges Flugzeugwerk Österreichs in einem alten Hangar des Wiener Neustädter Flugplatzes die Produktion auf. ÖFFAG und Daimler-Werke werden 1938 von Messerschmidt übernommen und weiter ausgebaut. Die schweren Bombardements auf Wiener Neustadt zerstörten die wesentlichsten Industrieanlagen.

Interessante Anlagen und Objekte:

Ehemalige Seidenmanufaktur Bräunlich mit angebautem Arbeiterhaus im Karmeliterkloster, die Seidenmanufaktur Andrä ist der heutige Sparkassensaal, beide Objekte sind restauriert und erhalten, Portal der k.k.priv. Locomotiv & Maschinenfabrik (1860) in der Pottendorferstraße, der Portalbau ist das letzte bauliche Zeugnis der großen Fabriksanlage; Josefstadt: hier entstand die erste Arbeitersiedlung Österreichs auf genossenschaftlicher Basis (1869 Gründung der Arbeiter-Bau-Assoziation). In der Straßenführung ist noch der ursprüngliche Aufschließungsplan mit einem Straßenraster und einem mittig gelegenen Hauptplatz zu erkennen; einzelne Häuser der "Vereinssiedlung" bestehen noch. 1926 wurde hier der Pernersdorfer-Hof als "Großwohnanlage" der Gemeinde Wiener Neustadt errrichtet. "Sparkassenhäuser" (1904) anschließend an die Josefstadt (Pernersdorfer Straße), "Daimler-Häuser" (1907) Steinabrücklergasse, erbaut von der Gemeinnützigen Baugesellschaft für Arbeiterwohnhäuser unter Beteiligung der Daimler Werke, "Krankenkassenhäuser" (1913) anschließend an die Daimler Kolonie, Arbeiterwohnungskolonie am Flugfeld (1918-22, Architekten Theiß/Jaksch), Serbenhalle der ehemaligen Raxwerke: die von der deutschen Wehrmacht in Serbien beschlagnahmte Halle - in ihr fanden 1941 Massenerschießungen statt - wurde demontiert und in Wiener Neustadt als Produktionshalle wiederaufgebaut; später diente sie als Außenstelle des Konzentrationslagers Mauthausen.

Fabriksportal

"Serbenhalle"

Der Wiener Neustädter Kanal

Ursprünglich war der Kanal als Teil einer Donau-Adria-Verbindung geplant. In der zweiten Hälfte des 18. Jahrhunderts legte der belgische Ingenieur Maire Projekte vor, die Wien als Mittelpunkt eines weit verzweigten Kanalsystems mit Verbindungen zu allen Meeren Europas sahen. "Die große Hauptstadt würde die Schätze des Kommerzes in ihrem Schoß aufnehmen und Sammelpunkt der Handelsleute von Europa werden", erläuterte Maire seine Vision (zit. nach *Riebe* 1936). Die Ausweitung des Handelsverkehrs zwischen Wien und Triest - täglich waren mindestens 40.000 Pferde auf der alten Reichsstraße unterwegs - ließ die Schaffung einer zusätzlichen Verkehrsader notwendig erscheinen.

In ein konkretes Stadium trat die Planung durch Initiative der "Wienerisch Neustädter Steinkohlengewerkschaft", die ihren Kohleabsatz - inbesondere in der Hauptstadt - durch Verbilligung der Transportkosten erhöhen wollte. Gedacht war an eine Verbindung von Wien nach Schottwien. Mit Genehmigung und finanzieller Unterstützung des Kaisers begann schließlich 1795 Sebastian v. Maillard Trassenstudien durchzuführen, die in der Folge immer wieder variiert werden sollten. Im Sommer 1797 wurde bei Guntramsdorf mit den Bauarbeiten begonnen. Die Arbeitskräfte rekrutierten sich größtenteils aus Zwangsarbeitern und Soldaten. Bis zum Jahre 1803 entstand unter der Leitung von Joseph Schemerl die über 50 km lange Wasserstraße zwischen Wiener Neustadt und Wien. Unwetter, technische Probleme und viele Trassenabänderungen infolge von Anrainereinsprüchen begleiteten dieses "Großprojekt". Finanzierungsprobleme legten 1802 die Übernahme der Kanalbaugesellschaft durch den Staat nahe.

Im Mai 1803 wurde der Kanal der Schiffahrt übergeben. Die 22,7 m langen und 1,73 m breiten "Standardlastkähne" mit mehr als 30 t Tragfähigkeit zog flußauf- wie flußabwärts je ein Pferd. Dafür errichtete man am rechten Kanalufer einen 2,5 m breiten Treppelweg für Pferde, am linken einen halb so breiten Fußpfad. Im Betriebsjahr 1803 waren bereits 55 Frachtkähne zu 1713 Fahrten eingesetzt; die Fracht - hauptsächlich Steinkohle, Ziegel und Holz - betrug insgesamt 32.000 t. Für die Strecke Wien - Wiener Neustadt benötigte man damals inklusive Verladung drei Tage. In den ersten Jahren seines Bestehens gab es auf dem Kanal auch eine "Lustschiffahrt", die von Wien (Rennweg) nach Laxenburg führte.

Ab 1805 ließ man bei der Kanalschiffahrt auch Private zu. Während der Napoleonischen Kriege kam es zu schweren Zerstörungen des Kanals und zur vorübergehenden Stillegung der Schiffahrt. 1810/11 verlängerte man die Kanalstrecke von Wiener Neustadt nach Pöttsching, um die dortigen Kohlenreviere zu erschließen. Die mehrmals ins Auge gefaßte Verlängerung nach Ödenburg konnte aus finanziellen und territorialen Gründen nicht mehr realisiert werden. Der Schiffahrtsbetrieb erwies sich als wenig rentabel, die Einnahmen gingen zu einem großen Teil für Reparatur und Instandhaltung auf. Zudem war der Landtransport noch immer billiger.

1822 entschloß sich die ärarische Verwaltung aufgrund zu hoher Kosten und unübersichtlicher Geschäftsgebarung den Kanal zu verpachten. Im Jahre 1869 wurde die gesamte Kanalanlage um 350.000 Gulden an die "Erste Österreichische Schiffahrts-Canal-Actiengesellschaft" verkauft; später erhielt diese Gesellschaft auch die Befugnis, Eisenbahnen zu bauen und zu betreiben. Das Betätigungsfeld der Schiffahrtskanal-AG verlagerte sich damit zunehmend von der Wasserstraße weg zur Schiene. Mit dem Bau der Aspangbahn wurde der Kanallauf im Wiener Stadtgebiet verkürzt, hier kam es schon 1879 zur Einstellung der Schiffahrt. Außerhalb Wiens behielt der Wasserlauf vorerst noch seine Funktion, die Schiffahrt verlor aber sukzessive ihre wirtschaftliche Bedeutung, bis sie schließlich in den dreißiger Jahren unseres Jahrhunderts eingestellt wurde. Dafür nutzte man das Kanalgefälle zunehmend zur Energiegewinnung.

Kanal bei Wiener Neustadt

Trotz schwerer Zerstörungen gab es nach dem Zweiten Weltkrieg Überlegungen zur Reaktivierung der Schiffahrt, die allerdings nie umgesetzt wurden. Seit dem Jahre 1956 ist der Kanal im Besitz des Bundeslandes Niederösterreich. Der Wiener Neustädter Kanal erstreckt sich heute über eine Gesamtlänge von 35 km und durchläuft mit 38 Schleusen ein Gefälle von 86 m. Baugeschichtlich bemerkenswert sind die noch zahlreich vorhandenen Brückenbauwerke und Schleusen (z.B. die Dreifachschleuse in Guntramsdorf). Entlang des Kanals führt zwischen Laxenburg und Kottingbrunn ein gut ausgebauter Radweg, von dem aus der Verlauf eindrucksvoll erlebbar ist. Im industriekulturell interessanten Abschnitt zwischen Leobersdorf und Sollenau besteht keine Möglichkeit der Befahrung. Zwischen Sollenau und Wiener Neustadt kann man den Treppelweg wieder mit dem Rad benutzen.

6.3 Der Raum südwestlich von Neunkirchen

Route: Südautobahn bis Neunkirchen - Wimpassing - Ternitz - Pottschach - Stuppach - Gloggnitz - Schlöglmühl - Hirschwang

Radtour: ab Neunkirchen - Ternitz - Gloggnitz - Schlöglmühl - Hirschwang

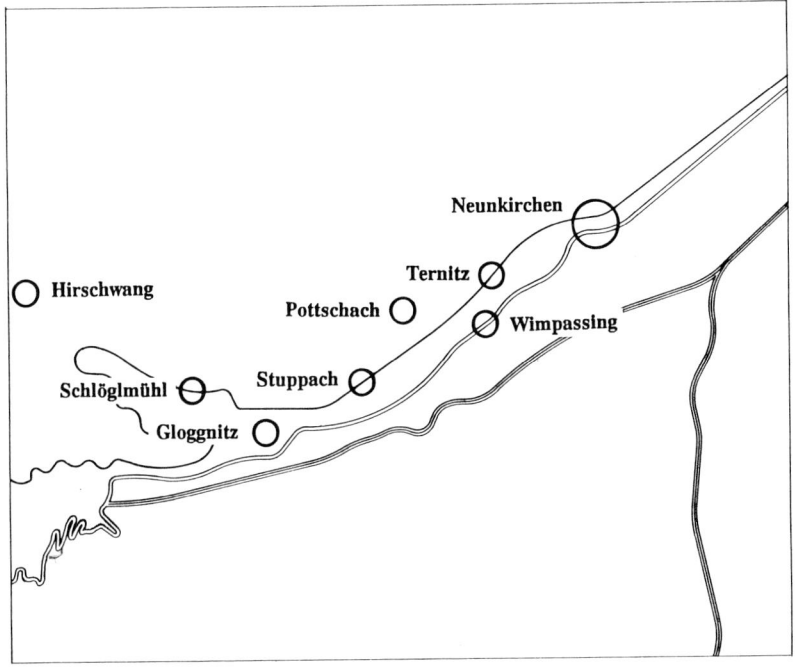

Kartenausschnitt Raum 3

Das Ende einer klassischen "Single Factory Town": Schlöglmühl

Administrativ gehört der Fabriksort heute zur Gemeinde Payerbach, war und ist aber funktionell nach Gloggnitz orientiert. Hervorgegangen ist die Ansiedlung aus einer ehemaligen Mahl- und Sägemühle. Die Felbersche "Mall und Saag Mhüle", genannt die "Schlegel", wird 1781 von der Staatsverwaltung aufgekauft - eine Smolte- (Kobaltblau) und Arseniksublimierungshütte entsteht. Ausschlaggebend für die Errichtung der Anlage war die Entdeckung größerer Kobalterzvorkommen in

169

Oberungarn. Zur Verwertung derselben hätte man bereits, wie eine zeitgenössische Quelle berichtet,

"bey Glocknitz einen in aller Rücksicht sehr vortheilhaften Ort ausfindig gemacht, indeme daselbst nicht nur allein das dazu jährlich erforderliche Holzquantum von 1500 bis 2000 Klafter ohne mündesten Abbruch eines anderen Gewerbes aus denen in der Nähe befindlichen, zum Theil gar nicht anderest zu benutzenden Waldungen um einen sehr mässigen Preis, sondern auch, und worauf es bey einer derley Fabrique hauptsächlichst ankommt, der zum Glasmachen erforderliche reine weisse Kieselstein in unermesslicher Menge in der Nähe von 1 bis 1 1/2 Stunden Weges folglich mit den möglichst geringen Unkosten zu haben ist. Ausser deme würde auch diese Fabrique am vorgedachten Orte deswegen am vortheilhaftesten stehen, weil solcher zum desto leichteren Transport der blauen Farbe einestheils nächst an der Triestiner commercial Strassen, anderntheils aber auch nicht weit von der Donau lieget." (zit. nach: Die Actien-Gesellschaft der k.k. priv. Papierfabrik Schlöglmühl auf der Jubiläumsausstellung des nied.-österr. Gewerbe-Vereins, Wien 1888)

Damit ist bereits der zweite Produktionszweig dieses frühen Staatsbetriebes angesprochen - die Glaserzeugung. 1830 bis 1833 geht man daran, die nicht sehr rentable Glasschmelze und Spiegelerzeugung zu Neuhaus an der Triesting aufzulösen. Die Spiegelerzeugung wird nach Wien verlegt, die Glasschmelze nach Schlöglmühl. Bereits 1841 müssen jedoch sowohl Glasschmelze als auch Blaufabrik endgültig eingestellt werden. Durch den Bau der Semmeringbahn gewinnt Schlöglmühl als Industriestandort abermals Beachtung. Zwei Ministerien legen Projekte vor - Maschinenfabrikation oder Papiererzeugung stehen zur Auswahl. Schließlich entscheidet man sich für die Papierfabrik. Papier war um die Mitte des vorigen Jahrhunderts Mangelware. In Folge der größeren Pressefreiheit aber auch des Ausbaus der Staatsbürokratie stiegen Papierverbrauch und Preise enorm. Schlöglmühl als staatliche Papierfabrik sollte den steigenden Bedarf von Staatsdruckerei und k.k. Ämtern möglichst billig und verläßlich decken. Die Fabrik wurde direkt dem Finanzministerium unterstellt, die bereits vorhandenen Fabriksgebäude in die Anlage integriert. Als Planer fungierte ein Staatsbeamter.

"Dieser aus Sparsamkeits-Rücksichten entsprungene Auftrag, dem Löhr als Staatsbeamter gehorsam nachzukommen bestrebt war, verfehlte aber seinen Zweck, da nach Ingangsetzung der Fabrik mehrere hiedurch bewirkte Uebelstände zu Tage traten, denen nur durch kostspielige Umgestaltungen gesteuert werden konnte",

heißt es in einer Schrift der AG. der k.k. priv. Papierfabrik Schlöglmühl aus dem Jahr 1888. Dennoch kann bereits 1852 die Produktion aufgenommen werden. Als Problem stellt sich lediglich die Beschaffung des Rohmaterials - Hadern und Lumpen - heraus. Lumpensammler suchen halb Ungarn nach Hadern und Leinenabfällen ab, um die großen Maschinenpapierfabriken zu versorgen, Hadern sind Mangelware - Höchstpreise werden geboten. Der damalige Direktor der Staatsdruckerei Auer von Welsbach denkt an Substituierung, Maisstroh aus Ungarn würde sich anbieten. Versuchsweise beginnt man in Schlöglmühl mit der Herstellung von Maispapier: Noch bevor das ehrgeizige Projekt ausgereift war - für den Buchdruck ist das Maispapier zu hart, für Schreibpapier zu durchsichtig - wird es gestoppt. Eine neue Technologie erweist sich als zielführender: die Herstellung von Papier aus zerfranstem Holz (Holzschliff). Der neue Rohstoff ist im Schwarzatal ausreichend vorhanden, Wasserkraft zum Antrieb der schweren Holzschleifen ebenfalls. Die Papierfabrik zu Schlöglmühl erlebt einen gewaltigen Aufschwung; die Anlagen werden ausgebaut, Arbeiterwohnhäuser, eine Fabriksschule (zum Leidwesen der Gloggnitzer "Pfarrlichkeit", der damit eine Einkommensquelle verloren geht), ja sogar eine eigene Kapelle eingerichtet. Auch der Bau des Fabriksspitals fällt in diese Zeit. Im Zuge der ersten großen Privatisierungswelle - in der liberalen Ära (1851-1873) werden sämtliche sich in Staatsbesitz befindende Eisenwerke, Eisenbahnen und Forstgüter an Private verkauft - erfolgt die Umwandlung des Unternehmens zu einer Aktiengesellschaft. Das neue Management errichtet neue Produktionshallen und man verlängert den Werkskanal, um das Gefälle der Schwarza besser nutzen zu können. Turbinen und Dampfkessel ersetzen die Wasserräder, neue und verbesserte Maschinen kommen zum Einsatz.

Papier-Fabrik Schlöglmühl.

Alter Fabrikskomplex   Elektrizitätswerk Gloggnitz

1882 führt die Schlöglmühler Papierfabrik als erste in Österreich den elektrischen Antrieb der Papiermaschinen ein, 1887 erfolgt die Anlage eines eigenen Gleisanschlusses an die Südbahn, 10 Jahre später Erweiterung und Ausbau der Kraftanlagen (E-Werk in Gloggnitz, Bau eines Wehrs unterhalb der Fabrik). Zulieferbetriebe, vor allem Holzschleifereien, entstehen im Umgebungsbereich. Um die Versorgung mit Holz sicherzustellen, erwirbt die Aktiengesellschaft eigene Forste. Für die - nach Angliederung des Stuppacher Werkes - rund 1000 Beschäftigten und ihre Familien müssen neue Wohngebäude errichtet bzw. adaptiert werden. So u.a. auch das "Kasernenhaus", das bis zum Bau der Wiener Hochquellenwasserleitung tatsächlich als Kaserne gedient hatte, in welcher die sogenannten "Wasserreiter" Quartier nahmen, die täglich frisches Trinkwasser vom Kaiserbrunnen in die Hofburg transportierten.

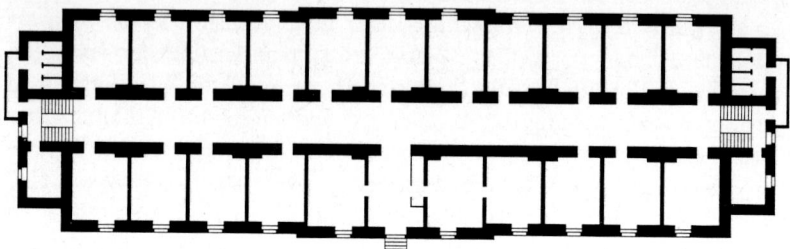

Kaserne als Wohnhaus

Während das Unternehmen expandierte und als eine der modernsten Papierfabriken der Monarchie galt, stand es um die dort beschäftigte Arbeiterschaft weit weniger gut. Vor allem das Sortieren der Hadern und Lumpen - hochwertiges Büttenpapier bedurfte noch immer dieses Grundstoffes - galt als gefürchtete Arbeit. So berichtet die Gloggnitzer Pfarrchronik im Jahre 1870 über eine "bedenkliche Krankheit bei den Hadernarbeitern in Schlöglmühl. Über 20 Personen erlagen diesem Übel oft binnen weniger Stunden. Eine Sanitätskommission stellte einen Lungenödem fest, es dürfte eine Übertragung durch die Hadern gewesen sein." Über die Arbeitsbedingungen 1893 schreibt Adelheid Popp:

"In der Papierfabrik 'Schlöglmühl' wurden im vorigen Jahre Arbeiterinnen die ganze Nacht zur Arbeit angehalten. Die Räumlichkeiten sind derartige, daß man im Volksmund diese Fabrik nicht anders nennt, als 'die Totenkammer von Schlöglmühl'. Es ist ganz schauerlich, wie es dort zugeht. Von dem elfstündigen Normalarbeitstag wird kein Gebrauch gemacht; es herrscht die zwölfstündige Arbeitsschicht, und zwar von 6 Uhr früh bis 6 Uhr abends und von 6 Uhr abends bis 6 Uhr früh. Es wird keine einstündige Pause eingehalten, sondern die Frauen können nur während einiger Minuten etwas zu sich nehmen; untersteht sich eine, Schlaf zu bekommen, so wird ihr eine Strafe diktiert." (Popp, A., Der Weg zur Höhe, Wien 1930)

Frauenarbeit in der Fabrik

In der Nacht vor dem Ostersonntag 1909 brennt die vorwiegend aus Holzkonstruktionen bestehende Fabrik bis auf die Grundmauern ab. Der Brand - Menschen kamen keine ums Leben - sorgte nicht nur wegen des Schadens in Millionenhöhe für Aufregung.

"Noch in den Morgenstunden war das ganze Schwarzatal in dichten Rauch gehüllt. In den Hotels am Semmering bemächtigte sich der Passagiere wegen der ungeheuren Feuersäulen große Aufregung, ebenso der Reisenden der Südbahn, deren Zügen knapp neben der Fabrik vorüberfahren. Zwei Damen fielen aus Angst in Ohnmacht und mußten in Payerbach aus dem Zuge gebracht werden. Viele Semmeringgäste besichtigten die Brandstätte." (Das interessante Blatt Nr. 16/28 Jg. vom 22. April 1909)

Die Fabrik wird noch im selben Jahr in Stahlbetonbauweise neu aufgebaut. Moderner denn je - auch der Maschinenpark mußte fast vollständig erneuert werden - nimmt man ein Jahr später die Produktion wieder auf. Das Unternehmen ist jetzt der Neusiedler AG angeschlossen, die Erzeugung von Spezialpapier - vor allem Banknotendruckpapier für die österreichisch-ungarische Bank - wurde allerdings ausgelagert.

Bis in die sechziger Jahre des zwanzigsten Jahrhunderts produzierte die Papierfabrik im wesentlichen in den gleichen Anlagen weiter. Dann drohte durch Krisen in der Papierindustrie und Konzentrationsbestrebungen der Neusiedler AG die Betriebsstillegung; dies konnte mit der Fabriksübernahme durch die Fa. Salzer, die neben dem

Ueberreuther Verlag noch weitere Papierfabriken besitzt, verhindert werden. Nach weiteren zehn Jahren mußte dennoch der Konkurs angemeldet werden. Einzelne Objekte, etwa die ehemalige Direktorsvilla, verkaufte man im Zuge der Konkursabwicklung an Privatpersonen.

Devastierte Fabrikshalle

Die Wohngebäude verwaltet heute eine Nachlaßgesellschaft, es bestehen Pläne für eine weitreichende Sanierung. Die Fabrik selbst sollte im Rahmen eines Regionalentwicklungsprojekts saniert und zu einem Gewerbehof umfunktioniert werden. Nach Durchführung der wesentlichsten Erhaltungsarbeiten durch den Bund (Aktion 8000) entschieden sich jedoch Gemeinde und Nachlaßverwaltung, das Objekt für die Nutzung als Lagerhalle freizugeben.

Schlöglmühl kann als geschlossenes industriekulturelles Ensemble verstanden werden: abgesetzt von Payerbach und Gloggnitz bildet es baulich und siedlungsstrukturell eine "Insel", die mit ihren umfangreichen Folgeeinrichtungen auch weitgehend autonom funktionierte. So gab es noch bis zur Schließung der Fabrik eine eigene Waschanstalt, eine Arztpraxis, Läden und ein Gasthaus (heute noch bestehend). Abgesehen von den Kleingärten, die von den Bewohnern auch zum Gemüseanbau genutzt wurden, bestellte man früher einen gemeinsamen Acker. Neben den bereits erwähnten sozialen Infrastruktureinrichtungen wie Schule, Spital usw. war etwa bis zum Zweiten Weltkrieg ein Freibad an der Schwarza eingerichtet.

Fabrikseingang   Wohn- und Werkstättenobjekt

Generell gliederte sich die Ansiedlung in zwei Teile: in das Fabriksgelände und den Wohnkomplex. Ausstrahlend davon markieren die verschiedenen Stauwerke und Kraftwerksanlagen entlang der Schwarza den gesamten Bereich zwischen Gloggnitz und Payerbach sichtbar als einen historischen Raum der Produktion. Die Fabrik fügt sich mit ihrem zweigeschossigen Hallenkomplex, Kesselhaus und Werkstättenbzw. Lagergebäuden keilförmig in die Tallinse zwischen Werkskanal und Schwarza bzw. Straße ein.

Entlang der Bahntrasse sind Richtung Gloggnitz die Werkswohnungsgebäude linear situiert. Charakteristisch für deren Anlage ist ihre parallele Stellung mit dazwischen liegenden Hausgärten, die heute allerdings zum Teil nicht mehr gepflegt erscheinen. Lauben und Schuppen verfallen. Doch boten gerade diese halböffentlichen-privaten Bereiche den wahrscheinlich wichtigsten Ansatz zur Aneignung und Alltagsgestaltung der Bewohner. Eine Aneignung, die den Raster doppelter Abhängigkeit (Arbeiten und Wohnen an einem Ort) durchkreuzte.

Ehemalige Kaserne als Wohnobjekt   Wohngebäude

Zur alten Straße und der Bahntrasse hin wirkt der Wohnbereich zum Teil geschlossen, es finden sich hier auch die Nahversorgungseinrichtungen und das Gasthaus. Der Baubestand ist zum Teil alt und erst nachträglich für Wohnzwecke umgenutzt worden (z.B. das ehemalige Spital), bzw. entstanden in diesem Abschnitt in den fünfziger Jahren kleinere Wohnbauten, die in ihrer Architektur an den Gemeindebau dieser Zeit erinnern.

Die Wohngebäude weisen Feuchtigkeitsschäden auf, zum Teil wären Dacheindeckungen inklusive Verblechung etc. zu erneuern, die konstruktiven Elemente wie Decken und Wände sind überwiegend als gut erhalten zu bezeichnen. In der ehemaligen Werkssiedlung sind vier Grundtypen der Aufschließung und der Wohnungsorganisation gegeben: Laubenganglösung, nur abschnittweise, vor allem wo nachträglich Adaptionen für Wohnzwecke erfolgten / Mittelgang mit je einem am Ende gelegenen Stiegenhaus (ehemaliges Kasernengebäude) / Stiegenhaus mit Gangaufschließung, Vierspänner und Fünfspänner / Mischformen. Es bestehen rund 400 Wohnungen, in denen neben ehemaligen Werksangehörigen bzw. deren Familienmitgliedern zunehmend Sozialfälle der Gemeinde untergebracht sind. Die Bewohnerschaft ist im Durchschnitt stark überaltert und verfügt über sehr eingeschränkte finanzielle Möglichkeiten. Diese sozialstrukturellen Voraussetzungen sollten in den Prozeß und die Reichweite einer möglichen Erneuerung ("sanfte Stadterneuerung") einbezogen werden. Die Wohnungen selbst reichen von Einraumwohnungen mit abgetrennten Kochnischen in der Größe von 20 m² bis zu etwa 45 m² großen Mehrraumwohnungen. In der Wohnungsstruktur lassen sich noch die betrieblichen Hierarchien von Arbeitern und Angestellten ("Beamten") ablesen.

Aus einem Gespräch:

Wir haben uns alle eingesetzt, weil ich sag' immer, man lebt und stirbt für Schlöglmühl. Ein jeder hat geglaubt, daß man noch etwas retten kann. Aber leider, hat alles nichts mehr genützt. Ein jeder hat gesagt, was wird jetzt werden, wir müssen abwarten. Vor allem haben wir wegen der Wohnungen Angst gehabt, wir hätten ja nicht gewußt wohin. Es ist zwar immer versprochen worden, es passiert euch nichts, ihr könnts bleiben, vom Bürgermeister bis zum Sachverwalter, alle haben immer gesagt, es geschieht euch nichts. Eine andere Wohnung zu kriegen ist nicht leicht, weil eine Wohnung kostet ja viel Geld und es haben sich nicht alle einen Vorrat gespart. Außerdem haben wir doch lange nicht bezahlt fürs Wohnen. Strom und Brennmaterial waren auch umsonst, da ist es uns noch gut gegangen. Die Jüngeren sind schon alle weg, die, die noch können, für die hat es doch gar keinen Sinn mehr da zu bleiben. Aber was ist mit denen, die jetzt so über fünfzig sind und immer im Werk gearbeitet haben, wer wird die noch nehmen?

Gloggnitz

Der Bereich um Gloggnitz blickt auf eine alte Tradition im Bergbau und in der Eisenverarbeitung zurück. Im 16. und 17. Jahrhundert wurde Gold, Silber und Kupfer abgebaut, später auch Eisen, Kohle, Gips und Magnesit. Eisenhämmer und Hochöfen wurden hauptsächlich von der Innerberger Hauptgewerkschaft (Erzberg) betrieben. Die ausgedehnten Wälder von Rax, Schneeberg und Semmering sicherten den nötigen Brennstoff. Die Roheisenverarbeitung wurde bereits in der Mitte des vorigen Jahrhunderts eingestellt. Braunkohle, Gips und Magnesit baut man noch bis weit in unser Jahrhundert hinein ab. Von den früheren "Gewerken" existieren heute nur mehr wenige Spuren. In *Aue* bei Schottwien sind vom ehemaligen Eisen-, Schmelz- und Hammerwerk aus dem Ende des 18. Jahrhunderts noch das alte Herrenhaus und Teile des umgebauten Werkes zu sehen; in *Edlach* bei Hirschwang findet sich ein aus dem Jahr 1777 stammendes Gewerkenhaus.

Der größte Industriebetrieb in Gloggnitz sind die FEZ-Werke. Die im ehemaligen Kloster untergebrachte Tuchweberei Volponi wurde 1899 der Aktiengesellschaft der österreichischen FEZ-Fabriken angeschlossen. 1912 kam es zum Neubau der Fabriksanlage im Ortszentrum. Große Teile der heute bestehenden Fabriksanlage errichtete man Ende der fünfziger Jahre neu (Stahlbeton-Shedhallen); die Fabrik selbst wird nach einem Eigentümerwechsel heute von einer amerikanischen Firmengruppe weitergeführt. Bauhistorisch interessant sind vor allem das Kraftwerkshaus und die über die Schwarza führende Stahlbrücke für Fußgänger. Die älteren Werkswohnungen wurden in den letzten Jahren zur Gänze in das Gemeindeeigentum überführt. Sie gruppieren sich entlang der Eisenbahn um das Fabriksgelände; zwei Baublöcke - als Vierspänner mit dazwischenliegenden grünen Höfen ausgebildet - sind zu Startwohnungshäusern ausgebaut worden. An der Bahnlinie befindet sich auch der dem Werk zugeordnete Kindergarten; oberhalb davon, auf einem Hang gelegen, findet sich die Unternehmervilla, die offenbar als Hinweis auf das einstige Produktsortiment einen Halbmond am Giebel trägt.

Kraftwerkshaus (FEZ) Gloggnitz   Fabriksruine in Stuppach

Im Ortsteil *Stuppach* wurde 1845 eine Spinnerei errichtet, der Betrieb jedoch bereits 20 Jahre später wieder eingestellt. 1870 verpachtete man die Gebäude samt Wasserbetriebsanlage. Die Pächter wandelten das Areal zu einer Holzschleiferei um, der in den achtziger Jahren eine Pappen- und Kartonagenfabrik angeschlossen wurde. 1895 ging das gesamte Anwesen in den Besitz der Aktiengesellschaft der k.k. priv. Papierfabrik Schlöglmühl über, die den Standort weiter ausbaute. In den Jahren 1906/07 erfolgte die neuerliche Erweiterung von Gebäuden und Maschinenpark. Bis in die späten sechziger Jahre hinein blieb die Produktion an diesem Standort erhalten; seit der Schließung verfällt die Anlage und existiert eigentlich nur mehr als "Fabriksruine". Die Arbeiterwohnsiedlung bildet faktisch eine von Gloggnitz und dem Ort Stuppach abgesetzte Enklave. Für das heute der Turnauer-Gruppe gehörende Fabriksareal ist eine Wieder- oder Neunutzung nicht absehbar, mit Ausnahme der Wehranlage wurden hier seit zwei Jahrzehnten keinerlei Investitionen getätigt; in der Gemeinde Gloggnitz besteht kein vitales Interesse am Erhalt der Ansiedlung, eine Sanierung der von alten Menschen bewohnten Anlage wurde bisher nicht ins Auge gefaßt. Noch relativ gut erhalten sind die der Fabrik vorgelagerten Werkswohnungsgebäude aus Rohziegel. Die drei- bzw. viergeschossigen Blöcke stehen in einem Winkel zueinander und bilden damit einen Raum, der als Gartenhof genutzt wird. Die rund 60 Wohnungen sind überwiegend von ehemals im Werk Stuppach arbeitenden Menschen bzw. deren Angehörigen bewohnt. Das ehemalige "Fabriksrestaurant" wird als temporär geöffnetes Gasthaus weitergeführt, der Konsum-Laden ist bereits seit Jahren geschlossen.

Wohngebäude mit Gasthaus

Hirschwang

1835 wird in Hirschwang ein Eisenhammer genannt. Die Eisenwerke in Hirschwang gliedert Schoeller 1875 an die Theresienhütte in Ternitz an. Ende der siebziger Jahre des vorigen Jahrhunderts gründeten die Brüder Waißnix im Ort eine Holzgeschirr- und Zellulosefabrik. Bereits 1884 verkauften sie den Betrieb an die Firma Schoeller. Als man im Jahre 1888 die Hirschwanger Eisenwerke nach Ternitz transferierte, wurde der Betrieb in eine Holzschleiferei und Pappefabrik umgewandelt. Einige Jahre später fügte man dem Betrieb eine Kartonagenfertigung hinzu. 1902 kam es zu einem Fabriksneubau, dem Erweiterungen in den Jahren 1905 und 1911 folgten. Mit Kriegsausbruch im Jahre 1914 wurde die gesamte Produktion des Werkes auf Kriegsdienstleistung umgestellt (Erzeugung von Patronenkartons). 1920 stieß Schoeller den Betrieb an die Neusiedler AG ab. Heute erzeugt man in Hirschwang Verpackungsmaterialien; der Betrieb gehört der Familie Mayr-Melnhof.
Erhaltene Objekte:
Entlang der Straße sind drei Blöcke mit Arbeiterwohnungen (auf der Hinterseite ein nutzbarer Hof mit Schuppen) und am Rande des Fabriksgeländes ein Gebäude für Angestellte situiert. Das Ensemble ist von einer bauhistorisch wertvollen Qualität und in einem guten Erhal-

tungszustand. Abgesetzt von der Fabrik besteht noch inmitten eines Parkes die historische Unternehmervilla. Die Brücke zu dieser führt achsial auf das Kraftwerkshaus der Fabrik zu.

Kraftwerkshaus

Arbeiterwohnhäuser

Beamtenwohnhaus

Unternehmervilla

Neunkirchen

Dieser Standort war noch zu Beginn des 19. Jahrhunderts ein Zentrum der Baumwollverarbeitung. Hier zeigt sich die enge Verbindung zwischen der Mechanisierung in der Textilindustrie und dem Aufschwung der Metallwarenfabrikation.

1784 sind in Neunkirchen bereits eine Kotzenmühle und ein Kupferhammer erwähnt. 1802 wird eine Zitz- und Kottonmanufaktur errichtet. Teile dieses Objekts baut 1819 der Schweizer Großhändler Vauchier du Pasquier zu einer Spinnerei und einer Druckwarenerzeugung um. Seinen Hauptsitz hatte das Großhandelshaus Pasquier in Neuchâtel (Schweiz) und betrieb dort u.a. auch eine Kottonmanufaktur. Das Unternehmen verfügte über einen ausgedehnten Absatzmarkt in der damals noch zu Österreich gehörenden Lombardei. Durch den Erwerb einer Manufaktur in Österreich versprach man sich diverse Zollerleichterungen. Maschinen und Gerätschaft - vor allem Drucktische und -vorrichtungen - brachte Pasquier aus der Schweiz mit.

Der wohl bekannteste Neunkirchner Betrieb, die Firma Brevillier, wurde 1811 gegründet. Carl W. von Brevillier, Nachfahre einer hugenottischen Familie, stammte aus dem Rheinland und errichtete in Neunkirchen zunächst eine Baumwollspinnerei an einem eigens geschaffenen Werkskanal. Zahlreiche Nebengebäude - darunter auch eine kleine Schlosserei - entstehen. In den zwanziger und dreißiger Jahren kauft Brevillier noch die Schwadorfer Spinnerei und eine weitere in Magarethen am Moos. Ursprünglich Baumwollwarenfabrikant, landet er dank einer geschickten und flexiblen Unternehmenspolitik schließlich in der Metallwarenerzeugung. Als ihm der in Wien lebende Schweizer Mechanicus Rudolf Rieter seine Erfindung der eisernen Holzschraube anbietet, greift Brevillier zu, kauft das Patent und beginnt in der bescheidenen, bislang für den Eigenbedarf der Spinnerei arbeitenden Metalldrechslerei mit der Produktion von Holzschrauben. Die Nebenproduktion rentiert sich, neue Objekte müssen der Metallwarenerzeugung zur Verfügung gestellt werden, 1823 stellt Brevillier die Baumwollspinnerei gänzlich ein und konzentriert sein Unternehmen ausschließlich auf die Metallverarbeitung. 1829 gelingt es ihm, noch ein weiteres Patent - auf die Erzeugung von hämmerbarem Gußeisen - zu erwerben. Die Anlagen werden ausgebaut, Kesselhäuser und Schmelzanlagen errichtet, die Produktpalette erweitert. 1840 erzeugt Brevilliers Fabrik neben Holzschrauben, Faß- und Blechnieten, Scharnieren und Nägeln auch Teile von Spinnmaschinen, Dampfkessel und Zahnräder. 1900 fusioniert die Fa. Brevillier mit der in Wien ansässigen Schraubenfabrik Urban. Die neue Aktiengesellschaft errichtet weitere Standorte. Der Neunkirchner Betrieb wurde erst vor einigen Jahren stillgelegt.

Erhaltene Objekte:

Fabriksgebäude Brevillier-Urban mit Arbeiterhäusern ("Urbanhof"), die in das Eigentum der Gemeinde Neunkirchen übergegangen sind, Schwefelbrennerei der ehemaligen Ultramarinfabrik, Arbeiterhäuser der ehemaligen Druckfabrik, Werkswohnungen der Spinnerei Rohrbach.

Aufgelassene Fabrik Brevillier-Urban

Arbeiterwohnhäuser Brevillier

Generalstreik in Neunkirchen

Genossen!

An Euch, an das arbeitende Volk Oesterreichs, an Alle, die den Schlachtruf der Neunkirchener Arbeiterschaft vernommen und verstanden, wenden wir uns mit einer inhaltsschweren Bitte:

Die Coaliton des Unternehmer- und Protzenthums in Neunkirchen hat sich zur Aufgabe gemacht, die Arbeiterschaft auszuhungern, weil wir es wagten, für strikende, darbende Genossen uns einzusetzen, weil wir den Muth hatten, gegen herzlose Massnahmen der Ausbeuter Verwahrung einzulegen. Der Centralverband der Industriellen Oesterreichs hat die Vorkämpfer dieser schmählichen Idee begrüsst und dem innigen Wunsche Ausdruck gegeben, dass die Fabrikanten-Coalition ihre Früchte tragen möge.

Genossen! Der Massenstrike in Neunkirchen hat eine hohe Bedeutung erlangt. Die hartgesottenen Millionäre, die geldgierigen Actionäre, die Directoren mit der Hundspeitsche, nicht nur die Neunkirchens, nein, die von ganz Oesterreich, sollen nicht so leicht triumphiren. Der Arbeiter Neunkirchens ist nicht so leicht auszuhungern, er wurde ja zum Hungern geboren!

Der Kampf tobt fort! Die gesammte Arbeiterschaft Neunkirchens steht trotz aller Entbehrungen, die sie bereits mitgemacht, geeint und unbeugsam dem übermüthig gewordenen Gegner gegenüber. Unser Gegner verhöhnt und verdächtigt uns, er beschimpft unsere gewählten Vertreter, er schmäht unsere Vorkämpfer und besudelt sie, er bedient sich feiger Denuncianten, um einzelne unserer Mitkämpfer verfolgen und einsperren zu lassen.

Genossen! Fühlt Euch eins mit den auf hoher Warte stehenden Streitern Neunkirchens, und so wie wir die Fahne erhoben, als es galt, für die begeisternden Ideale der Zusammengehörigkeit des arbeitenden Volkes einzustehen, so schaart Euch um uns - Ihr Alle, die wir Brüder und Freunde nennen, zu einem festen und undurchdringlichen Walle!

Sechstausend Menschen appelliren an Euer Mitgefühl, an Euere Opferwilligkeit! Die Industriellen Oesterreichs haben sich für ihre Neunkirchner Spiessgesellen ausgesprochen, die grosse Sippschaft der Ausbeuter wünscht dem Ableger in Neunkirchen viel Glück zu seinem Kreuzzuge. Und das arbeitende Volk in Oesterreich? Es wird den Ruf der Neunkirchner Arbeiterschaft hören - vertrauensvoll wendet sich der Blick des unverzagten Genossen, der treu an seiner Seite ausharrenden Genossin, zu Euch:

Unterstützt den Neunkirchner Massenstrike!
Sammelt unverzüglich und ausgiebig für die
Neunkirchener Genossen!

Die Arbeiterschaft Neunkirchens darf nicht ausgeliefert werden der übermächtigen Fabrikanten-Clique!

Mittheilung der Neunkirchner Industriellen an die Wiener Tagesblätter

... Wer Neunkirchen vor nur etwa vier Jahren schon gekannt hat, wird bestätigen müssen, dass die gegenseitigen Beziehungen zwischen Arbeitgebern und Arbeitnehmern, wie auch zwischen der Arbeiterschaft und dem ganzen übrigen Theile der Bevölkerung geradezu hocherfreuliche genannt werden konnten.

Die Arbeiterschaft von Neunkirchen galt mit Recht als musterhaft in Bezug auf Friedfertigkeit, Gesittung, Anständigkeit und Gesinnung. Da erschien eines Tages in der Person des Herrn Dr. Berstl ein Störefried ärgster Sorte. Was Herrn Dr. Berstl bewogen haben mag, die für alle Kreise der Bevölkerung, also auch für die Arbeiterschaft angenehmen Verhältnisse zu stören, mag hier ununtersucht bleiben. Genug an dem, daß Herr Dr. Berstl sich veranlasst fand, seine Weltverbesserungstheorien unter der Arbeiterschaft zu propagiren und aus Neunkirchen ein Feld für Experimente zu machen. Von da ab war es um das gute Einvernehmen geschehen! Zuerst brach der Totalstrike in der Rohrbacher Spinnerei aus, welcher zehn Wochen anhielt, hierauf folgten eine Reihe partieller Strikes in den verschiedenen Fabriken Neunkirchens, welche indessen rasch beigelegt werden konnten.

Nachdem in allen bisher vorgekommenen Fällen die Sache stets zu Gunsten der Arbeiterschaft ausgetragen worden war, scheint dieser Erfolg nur die Lust zu striken und zu fordern geweckt zu haben, denn am 27. April l. J. traten plötzlich die Arbeiter der Eltz'schen Spinnerei mit mehrfachen, darunter auch einigen nicht blos unerfüllbaren, sondern geradezu übermüthigen Forderungen hervor, und als die Fabriksdirection erklärte, hierauf nicht eingehen zu können, brach der Strike in dieser Fabrik aus. Nachdem die Arbeiter dieser Fabrik weder arbeiten, noch die innegehabten Fabrikswohnungen verlassen wollten, war die Eltz'sche Spinnerei bemüssigt, um Delogirung einzuschreiten. Am 2. Juni begann sie mit der Delogirung einer Anzahl um die Aufrechterhaltung des Strikes besonders bemühter Arbeiter.

Dies war das Signal für den Ausbruch des Generalstrikes. Die Arbeiter der Fabriken Neunkirchens legten momentan die Arbeit nieder und erklärten sich mit den strikenden Arbeitern der Eltz'schen Fabrik solidarisch. Sie erklärten weiter, dass sie keine Forderung zu erheben und keine Beschwerde zu führen hätten, dass sie aber die Arbeit einstellen, einerseits um die Delogirung hintanzuhalten, andererseits um einen Druck dahin auszuüben, dass den Arbeitern der Eltz'schen Fabrik ihre erhobenen Forderungen bewilligt werden. Daraufhin erklärten sich, wie bekannt, auch die Fabriken solidarisch und entliessen ihre sämmtlichen Arbeiter mit Ausnahme jener wenigen Leute, welche sich dem Strike nicht angeschlossen hatten...

Aus der ruhigen, fleissigen und anständigen Arbeiterschaft sind störrige, hasserfüllte, nur mit Widerwillen und nothgedrungen an die Arbeit gehende, keinerlei Disciplin halten wollende Leute geworden, deren einzige beliebte Beschäftigung das Erscheinen bei sogenannten Volksversammlungen ist, wo sie gläubig die utopistischen Ausführungen gewissenloser Führer anhören. Kein Wunder, dass sich in den Köpfen der als heldenhafte Pionniere einer grossen Umwälzung hingestellten, durch die niedrigsten Schmeicheleien captivirten Arbeiterschaft falsche Vorstellungen und Auffassungen bilden, welche mit der an und für sich keineswegs traurigen, wohl aber nüchternen Wirklichkeit in Widerspruch gerathen müssen...

Erst im Eisenbahnzeitalter (1842 - 1885) wird Ternitz zu einem bedeutenden Industriestandort. Vorher existierten nur eine Mahl- und Sägemühle, eine Pulvermühle und ein Hammerhof. Letzterer wurde 1842 von dem Gumpendorfer Fabrikanten Martin Miller übernommen, der dort einen Stahldrahtzug errichtete.

1854 errichtete der Stuttgarter Montanist Reichenbach die sogenannte "Theresienhütte" an der Ternitz, ein Unternehmen, das damals zu den modernsten seiner Zeit gehörte, und weiters ein Puddelstahlwerk mit Frischerei, Grobstrecke, Schienenstraße und einer angeschlossenen Schraubenfabrik. Das Werk war auf große Eisenbahnaufträge ausgerichtet; da diese Aufträge aber anderwärtig vergeben wurden, mußte Reichenbach das Werk 1862 an Alexander Schöller abtreten, der es weiter ausbaute. Schöller war einer der ersten Großindustriellen der Monarchie. Sein Imperium umfaßte neben dem Werk in Ternitz die Berndorfer Metallwarenfabrik, Zuckerfabriken, Brauereien, die Ebenfurther Mühlen, die Neunkirchner Schraubenfabrik, Steinkohlengruben, die Allgemeine Österr. Baugesellschaft mit der Linzer Schiffswerft, die Vereinigten Gummiwaren, die Perlmoser Zementwerke, Spinnereien und Privatbahnen sowie das Bankhaus Schöller. 1866 gründete Schöller die Ternitzer Walzwerke und Bessemer Stahlfabrikations AG; Teilhaber waren Krupp, Neufeld und die Boden- und Creditanstalt.

1867 wurde durch Joseph Hall eine Bessemer-Hütte eingerichtet; weitere folgten, so daß 1874 etwa 60% des gesamtösterreichischen Bedarfs an Bessemerstahl in Ternitz erzeugt werden konnten. Vor dem Ausbau von Donawitz galt Ternitz als einer der größten Stahlstandorte des europäischen Kontinents. So lag etwa 1883 der Beschäftigtenstand bereits bei 1000 Personen.

In der Zwischenkriegszeit (Erste Republik) konnte in Ternitz der hohe Beschäftigtenstand gehalten werden, da viele andere Produktionssparten aus anderen Schöller-Betrieben nach Ternitz verlagert worden waren. 1934 errichtete man hier das erste Nachtlosröhrenwerk in Österreich. Während der NS-Zeit blieb das Werk als eigenständiger Betrieb erhalten. Nach der Fusionierung mit Böhler und Styria ging Ternitz in die VEW AG ein. 1983 erfolgte die Stillegung der Hüttenproduktion; 1988 Aufgliederung der VEW: das Werk gehört zur Schoeller Bleckmann Ges.m.b.H.

Erhaltene Objekte:

Kleine Reste der ursprünglichen Werkssiedlung Walddörfl, Hallen im Werksareal, Siedlungshäuser.

Im Ortsteil *Pottschach* wurde 1841 von C.F. Bräunlich eine Baumwollspinnerei gegründet, die man 1851 mit dem Betrieb in Felixdorf vereinigte. 1869 und 1877 erfolgten Erweiterungen in der Fabrik. Erhaltene Objekte:
Ehemalige Drahtfabrik, aufgelassene Spinnerei, ehemalige Papierfabrik (Lautner) mit Arbeiterwohnhäusern, Werkskanal, Arbeiterwohnhäuser der Semperitwerke (aus 1939).

Aufgelassene Papierfabrik in Pottschach

"Walddörfl" in Ternitz

Ortsteil *Rohrbach:* Im Jahr 1840 Gründung einer Baumwollfabrik durch J. Mohr; Zusammenführung mit dem Betrieb in Möllersdorf. 1888 erwarben die Pottendorfer Werke die Spinnerei in Rohrbach, die in eine Weberei für 390 Webstühle umgebaut wurde. 1905 fielen große Teile der Rohrbacher Fabrik einem Brand zum Opfer. Das neue Rohrbacher Werk (mit 48.000 Spindeln), als eingeschossige durch Sheds belichtete Hallen errichtet, galt vor dem Ersten Weltkrieg als modernste Spinnerei der österreichisch-ungarischen Monarchie. Der Hallenkomplex mit Wasserturm und ein älterer, mehrgeschossiger Fabriksteil bestehen noch und werden von der Fa. Huber-Trikot betrieblich genutzt. Der Fabrik vorgelagert sind Werkswohnungsbauten, viergeschossig als Laubenganghäuser organisiert und in U-Form situiert. Es befinden sich darin eine Gaststätte und ein Lebensmittelgeschäft. Während die Fabriksanlage in einem hervorragenden baulichen Zustand ist, erscheinen die Wohnungsanlagen als sanierungsbedürftig.

Spinnereigebäude, 1905 errichtet   Wohnhof mit älterem Fabriksteil

Wimpassing

Im Jahr 1824 erhielt der Schneidermeister Johann Nepomuk Reithoffer sein erstes Privileg für die Herstellung wasserdichter Stoffe, die er zunächst noch in seiner Wiener Werkstätte (Rossau) fertigte. 1828 meldete er ein Patent an, um Kautschuk in Fäden zu ziehen und zu verweben, also elastische Gewebe herzustellen. In Wimpassing erwirbt Reithoffer eine alte Mühle und eine alte Drahtfabrik samt Grundstükken und richtet hier 1850-52 seinen Betrieb ein. Für die Standortwahl dürften die Wasserkraft der Schwarza und die Lage zur nahegelegenen Südbahn ausschlaggebend gewesen sein. Mit 70 "Handschuhmachern" wurden Mieder, Hosenträger, Gummischuhe u.ä. hergestellt. 1856 ändert man den Firmennamen auf "Niederösterreichische k.k. Landesbefugte Gummielasticum und Guttaperchawaren-Wimpassing/Schwarzathal" und wandelt das Unternehmen in eine offene Gesellschaft um. Bis 1858 blieb Johann Nepomuk Reithoffer alleiniger Gesellschafter, später folgten seine drei Söhne. Über die Wohlfahrtseinrichtungen wird 1869 berichtet:

"Es bestehen bei der Fabrik sowohl für ledige als auch verheiratete Arbeiter Wohnungen. Seit 1. September 1867 besteht ein Consumverein der Arbeiter unter alleiniger Verwaltung. Für die Kinder der Arbeiter wurde eine eigene Wiederholungsschule eingerichtet, in welcher von einem Schullehrer Unterricht erteilt wird. Es besteht eine Krankenkasse unter der Verwaltung der Fabriksdirektion." (Handels- und Gewerbekammer, Wien 1869)

Die Fabrik war zu dieser Zeit an drei Seiten mit erdgeschossigen Gebäuden eingefaßt, in der Mitte stand ein fünfstöckiges Objekt, an das verschiedene Werkstätten und Einrichtungen anschlossen. 1872 kam es zur Fusion mit der Harburger Gummifabrik von Menier in Deutschland. Durch diese Fusion war die neue Aktiengesellschaft - mit insgesamt 3500 Mitarbeitern - das größte Unternehmen der Branche geworden. Aufgrund von Absatzschwierigkeiten kam es nach der Jahrhundertwende zu einer Kartellbildung in der österreichischen Gummiindustrie. Die damit verbundene Produktionsbereinigung sah vor, daß der Wimpassinger Betrieb die Erzeugung von Reifen und Gummispielzeug abgab, dafür aber das Recht auf alleinige Herstellung von Gummischuhen und Galoschen erhielt. Im Jahre 1922 erfolgt die Trennung der Harburger Gummiwarenfabrik vom Wimpassinger Werk und die Umwandlung in eine Aktiengesellschaft. Drei Jahre später wurden die Vereinigten Gummiwarenfabriken Wimpassing dem Semperitkonzern (Mehrheitsaktionär: Wiener Bankverein) angeschlossen.

Erhaltene Objekte:
Teile der Fabrik (heute Verwaltung der Semperit AG) Werkswohnungsgebäude (aus 1840).

LITERATURVERZEICHNIS

Allgemeine Bauzeitschrift, Wien 1912.

Achleitner, F./Steiner, D., Studie zum Arbeiterwohnbau in Österreich über den Zusammenhang von Lebens- und Wohnformen (unveröffentlichtes Manuskript), Wien 1977.

Bärtschi, H.P., Industrialisierung; Eisenbahnschlachten und Städtebau. Die Entwicklung des Züricher Industrie- und Arbeiterstadtteils Aussershil, Basel 1983.

Bauwelt 17, Neue Nutzung alter Technik, Berlin 1985.

Benedikt, H., Die wirtschaftliche Entwicklung in der Franz Josef Zeit, in: Wiener Studien, Bd. 4, Wien 1958.

Benevolo, L., Die sozialen Ursprünge des modernen Städtebaus. Lehren von gestern - Forderungen für morgen, Gütersloh 1971.

Bentmann, R./Müller, M., Die Villa als Herrschaftsarchitektur. Versuch einer kunst- und sozialgeschichtlichen Analyse, Frankfurt a. M. 1970.

Bericht der k.k. Gewerbeinspektoren über ihre Amtstätigkeit im Jahre
1884, Wien 1885
1886, Wien 1887
1887, Wien 1888
1889, Wien 1890
1890, Wien 1891
1893, Wien 1894
1896, Wien 1897
1910, Wien 1911.

Bertsch, Ch., Fabrikarchitektur. Entwicklung und Bedeutung einer Baugattung anhand Vorarlberger Beispiele des 19. und 20. Jahrhunderts, Braunschweig 1981.

Blumenbach, W.C.W., Neueste Landeskunde, Bd. 2, Wien 1835.

Boeminghaus, D., Zehn gute Gründe für die Umnutzung alter Gebäude, in: architektur + wettbewerbe, 121/1985.

Bohnsack, A., Spinnen und Weben. Entwicklung von Technik und Arbeit im Textilgewerbe, Hamburg 1981.

Bollerey, F., Architekturkonzeption der utopischen Sozialisten, München 1977.

Bolognese-Leuchtenmüller, B., Immer und vor allem das Wohl der Arbeiter im Auge habend, scheute die Firma weder Kosten noch Mühe. Zur Wohnsituation der Fabriksarbeiter in den österreichischen Industriegebieten vor dem Ersten Weltkrieg, in: Die Zukunft liegt in der Vergangenheit, hg. vom Verein für Geschichte der Stadt Wien, Wien 1983.

Bolognese-Leuchtenmüller, B., Bevölkerungsentwicklung und Berufsstruktur, Gesundheits- und Fürsorgewesen in Österreich 1750-1918, Wirtschafts- und Sozialstatistik Österreich-Ungarn 1, Tabellenteil, Wien 1978.

Bömches, F., Die Arbeiterhäuser auf der Pariser Ausstellung von 1867, in: Allgemeine Bauzeitung (ABZ), Wien 1868.

Boström, J./Günter, R. (Hg.), Arbeiterinitiativen im Ruhrgebiet, West-Berlin 1976.

Buchanan, R.A., Industrial Archaeology in Britain, Hammondsworth 1972.

Buchanan, R.A., The Theory and Practise of Industrial Archaeology, Bath 1968.

Czernin, P., K.u.k. Arbeiter- und Fabriksstadt Berndorf/NÖ. Das österreichische Musterbeispiel der Wechselwirkung zwischen Industrie- und Stadtentwicklung (Diss.), Graz 1978.

Das interessante Blatt Nr. 16/28 Jg. vom 22. April 1909.

Die Arbeits- und Lohnverhältnisse in den Fabriken und Gewerben Nieder-Oesterreichs. Erhoben und dargestellt von der nied.oesterr. Handels- und Gewerbekammer, Wien 1870.

Die Großindustrie Österreichs. Festgabe zum glorreichen 50jährigen Regierungsjubiläum seiner Majestät Kaiser Franz Josef I., dargebracht von den Industriellen Österreichs, Teil 5, Wien 1898.

Die Wohlfahrtseinrichtungen der Arbeitgeber zu Gunsten ihrer Angestellten und Arbeiter in Österreich, hg. vom k.k. arbeitsstat. Amt im Handelsministerium, II. Teil, Wien 1904.

Die Actiengesellschaft der k.k. priv. Papierfabrik Schlöglmühl auf der Jubiläums-Ausstellung des Nied.-Österr. Gewerbe-Vereines, Wien 1888.

Drebusch, G., Industriearchitektur, München 1976.

Dvorak, L., Gesellschaft und Wohnbau in Wien (1848-1900), (Diss.), Wien 1975.

Einsele, M. (Hg.), Wohlfahrtseinrichtungen der Gußstahlfabrik von Friedrich Krupp zu Essen a.d. Ruhr, Reprint Bd. II, Essen 1902, Gladbeck o.J.

Ergebnisse der Untersuchung über die in Fabriken und Gewerben Niederoesterreichs bestehenden Einrichtungen zum Wohle der Arbeiter. Als Grundlage für weitere Erhebungen veröffentlicht von der nied.oesterr. Handels- und Gewerbekammer, Wien 1869.

Feigl, H./Kusternig, A. (Hg.), Die Anfänge der Industrialisierung Niederösterreichs. Vorträge und Diskussionen des zweiten Symposions des Niederösterreichischen Instituts für Landeskunde, Wien 1982.

Fidesser, R.M., Die soziale Lage der Metallarbeiter Niederösterreichs in der Zeit der Industrialisierung bis 1914, (Diss.), Teil II, Wien 1974.

Firnberg, H./Otruba, G./Rutschka, L.S. (Hg.), Ausgewählte Dokumente und statistische Materialien zur historischen Entwicklung und gegenwärtigen Struktur (= Der niederösterreichische Arbeiter, Heft 5: die wirtschaftliche und soziale Entwicklung Niederösterreichs von der industriellen Revolution bis zur Gegenwart), Teil II, Wien 1957.

Flanner, K., Von der Vereinssiedlung zur Josefsstadt. Die Geschichte der ersten Arbeiter-Bau-Genossenschaft 1869, Wiener Neustadt 1979.

Flanner, K., Wöllersdorf-Steinabrückl. Geschichte und Arbeit, Wöllersdorf o.J.

Foucault, M., Mikrophysik der Macht. Über Strafjustiz, Psychiatrie und Medizin, Berlin 1976.

Frank, H./Schubert, D., Lesebuch zur Wohnungsfrage, Köln 1983.

Goffmann, E., Asyle. Über die soziale Situation psychiatrischer Patientien und anderer Insassen, Frankfurt a. M. 1974.

Graff, R., Der große Überblick. Neues Leben in alten Fabriken, in: ARCH-Heft 46, Aachen 1979.

Günter, R./Weisser, M., Eisenheim in Oberhausen - Die Untersuchung der ältesten Arbeitersiedlung Westdeutschlands (1844-1901), in: archithese 8, Niederteufen 1978.

Hahn, S./Sprengnagel, G., Datenbank Wiener Neustadt im Industriezeitalter.

Haiko, P./Stekl, H., Architektur in der industriellen Gesellschaft, in: Stekl, H., Architektur und Gesellschaft von der Antike bis zur Gegenwart, Salzburg 1980.

Hajós, G., Die "Verhüttelung" der Landschaft - Beiträge zum Problem Villa und Einfamilienhaus seit dem 18. Jahrhundert, in: Landhaus und Villa in Niederösterreich 1840-1914, Wien 1982.

Handwörterbuch des Wohnungswesens, Hg. Albrecht, G. u.a., Jena 1930.

Hartmann, G., Deutsche Gartenstadtbewegung, Kulturpolitik und Gesellschaftsreform, München 1983.

Häusler, W., Vom Pauperismus zur Arbeiterbewegung, Wien 1978.

Häusler, W., Von der Manufaktur zum Maschinensturm. Industrielle Dynamik und sozialer Wandel im Raum von Wien, in: Wien im Vormärz, Wien 1980.

Häusler, W., Von der Massenarmut zur Arbeiterbewegung, Wien 1979.

Hax, H., Betriebliche Sozialpolitik, in: Handwörterbuch der Wirtschaftswissenschaft, Stuttgart/Tübingen/Göttingen 1977.

Howard, E., Gartenstädte von morgen (Hg.: Posener, J.), Frankfurt a. M. 1968.

Jäger, J./Seifert, J., Gebäude aus transportfähigen Einzelräumen besonders für Arbeiterwohnungen, Berlin 1900.

Jahoda, M./Lazarsfeld, P./Zeisel, H., Die Arbeitslosen von Marienthal. Ein soziographischer Versuch, Frankfurt a. M. 1978.

Kastorff-Viehmann, R., Wohnungsbau für Arbeiter. Das Beispiel Ruhrgebiet bis 1914, Aachen 1981.

Klasen, L., Die Arbeiter-Wohnhäuser in ihrer baulichen Anlage und Ausführung sowie die Anlage von Arbeiter-Kolonien, Leipzig 1879.

Knolz, J., Darstellung der Verfassung und Einrichtung der Baumwoll-Spinnerei-Fabriken in Niederösterreich mit besonderer Beziehung auf die moralisch-intellektuelle und physische Erziehung der daselbst verwendeten Kinder und die diesfalls bestehenden gesetzlichen Vorschriften, Wien 1843.

Komlosy, A., Zur Peripherie einer Region. Wirtschafts- und Sozialgeschichte des oberen Waldviertels im 18. und 19. Jahrhundert, Wien 1984.

Kossmann, W., Arbeiterwohnhaustypen (Einfamilienhäuser). Ein Beitrag zum Arbeiterwohnungswesen, Dresden 1912.

Kraft, M., Arbeiterhäuser, Arbeiter-Colonien und Wohlfahrtseinrichtungen für Architekten, Baumeister, Fabriksbesitzer etc., Wien 1891.

Lang, M., Betriebliche Sozialpolitik in der Textilindustrie Niederösterreichs von 1800 bis 1914, (Diss.), Wien 1981.

Lausecker, S., Vor- und frühindustrielle Produktionsformen am Beispiel der Seiden- und Baumwollindstrie in Wien und Niederösterreich (1740-1848), Wien 1975.

Leixner, O., Arbeiterhäuser und Arbeiterkolonien, Wien 1919.

Manega, R., Die Anlage von Arbeiterwohnungen (Atlas zur dritten Auflage), Weimar 1883.

Matis, H., Die Manufaktur und frühe Fabrik im Viertel unter dem Wienerwald. Eine Untersuchung der großbetrieblichen Anfänge im Zeitalter des Merkantilismus bis 1848, (Diss.), Wien 1964.

Matis, H., Über die sozialen und wirtschaftlichen Verhältnisse österr. Fabriken und Manufakturarbeiter um die Wende von 18. zum 19. Jahrhundert, in: Vierteljahresschrift für Sozial- und Wirtschaftsgeschichte, Bd. 53, Heft 4, 1966.

Meißl, G., Der Wandel der sozialen Beziehungen in der österreichischen Kriegsindustrie 1914-18, am Beispiel der k.u.k. Munitionsfabrik Wöllersdorf, (Diss.), Wien 1974.

Moser, A., Die österreichische Industrieansiedlung, in: Siedlungs- und Bevölkerungsgeschichte Österreichs (Hg. Institut für Österreichkunde), Wien 1974.

Moser, P., Entwicklung politischer Kultur in Werkswohnungssiedlungen, (unveröffentl. Manuskript), Wien 1979.

Müller, W., Die Verdrängung des Ornaments. Zum Verhältnis von Architektur und Lebenspraxis, Frankfurt a. M. 1977.

Nadig, M., Die verborgene Kultur der Frauen, Frankfurt a. M. 1986.

Niethammer, L. (Hg.), Lebenserfahrung und kollektives Gedächtnis. Die Praxis der "Oral History", Frankfurt 1980.

Novy, K., u.a. (Hg.), Anders Leben. Geschichte und Zukunft der Genossenschaftskultur, Berlin 1985.

Novy, K./Förster, W., Einfach bauen. Katalog zu einer wachsenden Ausstellung, Wien 1985.

Otruba, G., Industrietopographie NÖs vom Zeitalters des Merkantilismus bis zum Ersten Weltkrieg, Wien 1956.

Papp, M., Wiener Arbeiterhaushalte um 1900. Studien zu Kultur und Lebensweise im privaten Reproduktionsbereich, (Diss.), Wien 1980.

Popp, A., Frauenarbeit und Arbeiterinnenschutz, in: Der Kampf I, Wien 1908.

Popp, A., Der Weg zur Höhe, Wien 1930.

Projektgruppe Eisenheim, Rettet Eisenheim, Westberlin 1973.

Projektgruppe "Geschichte bergischer Genossenschaften", Vorwärts Befreiung. Genossenschaftliche Selbsthilfe im Bergischen Land, Essen 1984.

Projektgruppe Rheinpreussen/Johannenhof, Hilfe zur Selbsthilfe, in: ARCH-Heft 33, Aachen 1977.

Raunig, A.G., Die Arbeiterbewegung in Neunkirchen oder der sogenannte Generalstrike in Neunkirchen, Wien 1896.

Rebber, W., Fabrikanlagen. Ein Handbuch für Techniker und Fabrikbesitzer, Leipzig 1901.

Riebe, V.E., Der Wiener Neustädter Schiffahrtskanal, Wien 1936.

Rühle, O., Illustrierte Kultur- und Sittengeschichte des Proletariats, Frankfurt 1970.

Ruppert, W., Die Fabrik. Geschichte von Arbeit und Industrialisierung in Deutschland, München 1983.

Semperit AG (Hg.), 150 Jahre Kautschukindustrie 1824-1975. Von Johann Nepomuk Reithoffer zur Semperit-Gruppe, Wien 1975.

Sandgruber, R., Gesindestuben, Kleinhäuser und Arbeiterkasernen. Ländliche Wohnverhältnisse im 18. und 19. Jahrhundert in Österreich, in: Niethammer, L. (Hg.), Wohnen im Wandel - Beiträge zur Geschichte des Alltags in der bürgerlichen Gesellschaft, Wuppertal 1979.

Sauer, W. (Hg.), Der dressierte Arbeiter. Geschichte und Gegenwart der industriellen Arbeitswelt, München 1984.

Sax, E., Die Wohnungszustände der arbeitenden Classen und ihre Reformen, Wien 1869.

Schnabel, A., Arbeiterwohnungen der Weltausstellung Paris 1900, in: Allgemeine Bauzeitung, Wien 1902.

Schwarz, W., Das Wiener Becken - ein alter Industrieraum. Eine dynamische Länderkunde des niederösterreichischen Industrieviertels, (Diss.), Wien 1968.

Schwartzenau, L.v., Zur Reform der österreichischen Arbeiter-Wohngesetzgebung, in: Zeitschrift für Volkswirtschaft, Sozialpolitik und Verwaltung 10, 1901.

Schweitzer, R., Der staatlich geförderte, der kommunale und der gemeinnützige Wohnungsbau in Österreich bis 1945, (Diss.), Wien 1972.

Slezak, P. u.a., Vom Schiffskanal zur Eisenbahn. Wiener Neustädter Kanal und Aspangbahn, Wien 1981.

Slokar, J., Geschichte der österreichischen Industrie und ihre Förderung unter Franz I., Wien 1914.

Sozial- und Regionalökonomie - Forschungsges.m.b.H., (SOREF), Das reale Bruttoregionalprodukt Niederösterreichs 1971 bis 1980, Berechnungsmethode und Ergebnisse, Gutachten im Auftrag der niederösterreichischen Landesregierung, Wien 1982.

Statistik der gewerblichen Hilfskassen in den im Reichsrathe vertretenen Länder der Österreichisch-ungarischen Monarchie im Jahre 1877. Bearbeitet vom stat. Departement im k.k. Handelsministerium, Wien 1880.

Statut des Pensions- und Unterstützungsfonds für die Angestellten der Vöslauer Kammgarn Spinnerei 1882.

Stekl, H., Österreichs Zucht- und Arbeitshäuser 1671 - 1920, Wien 1978.

Sturm, H., Fabrikarchitektur - Villa - Arbeitersiedlung, München 1977.

Tödtling, F., Organisatorischer Status von Betrieben und Arbeitsplatzqualität in peripheren und entwicklungsschwachen Gebieten Österreichs, Wien 1981.

Utz, L., Moderne Fabriksanlagen, Wien 1907.

Vogelsang, K. (Hg.), Die materielle Lage des Arbeiterstandes in Österreich. SA aus der österreichischen Monatsschrift für Christliche Social-Reform, Geisteswissenschaft, usw., Wien 1884, Teil 1.

Voigt, W., Der Eisenbahnkönig oder Rumänien lag in Linden, München 1982.

Voith, W., Der Bau moderner Maschinenfabriken mit Eisengießerei unter Bezugnahme im besonderen auf die neuerstellte Fabrik in St. Pölten, Zeitschrift des ÖIAV, Wien 1908.

Wehdorn, M./Geogeacopol-Winischhofer, U., Baudenkmäler der Technik und Industrie in Österreich, Bd. 1, Wien, Niederösterreich, Burgenland, Wien 1984.

Weißbach, K./Mackowsky, W., Das Arbeiterwohnhaus, Berlin 1910.

Weisser, M., Arbeiterkolonien - über die Motive zum Bau von Arbeiterwohnungen durch industrielle Unternehmen im 19. und frühen 20. Jahrhundert in Deutschland, in: Petsch, J. (Hg.), Architektur und Städtebau im 20. Jahrhundert, Band 2, Westberlin 1975.

Wist, J., Arbeiter-Wohnhaus auf der Wiener Weltausstellung 1873, Wien 1877.

Wist, J., Das Arbeiterwohnhaus auf der Wiener Weltausstellung, in: Zeitschrift des österreichischen Ingenieur- und Architekten-Vereins (ZÖIAV), Wien 1877.

ZÖIAV: Zeitschrift des österreichischen Ingenieur- und Architektenvereins, Wien 1874.